분당 영어교사 써니맘 트리샤의

영어 잘하는 아이
이렇게 키웁니다

분당 영어교사 써니맘 트리샤의

영어 잘하는 아이
이렇게 키웁니다

초판 발행　2024년 8월 14일
2쇄 발행　2024년 8월 29일

지은이 트리샤(양지현)
펴낸이 유해룡
펴낸곳 (주)스마트북스
출판등록 2010년 3월 5일 | 제2021-000149호
주소 서울시 영등포구 영등포로5길 19, 동아프라임밸리 1007호
편집전화 02)337-7800 | **영업전화** 02)337-7810 | **팩스** 02)337-7811

원고 투고 www.smartbooks21.com/about/publication
홈페이지 www.smartbooks21.com

ISBN 979-11-93674-16-1　03370

분당 영어교사 써니맘 트리샤의

영어 잘하는 아이
이렇게 키웁니다

트리샤(양지현) 지음

스마트북스

엄마는 세상에 무서운 게 없다

처음 '엄마표 영어'라는 것을 알게 되었을 때, '그래, 이거야' 하고 속으로 쾌재를 불렀던 기억이 납니다. 영어 전공자이고, 심지어 영어교사임에도 늘 '언어로서'의 영어에 대한 목마름이 있었거든요. 엄마표 영어를 접하면서 '우리 애는 영어를 언어로 익힐 수 있겠다'라고 생각하며 속으로 '올레!'를 외쳤던 거지요.

그런데 아이와의 일상으로 SNS를 운영하다 보니, 생각보다 너무 많은 엄마들이 엄마표 영어에 대한 두려움과 부담을 가지고 있다는 것을 알게 되었습니다.

"저는 영알못 엄마인데, 과연 엄마표 영어를 할 수 있을까요?"

"저는 발음이 안 좋은데, 제 발음을 아이가 그대로 따라하지 않을까요?"

"저는 진짜 영어를 못해요. 그런 제가 엄마표 영어를 하는 게 과연 맞는 건가요?"

"그냥… 너무 막막해요. 어떻게 시작하면 좋을까요?"

수많은 분들이, 수없이 다양한 고민거리를 물어보기 시작하셨습니다. 하지만 제 답은 늘 똑같았습니다. 엄마라서 할 수 있는 것이 엄마표 영어이고, 오직 엄마만이 할 수 있는 게 엄마표 영어라고 말이지요. 우리는 엄마니까 당연히 할 수 있으니, 용기 내시라고 했습니다. 우리가 용기를 낸 그 한 발자국은 아이에게 돈으로 환산할 수 없이 평생의 선물이 될 거라고….

"엄마표 영어, 너무 부담 가지지 마세요!"

"엄마표 영어, 일단 끝까지 하기만 하면 성공이에요!"

그러다 마침내 잔 다르크처럼 횃불을 들고(?) 나서기까지 했습니다.

"엄마표 영어, 그냥 저만 따라하세요!"

엄마표 영어, 그 시작을 위한 모든 것을 담았습니다

이 책은 엄마표 영어, 그 시작을 위한 책입니다. 눈에 넣어도 아프지 않은 내 아이만큼은 언어의 장벽 없이 마음껏 꿈을 펼치게 하고 싶은데, 그 시작이 두렵고 버거운 엄마들을 위한 책입니다.

그리고 동시에 엄마 자신을 위한 책이기도 합니다. 이 책과 함께 한 발, 두 발 앞으로 나아가다 보면 느끼실 거예요. 사실은 아이를 위해 시작한 엄마표 영어가 엄마인 나에게도 날개를 달아주고 있다는 것을 말이지요. 아이를 위해 시작한 것이지만, 동시에 엄마인 나 자신을 위한 것이기도 했습니다. 내 품에서 성장해 나가고 있는 아이를 멀찌감치 떨어져서 그저 바라만 보는 것이 아니라 함께 날개를 달고 성장해 나가고 있는 그 기쁨을 느낄 수 있을 거예요.

제가 알고 있는 엄마표 영어 시작의 모든 것을 담았습니다. 이제 시작만 하면 됩니다. 그리고 막상 해보면 생각보다 할 만하다는 것을 느끼게 될 거예요. 우리는 엄마잖아요. 아이 가진 엄마는 세상에 무서울 게 없답니다. 생각보다 엄마는 엄청 강해요! 시작했으니 이제 쭉 앞으로 가기만 하면 됩니다. 엄마표 영어는 끝까지 가기만 하면 성공이거든요.

자 그럼, 저와 함께 그 길을 가볼까요?

2024년 7월
써니맘 트리샤(양지현)

차 례

분당 영어교사인 내가
엄마표 영어에 100% 확신한 이유

PART 2
초보 엄마도 바로 알 수 있는
엄마표 영어 로드맵

PART 3
엄마표 영어 솔루션 1
가만 있어도 우리 아이 귀 뚫리는
영어 음원 노출법

엄마표 영어 솔루션 2
우리 아이 영어책에 열광하게 만드는 법

5 PART

엄마표 영어 솔루션 3
영어 영상 노출, 언제, 어떻게, 얼마나 해야 할까

엄마표 영어에 대한 고민, 한방에 정리하기

PART 6

PART

1

분당 영어교사인 내가
엄마표 영어에
100% 확신한 이유

엄마표 영어를 이어나가면 나갈수록,
엄마표 영어에 대한 나의 확신은 더욱 더 강해지기 시작했다.

나는 왜
엄마표 영어를 시작하게 되었나

: 영어를 언어로 익히고 싶었던 중학생 아이

알파벳도 잘 모르던 초등 5학년 아이

7차 교육과정의 첫 세대였던 나는 초등 3학년 때부터 학교에서 영어 수업을 들었다. 하지만 5학년 전까지만 해도 알파벳의 대문자와 소문자를 헷갈려 하는 아이였다 보니 당연히 영어를 잘 읽을 줄도 몰랐다.

영어 공부를 제대로 시작한 것은 초등학교 5학년 하반기였다. ○○○ 영어교실의 파닉스가 그 시작이었다. 당시 이 프로그램은 원어민의 음성을 듣고 따라 말하고, 그것을 녹음하는 것을 강조했다. 사실 이 과정을 제대로 하려면 꽤 지루할 수 있는 일이었다.

그런데 영어 까막눈이었던 나는 일단 파닉스를 통해서 영어 단어가 '읽히기' 시작하고, 그게 쌓이면서 알아들을 수 있는 말이 늘어나자 영어 공부가 너무 재미있었다. 그래서 혼자 방에 틀어박혀 몇 시간씩이고 영어를 듣고 따라하며, 원어민 발음과 인토네이션을 최대한 똑같이 말하

려고 몇 번이고 계속 반복했다. 녹음도 정말 열심히 했다. 그러니 영어가
쑥쑥 늘었고 발음도 정말 좋아졌다.

언어 습득의 정석

지금 생각해 보면, 내가 영어 공부의 첫 시작을 그렇게 할 수 있었던 것
은 행운이었다.

파닉스가 첫 시작이긴 했으나, 그토록 몰두했던 '듣고 따라하고 다시
듣고 따라하는' 무한반복 루트는 그야말로 언어 '습득'의 정석이기 때문
이다.

이는 아이들이 모국어를 습득하는 방식과 똑같다. 엄마아빠의 말을
계속 듣다가 어눌하게 "음마~"부터 시작해서 조금씩 따라하며 발음을
스스로 교정해 가고, 수없이 많은 '오류'를 저지르고 그걸 '알아서 깨닫고'
고쳐 가면서 말이 느는 것 말이다. 영어 실력이 쑥쑥 늘어나니 영어에 욕
심이 생겼다.

초등 6학년이 되자 영어와 수학을 묶어 종합학원에 다니게 되었다.
이 영어 수업에서 처음 접한 게 문장의 5형식이었는데, 일단 용어부터
이해가 잘 되지 않았다. 한번은 '감탄문' 어순을 배웠는데 'What a 형명주
동[형용사+명사+(주어+동사)]', 'How 형부주동[형용사(부사)+주어+동사]'으로 외
우게 하고 공책에 정리하도록 시켰다. 무슨 말인지 이해되지 않았지만, 그
래도 주입식 교육에 익숙했기에 그냥 공책에 정리하고 외우라니 외웠다.

얼마 후 영어교실의 교재 스토리 중에 감탄문 문장이 나왔다. 나는
그게 감탄문인 줄도 모르고, 툭 치면 입에서 문장이 툭 튀어나올 정도로

실컷 따라했다.

그리고 이듬해, 학원에서 배우는 문법에서 감탄문 파트가 다시 나왔을 때 속으로 외쳤다. '아!, 이게 감탄문이었어?' 그러면서 그때서야 비로소 'What a 형명주동', 'How 형부주동'이 뭔지 이해가 되기 시작했다. 그리고 나는 이미 수없이 반복해서 입 밖으로 자동으로 툭 튀어나오는 문장인데, 대부분의 사람은 그게 잘되지 않기에 문법이라는 구조로 그것을 '학습'한다는 걸 깨달았다.

언어 '학습'에 반기를 들다

그러던 중 중학 2학년 때 우연히 『영어 공부 절대로 하지 마라』라는 책을 보게 되었다. 우리나라에서 소리 위주 모국어 습득 방식의 영어교육을 주장한 첫 대중서로서 매우 유명한 책이었다.

당시 중학 2학년생이던 나는 이 책을 읽으며 끊임없이 듣고 소리 내 따라하는 공부법이 영어를 진정으로 '습득'하는 방식이라는 확신을 갖게 됐다. 영어가 재미있었고 잘하고 싶었던 나는 영어를 모국어처럼 '습득'하고 싶었다. 그리고 학원에서 배우는 학습식 영어 공부에 반기를 들었다.

부모님께 학원을 그만두고 집에서 '독학'으로 공부해 보고 싶다고 간곡히 말씀드렸다. 학원 선생님은 그런 방식은 '영유아' 때나 가능하고, 이미 입시 시스템에 들어와 버린 중학 2학년생에게는 부적합하다고 말씀하셨다.

물론 그 말이 무슨 뜻인지를 그때도 알았고, 중고등학교 영어교사인

지금도 잘 이해하고 있다. 하지만 그렇다 하더라도 당시의 나는 모국어 방식으로 영어를 '습득'하고 싶다는 생각을 지울 수 없었다. 나의 진심이 부모님께 통했는지 결국 학원을 그만둘 수 있었다.

학원을 그만두고 나서 하교 후 집에서 원어민 대화만 나오는 영어 테이프를 주구장창 반복해서 들었다. 그러자 잘 들리지 않던 부분이 들리기 시작했고, 나중에는 테이프 내용이 통으로 외워졌다. 다음 대사가 뭔지 입에서 자동으로 툭 튀어나올 정도였다.

하지만 몇 달 만에 학원으로 다시 돌아가게 되었다. 영어가 아닌 다른 과목 때문이었다. 나는 학원에 끌려가면서도 영어만큼은 내가 하는 방법대로 공부하는 게 맞다고 박박 우겼다. 비록 다른 과목 때문에 전교 석차는 떨어졌을지 몰라도 말이다.

영어 실력과 입시, 두 마리 토끼 동시에 잡기

이후 나는 어떻게 하면 '입시'와 '말하기, 듣기 위주의 영어 실력'이라는 두 마리 토끼를 잡을 수 있을까 고민했다. 내가 선택한 방법은 '낭독'이었다. 시험기간마다 교과서 본문을 소리 내 낭독했고, 교과서 CD를 구해 교과서에 나오는 모든 영어를 듣고 따라했다. 입에 붙어서 툭 치면 나올 정도로 말이다. 단어를 외울 때는 한글 뜻은 눈으로만 보고, 문장의 의미를 생각하며 예문을 소리 내 읽었다.

영어 수업시간에 선생님이 발표를 시키면, '혀를 굴려댄다'는 주변의 눈총을 받더라도 꿋꿋하게 굴려댔다. 그게 맞는 것이라고 믿었기 때문이었다. 고등학교 때는 모의고사 영어 지문도 혼자 낭독하며 공부했다. 결론적으로 이 방법은 대성공이었다.

영어는 늘 효자 과목이었고, 수능 영어에서 만점을 받았다. 학창시절 학교 영어 선생님께 "영어 공부는 너처럼 해야 한다"는 이야기를 듣기도 했다. 그리고 지금은 영어로 밥 먹고 살고 있다.

그렇게 모국어 습득 방식의 영어를 갈망했기에, 나중에 아이를 낳으면 꼭 이 방식으로 영어를 교육시키겠노라 다짐했다. 아니, 굳이 다짐할 필요도 없었다. 실제로 오랫동안 이런 방식의 영어 습득을 갈망하고 의지로 이어왔기에 내겐 뼛속까지 새겨져 있었기 때문이다.

엄마표 영어와의 운명적(?) 만남

출산 후 우연히 '엄마표 영어'라는 것을 접하게 되었다. 그리고 그것이 내가 그토록 갈망하던 '모국어 습득 방식의 영어 공부법'이라는 걸 알게 되었다. 몸에 전율이 흐르는 듯했고, 이것은 무조건 해야 하는 것이다 싶었다.

그때부터 나는 엄마표 영어를 실천하며 널리 알리기 시작했다. 어린 시절부터 직접 겪어온 경험이 있었기에 정말 '진심'이었다. 초중고, 그리고 중고등학교 영어교사로서 학생들을 가르치면서 오랫동안 생각해 왔던 것이었기에 척하면 척!, 모든 것이 눈에 보였다.

그러나 SNS 계정을 운영하면서 내겐 너무 와닿고 눈에 바로 보이고 쉬운 것들이, 다른 엄마들에게는 그렇지 않을 수 있음을 알게 되었다. 그 다른 엄마들의 목소리를 듣고 최선을 다해 답을 하기 시작했다. 그러자 그 목소리들이 다시 화답을 주었다. 그렇게 수없이 많은 소통이 핑퐁처럼 이어졌다. 그리고 '아, 내가 엄마표 영어를 정말 제대로 알려드릴 수 있고, 잘 알려드려야겠다'고 마음먹게 되었다. 그 마음이 이어져서 지금 이렇게 책을 쓰고 있다.

국내파 영어교사 엄마의 엄마표 영어 이야기
-'영어 실력+입시'를 한꺼번에

나는 '첫 영어 공부 시작 시기'치고는, 결코 빠르지 않은 초등 5학년 하반기에 영어 공부를 시작했다. 영어교육과에 진학했고, 임용시험을 통과해 영어교사로 재직 중이나 해외에서 살았던 적은 없다. 해외여행은 많이 다녔지만, 영어교사 연수로 호주에 한 달 머물렀던 것이 가장 긴 영미권 체류 경험인 순수 국내파다.

그런 내가 초등 5학년 때 영어 공부를 시작한 이후로 어디서 영어 못한다는 소리를 들은 적이 없다.

내가 영어교육학과에 진학하자, 부모님은 국내파인 딸이 영어 때문에 기죽는 것은 아닌가 걱정을 많이 하셨다. 하지만 딱히 기가 죽지 않았던 데는 중고등학교 시절에 앞에서 소개한 영어를 '습득'하는 방식을 최대한 병행했던 덕이 컸다. 그래서 당장 전공 영어 회화수업에 들어가거나, 외국인 친구들을 만나는 동아리에 들어가서도 영어로 실컷 떠들어댈 수 있었다.

나는 엄마표 영어를 통해 아이의 영어 실력뿐 아니라 장차 대학 입시 영어까지 잡을 수 있다고 생각한다. 이 책에는 말하기, 듣기 같은 영어 실력뿐만 아니라 장차 내신과 입시까지 동시에 잡는 '엄마표 영어'의 방법이 소개되어 있다.

온라인상에는 열혈 엄마, 대단한 엄마들이 많고, 영어 잘하는 아이들도 참 많다. 그런 아이들을 보면 괜히 불안해지고 조급해지기도 한다. '저 집은 벌써부터 영어 노출을 시작했는데', '영어유치원에 보내는데', '아웃풋이 이미 팡팡 터지는데.'

하지만 불안해할 필요 없다. 아이들도 부모들도 다 각기 결이 다르다. 정답은 아이에게 있다. 내 아이 맞춤형으로 하면 된다. 엄마표 영어는 끝까지 하기만 하면 성공이다. 중요한 것은 끝까지 가는 것이다. 이 책에는 끈기 있게 쭉 끝까지 갈 수 있는 방법들도 소개했다.

엄마표 영어,
이래서 반드시 해야 한다

나의 엄마표 영어, 그 첫 시작

엄마표 영어를 처음 알게 된 것은 딸 써니가 돌이 지나고 나서였다. 사실 그전까지는 초보 엄마의 역할만으로도 벅찼다. 아주 작은 아이가 1년이라는 짧은 시간 동안 이루어낸 결과물들이 얼마나 대단한지는 말로 다 표현하기 어렵다. 그러다 돌이 지나면서 아이와 함께 사는 삶 자체에 익숙해져 조금 살만해지다 보니, 그제야 '이제 영어에 슬슬 관심을 가져봐야 하는 거 아닌가?'라고 생각하게 되었다.

막연히 영어를 '언어로' 접하게 해주고 싶다는 마음은 늘 있었다. 하지만 내가 영어교사임에도 불구하고 어떻게 해야 할지는 잘 몰랐다. 나역시, 내가 알고 있는 것은 중학생, 고등학생을 가르치는 것이 다였기 때문이었다.

그러다 우연히 엄마표 영어라는 것을 알게 되었다. 그 순간 엄마표 영어야말로 영어를 언어로 접하게 해줄 거라는 생각이 직감적으로 들었다. 내가 기존에 갖고 있던 '영어 교육학적 지식'과 '엄마표 영어'의 요소가 마치 아귀가 딱 맞아떨어진 톱니바퀴처럼 맞물리는 기분이었다.

그 이후로 엄마표 영어를 쭉 이어 나갔다. 그러면서 엄마표 영어에 대한 확신은 더욱 더 강해졌다.

엄마표 영어를 해야 하는 이유

언어는 세상을 바라보는 창이다. 언어가 먼저냐, 생각이 먼저냐는 논쟁은 끊임없이 있어 왔다. 둘 중 무엇이 먼저인지는 마치 '닭이 먼저냐, 알이 먼저냐'처럼 명확지 않지만, 절대적으로 확실한 것은 둘이 밀접한 연관관계가 있다는 것이다. 즉 모국어가 아닌 다른 언어를 익히는 것은 단순히 기계적인 언어 습득을 넘어서서 사고관과 생각이 그만큼 더 확장되는 것을 의미하기도 한다.

그렇다면 그 언어 습득은 무엇을 통해 이루어질까? 한마디로 시행착오, 속된 말로 하자면 '삽질'이다.

태어나면서 "가나다"를 외치며 나오는 아이는 아무도 없다. 우리 모두는 끊임없는 시행착오를 통해 모국어를 익힌다. 기본적인 "엄마", "아빠" 발음부터 시작해서 모든 것이 다 시행착오의 연속이다. 사실 지금도 우리는 끝없이 모국어 시행착오를 겪고 있는지도 모른다.

이 시행착오라는 것은 언제 생길까? 일단 마음이 편하고 익숙해야 나온다. 마음이 편하지 않으면 애초에 시도조차 하지 않기 때문이다. 불편하면 누구나 쉽게 뒤로 내빼버리고는 입을 꾹 닫아버린다. 그러면 아이에게 가장 마음이 편한 곳은 어디일까? 아이의 최대 안전 기지이자 영원한 방공호, 아이의 우주는 바로 엄마 품이다. 이것이 엄마와 함께 가정에서 영어에 젖어들게 해야 하는 첫 번째 이유다.

두 번째는 언어 습득에는 절대적인 시간이 필요하다. 언어 습득은 우리가 수학 공식을 이해하면 바로 문제를 뚝딱 풀어낼 수도 있는 것과는 다르다. 언어는 이해가 된다고, 어떤 지식을 알려준다고 바로 되는 것이 아니다. 충분한 쌓임과 축적이 필요하다.

우리가 모국어를 잘하는 것은, 어느 날 갑자기 뚝딱 내뱉어진 게 아니라 무수히 많은 엄마 아빠의 말소리를 듣고, 그것을 어눌하게 따라했기 때문이다. 아이는 이처럼 날것 상태의 언어를 어느 정도 쌓고서야 학교에 간다. 사실 학교 국어시간에 선생님이 알려주는 것들은 전혀 모르는 언어가 아니라, 아이가 이미 입으로 내뱉고 있는 언어를 더 정교하고 세련되게 사용하기 위한 방법들이다.

즉 언어를 다듬는 작업을 하기 전에 일단 쌓아 올린 게 있어야 한다. 그리고 그 쌓는 작업에는 시간이 필요하다. 가정은 아이가 가장 많은 시간을 보내는 곳이고, 가정만큼 언어 학습에 꼭 필요한 절대적인 시간이 풍부한 곳은 없다.

따뜻한 엄마 품속 엄마표 영어

정리하자면, 엄마표 영어의 과정은 심플하다. 마음 편한 엄마 품에서 아이가 끊임없이 영어적 인풋(input)을 쌓는 것, 그러면서 마음 편히 시행착오를 겪도록 해주는 것, 그게 전부다.

언어에 대한 감정은 아주 중요하다. 학창시절에 선생님이 좋으면 그 과목이 좋아지는 것과 같다. 엄마 품에서 쌓인 영어는 영어에 대한 아이의 감정을 따뜻하게 만들어 준다. 영어를 떠올리면, 엄마와 함께한 시간이 떠오르고, 엄마 무릎에 앉아서 영어 그림책을 읽고, 엄마와 함께 영어 노래를 부르던 그 기억이 떠오를 테니까 말이다.

3

영알못 엄마도
엄마표 영어가 가능할까

엄마의 역할? 환.경.조.성.자.

가장 많이 받는 질문 중 하나가 "저는 영알못인데, 엄마표 영어가 가능할까요?"라는 질문이다. 일단 결론부터 말하면 당연히 가능하다. 왜냐면 엄마표 영어에서 엄마의 역할은 '환경조성자'이기 때문이다.

먼저 엄마가 영어를 못하는 건 잘못이 아니다. 우리는 대부분 영어를 '학습'으로 배운 세대다. 귀가 트이고, 말문이 트여야 할 판에 문장 5형식부터 배웠다. 이 말 저 말 해보면서 수없이 시행착오를 겪어야 할 순간에 늘 '틀렸다'고 지적받았다. 글로 배운 영어이기에 말이 나오지 않고, 들리지 않는 것은 어찌 보면 당연하다. 발음도 마찬가지다. 영어는 외국어다. 우리가 우리말 발음이 좋지 않다면 모르겠지만, 영어 발음이 좋지 않은 것을 부끄러워해야 할 필요는 없다.

엄마표 영어에서 엄마의 역할은 환경을 조성하는 것이다. 엄마표 영어에서 엄마의 말만 유일한 인풋이면 너무 힘들어진다. 당장 영어교사인 나도 그러면 힘들어서 얼마 지나지 않아 지쳐 나자빠질 것이다.

어눌한 영어 발음으로 책을 읽어주면, 아이에게 그 발음이 고착화되지 않을까 걱정하는 분들이 있다. 하지만 엄마의 발음만이 유일한 인풋이 아니다. 좋은 영어 음원도 많고, 좋은 영어 영상도 차고 넘친다. 아이들은 좋은 음원과 좋은 영상이 주는 '정통 발음'을 잘 흡수해 쌓아가며 '알아서' 고친다. 마치 우리가 커가면서 우리말을 알아서 교정했듯이 말이다.

영어 발음이 별로라도, 엄마가 영어 그림책을 읽어주면 효과적인 이유는 단순하다. 아이들은 엄마를 너무 사랑하고, 아이들에게 엄마는 최고의 사람이다. 엄마표 영어에는 '영어 인풋'만이 아니라 '따뜻함'과 '사랑'이 담겨 있다. 아이가 엄마 무릎에 앉아서 '아~ 영어? 이거는 우리 엄마가 나를 사랑해 주는 뭐 어떤 그런 거구나'를 느끼는 것, 그게 어찌 보면 엄마표 영어의 전부이고, 이것을 통해 아이의 영어 정서는 따뜻해져 간다.

엄마가 영어를 쓰지 않아도 될까

엄마가 영어를 쓰면 당연히 좋다. 이것을 부인할 수는 없다. 다만 꼭 그래야 하는 것은 아니다. 이것 때문에 엄마가 지쳐서 중간에 그만둘 것 같으면 하지 않는 것이 좋다. 엄마표 영어의 가장 핵심은 엄마의 '환경조성'이기 때문이다. 이때 중요한 것은 이것을 쭉 이어가는 꾸준함이고, 엄마가 영어를 쓰는 것은 플러스 알파의 개념이다.

물론 엄마도 함께 영어와 친해지려고 노력하는 것이 엄마표 영어를 오래할 수 있는 길이기는 하다. 비록 지금 영알못이라도, 엄마표 영어를 꾸준히 하다 보면 엄마의 영어 실력도 함께 늘어난다. 엄마가 영어책을 읽어주는 것, 그것이 한마디로 영어 낭독이고 발화이기 때문이다. 그것을 매일 한다고 생각해 보자. 영어 음원도 마찬가지다. 아이에게 영어 노래를 들려줄 때, 엄마의 귀도 놀고 있지는 않다. 엄마도 아이가 흡수하는 것을 같이 흡수한다.

육아에 지친 엄마들에게 엄마표 영어는 어찌 보면 내면을 채우는 기회가 된다. 아이가 듣는 노래, 아이가 읽는 책을 통해 영어를 글로 익힌 엄마의 영어가 오히려 풍요로워질 것이다.

영알못이라면 오히려 엄마표 영어라는 이 기회를 최대한 활용하자. 아이 수준에 맞춰 나도 같이 듣고 읽는다고 생각하면 된다. 백지 상태인 아이보다는 영어를 잘할 것이다. 그것이면 충분하다. 아이 레벨에 맞게 같이 듣고 읽어주겠다는 그 마음이면 된다. 그게 루틴처럼 익숙해지면 '자동적으로(automatically)' 돌아간다. 그러니 아무 걱정하지 말자.

KEY POINT　영알못 엄마를 위한 3가지 포인트

1. 엄마가 영어를 쓰는 건 필수가 아닌 선택사항이다. 이것 때문에 '기본'에 영향을 미치면 안 하느니만 못하다.

2. 물론 엄마가 영어를 쓰는 건 아이에게 도움이 된다. 당연히 엄마의 영어 실력도 는다.

3. 이것을 부담으로 여기기보다는 엄마의 성장기회로 여길 수 있다.

전문가마다 다른 영어 노출 시기,
언제부터 시작하는 게 맞을까

영어 노출 시기에 대한 말, 말, 말

영어 노출 시기에 대해 엄마들은 걱정이 많다. 이른바 '전문가'들마다 말이 다 다르기 때문이다. 모국어의 중요성을 강조하는 아동발달과 관련한 여러 전문가들은 한국어가 완성되고 나서 영어에 노출되는 것이 좋다고 한다. 반면 이중 언어 전문가들은 노출되는 시기가 빠르면 빠를수록 언어 습득에 유리하다고 이야기한다. 그들은 그 근거로 바이링구얼 국가들의 사례를 제시하는데, 생후 1년이 안 된 갓난아이들도 뇌에서 이미 모국어와 외국어를 구분한다거나, 이중언어 노출이 오히려 아이의 뇌 발달을 촉진한다는 논문들도 있다.

사실 절대적으로 맞다고 정해진 것은 없다. 그러니 영어 노출 시기에 대한 결정에서 가장 중요한 것은 바로 엄마 마음이다. 그래서 지금부터 내 이야기를 해보겠다.

일단 나의 경우는 아이의 모국어가 완성되기 전에 영어 노출을 시작하기로 마음먹었다. 그렇게 판단을 내린 이유는 다음과 같다.

모국어 완성 전에 영어 노출 시작한 4가지 이유

첫째, 놓치기 아까운 '언어 천재'의 시기

솔직히 말하면 '언어 천재의 시기'를 놓치고 싶지 않았다. 시간을 거스를 수 있는 게 아닌 이상, 이 시기는 한 번 놓치면 절대 다시 돌아가지 못한다. 모든 아이는 언어 습득 장치, 일명 LAD(Language Acquisition Device)를 갖고 있다고 알려져 있다. 그래서 모국어를 천재적으로 습득하며, 이는 어릴수록 더 잘 발현된다. 또한 영어교육학에서 LAD의 '자매품' 격으로 언어 민감기(Critical Period)라는 것이 있다. 학자에 따라 그 시기에 대한 말이 다르긴 하지만, 아이가 어릴수록 유리하다고 본다.

나는 내 아이에게 영어를 '언어'로서 습득시켜 주고 싶었다. 학습으로서의 영어가 아니라 '영어의 감'이 살아 있는 언어로서의 영어를 심어주고 싶었던 것이다. 그러려면 이 '언어 천재의 시기'는 놓치기 너무 아까운 천금 같은 시간임에 분명했다. 이 시기의 아이들은 언어에 대한 편견 자체가 없으니, 이 얼마나 귀중한 시간인가.

둘째, 시간이 많다 = 마음이 편해진다

언어는 자판기가 아니다. 무르익는 데 시간이 필요하다. 우리가 모국어를 익히는 데 최소 몇 년이 걸리듯이, 영어도 당연히 시간이 필요하다. 그러니 꾸준한 시간이 확보되어야 한다.

제 아무리 '나는 그러지 않을 거야'라고 다짐해도, 막상 학령기에 들어가면 불안해지는 게 부모 마음이 아닐까 싶다. 우리 애가 뒤처지는 것 같고, 저렇게 두면 안 될 것 같은 마음이 굴뚝같다. 즉 시간이 부족하면 학령기에 들어서 마음이 급해진 엄마는 딱 애를 잡기 쉽다. 하지만 아이를 잡고 싶어서 잡는 부모는 없을 것이다.

우리나라 학부모들은 자녀의 교육에 막대한 자본을 투입한다. 그리고 자본이 투입될수록 빠른 결과를 요구하는 게 사람 마음이다. 그래서인지 우리나라에서는 무언가를 속성으로 하는 게 더 쉽고, 오히려 시간을 두고 진득하게 하는 게 더 어렵다. 하지만 나는 충분한 시간을 두고 마음 편하게 하고 싶었다. 점수든 테스트든 입시든 아무것도 없는 그 시간에 마음 편하게 말이다.

셋째, 모국어 완성 후에 나타나는 영어 거부 현상

모국어가 완성된 후 영어에 노출시켰을 경우, 영어를 거부하는 사례를 꽤 많이 봤다. 물론 이것은 아이의 성향이나 영어 접근 방식 등 여러 변수에 따라 차이가 있으므로 단적으로 말할 수는 없을 것이다.

하지만 그렇다 해도 어찌 보면, 이미 모국어로 재미있는 게 너무 많은 아이 입장에서는 알아듣지도 못하는 영어가 재미없을 수밖에 없다. 아이에게 처음 영어를 노출할 때는 당연히 정말 쉬운 수준의 것부터 시작해야 하는데, 문제는 그런 쉬운 수준의 매체들은 언어의 수준뿐 아니라 내용 수준도 대부분 쉽다. 이를테면 아이가 7세로 이미 세상에 재미있는 게 너무 많다는 것을 알아버렸는데, 그냥 단어만 나열되어 있는 영어책이 재미있을 수가 없는 것이다.

그리고 모국어가 완성되고 난 후 영어에 노출시킨다면, 엄마가 오래 '기다렸기'에 그 시간만큼 서둘러 만회해야 한다고 생각할 가능성이 크다. 그러니 아이를 채근하게 된다. 그리고 그럴수록 아이는 더 재미없어한다. 악순환의 고리인 것이다. 그래서 아이가 더 어릴 때, 언어로서 자연스럽게 접근함으로써 영어에 대한 거부감을 조금이라도 줄이는 게 낫지 않을까 생각했다.

정리해 보자. 엄마표 영어 시작 시기의 선택은 자유다. 딱 정해진 시기는 없다. 일단 모국어를 기준으로 한다면, 모국어가 완성된 이후에 시작해도 되고, 그 전에 시작해도 된다. 물론 아이가 태어나자마자 시작해도 된다. 각 시작 시기마다 고유의 장단점이 있으며, 각각의 경우마다 성공 사례들도 있다. 가장 중요한 것은 엄마가 중심을 잡고 가는 것이다.

나는 조기 노출의 장점에 더 무게를 두었기에, 굳이 하나를 정해 달라고 한다면 조기 노출을 권한다.

조기에 영어를 노출하면
언어 혼동이 올까

한국어가 완성되기 전에 영어를 노출할 때, 엄마들이 가장 많이 하는 우려가 '언어 혼동'일 것이다. 대부분의 '발달전문가'들은 모국어가 완성되고 난 후 영어 노출을 권하기 때문이다.

결론을 말하자면, 아이의 발달 자체에 문제나 지체가 없고, 부모 양쪽이 영어 네이티브가 아니라면 괜찮다. 언어 혼동은 부모 중 한 사람, 또는 둘 다 모국어가 아이와 다르거나, 아이를 포함한 가족이 모국어권 국가가 아니라 다른 국가에 거주할 경우 자주 발생한다. 만약 부모가 코리안 소울이 충만한 한국 거주 한국인이라면, 그리고 영어 노출량이 한국어를 압도할 정도가 아니라면 걱정하지 않아도 된다.

물론 영어를 같이 노출하는 경우 초기의 모국어 어휘력 발달 속도에 약간 차이가 날 수 있다. 아이의 발달과정에 따라 익힐 수 있는 어휘량이 다르기 때문이다. 예를 들어 아이가 10개의 단어를 말할 수 있는 월령

(돌~15개월)에 영어를 노출한다면, 영어와 나눠먹기를 하는 꼴이어서, 단적으로 영어 단어 4개를 말할 수 있다면 모국어 단어는 6개밖에 말하지 못할 수 있다. 하지만 아이가 성장하면서 모국어 어휘력은 따라잡는다. 외국어를 습득하는 것은 파이 나눠먹기가 아니라 풍선이 커지는 것과 원리가 비슷하기 때문이다. 그래도 불안할 수 있다. 나 또한 그랬다. 그래서 내 이야기를 조금 해볼까 한다.

모국어 발화가 조금 느렸던 아이

보통 두 돌 전후를 '언어 폭발기'라고 한다. 모국어 습득이 폭발적으로 늘어나며 '두 단어 붙여 말하기'를 한다. 이것은 화용언어 기준이고, 수용언어의 경우 어휘 습득의 수가 훨씬 많다.

써니는 수용언어는 전혀 걱정되지 않았다. 딱 봐도 행동으로 이미 많은 양의 어휘를 이해하고 있는 것이 보였다. 문제는 발화였다. 말이 빠른 아이들은 두 돌 전부터도 문장을 척척 구사하는데, 써니는 말이 그렇게 빠른 아이가 아니었다. 두 돌이 다가오는데도 흔히 한다는 '두 단어 붙여 말하기'를 하지 않았다.

나 스스로 '독서 노역'을 매일 한다고 할 정도로 한글 그림책을 많이 읽어주고 있었고, 무엇보다 아이가 눈빛, 행동, 표정으로 알아듣고 있는 것이 보여 크게 걱정하지는 않았지만, 어느 순간 갑자기 불안해지기도 했다. 머리로는 아는데 마음으로는 불안 회로를 돌리며 '괜히 영어 노출을 먼저 해서 이런 건 아닌가'라는 생각이 들기 시작했다.

엄마 마음도 편해야 하니까

당시 써니는 언어 편견이 없었던지 한글 그림책과 영어 그림책을 골고루 좋아했다. 아이가 자유롭게 들고 오는 책을 한글책, 영어책을 가리지 않고 매일 읽어주었는데, 비율이 5:5일 때도 있었고, 영어책만 들고 오는 날도 있었다(물론 반대도 있었다).

내가 내린 솔루션은 단순했다. 의도적으로 영어 노출량을 줄이기 시작한 것이다. 영어 노래는 계속 틀어놨지만, 매일 밤에 했던 영어 독서의 양을 줄이고 의도적으로 한글책을 은근슬쩍 많이 권하기 시작했다. 영어책은 하루에 한 권 정도만 읽어주며 흐름만 끊기지 않는 선에서 유지하기로 했다. 어차피 엄마표 영어는 장기 경주이므로, 영어 노출이 끊기지만 않는다면 엄마의 정신건강을 위해 잠시 줄이는 것은 문제가 되지 않는다고 생각했기 때문이다.

웃긴 것은, 그렇게 하니 아이가 영어책을 더 들고 왔다. 엄마 마음을 알고 아이들 특유의 청개구리 병이 발휘된 것인지는 모르겠지만 말이다. 애가 '본인 의사'로 자유롭게 영어책을 들고 오는데, 은근슬쩍 다른 책으로 권유하는 것도 난감하고 지치는 일이었다. 나중에는 '그래 너 하고픈 대로 하렴' 하고 영어책을 들고 오든 한글책을 들고 오든 억지로 숨기지도, 다른 것을 권하지도 않았다. 딱 봐도 발달 자체에 문제가 있는 것은 아니니 될 대로 되라 싶었다.

그랬더니 28개월쯤 갑자기 써니 입에서 모국어가 확 터지기 시작했다. 말 그대로 '터지는 것'이 보였다. 늦게 배운 도둑질이 무섭다고, 모국어 독서가 빛을 발휘하는 건지, 심지어 또래보다도 언어 구사 수준이 높아졌다. 그동안의 걱정이 '기우였다'는 것을 깨닫는 순간이었다. 이후로 조기 영어 노출에 대한 우려는 눈 녹듯이 사라졌다. 이 일을 통해 내가 깨달은 바를 정리하면 다음과 같다.

조기 영어 노출 및 모국어 혼동과 관련된 4가지 인사이트

첫째, 부부가 한국에 사는 한국인이라면, 영어 노출량이 모국어 노출량을 압도하지 않으면 언어 혼동은 없다. 다만, 아이의 발달 자체가 문제가 있는지 살펴야 하는 것이 부모의 몫이다.

둘째, 그럼에도 걱정되는 것이 부모의 마음이다. 충분히 그럴 수 있다. 두 돌, 즉 '언어 폭발기' 즈음에 아이의 모국어가 빵빵 안 터진다면, 잠시 영어 노출을 흐름만 이어가는 선으로 줄이는 것도 방법이다. 영어 노출을 잠시 줄인다고 무슨 일 절대 안 벌어진다. 마음의 평화가 더 중요하다.

셋째, 이때 영어 노출을 줄였다가 영원히 확 줄이면 안 된다. 엄마표 영어는 장기 프로젝트이기 때문이다.

넷째, 모국어 독서는 정말 중요하다. 모국어 독서가 기본이고, 영어 독서는 두 번째다.

PART **2**

초보 엄마도
바로 알 수 있는
엄마표 영어 로드맵

결국은 단순하다.
영어 음원, 영어 그림책, 영상, 이 3가지 조합의 노출을 쭉~
아이표 영어로 넘어갈 때까지 밀고 나가기만 하면 된다.
아이가 커감에 따라 영어 음원, 영어책, 영상의 수준만 높아질 뿐이다.

엄마표 영어의 3대 핵심축

: 영어 음원, 영어 그림책, 영상

엄마표 영어의 큰 줄기는 소리와 책, 두 가지다. 결국은 아이가 접하게 될 영어 소리와 영어 그림책의 수준이 시간의 흐름에 따라 높아질 뿐이다.

영어 소리를 접하는 매체는 크게 두 가지로 나뉜다. 바로 음원과 영상이다. 이 두 가지를 나누는 기준은 월령으로, 아이가 너무 어리다면 영상은 노출하지 않고 음원만 들려준다. 아이가 좀더 크고 나면 이 두 가지를 함께 병행한다.

이렇게 영어 음원, 영어 그림책 그리고 영상은 엄마표 영어 시작의 3대 핵심축이다.

영어 음원 노출의 시작

일단 엄마표 영어의 첫 노출은 영어 그림책과 음원 세트로 시작한다. 그중에서도 음원 노출이 시작이다.

시작 시기는 사실 부모의 마음이긴 하나, 어차피 영어를 조기에 노출하기로 마음먹었다면 굳이 뒤로 늦출 필요는 없다. 다만, 아이가 말이 트이기 전이라면 발화에 가까운 아웃풋은 기대하지 않는 것이 좋다. 내가 노출하는 이것들이 허공으로 사라지는 것이 아니라 아이 머리에 차곡차곡 쌓이고 있다고 생각하자.

아이가 24개월 이전이면, 영상을 제외한 소리 노출이 좋다. 이때 손쉽게 접할 수 있는 것이 바로 영어 동요다. 아이들에게 노래를 들려주면 좋은 영향을 미치는 것은 익히 잘 알려져 있고, 무엇보다도 아이들은 멜로디에 반응을 잘 한다. 좋은 노래를 자주 듣다 보면 자연스럽게 영어도 습득하게 되는 것이다. 영미권에서 전래동요처럼 내려오는 마더구스(Mother Goose, Nursery Rhyme)도 있고, 전래동요가 아니더라도 여러 동요가 많다. 노부영이나 픽토리(47쪽 참조)처럼 책의 글밥에 멜로디를 붙여 노래로 만든 것들도 좋다. 다양한 동요들을 통해 영어 소리에 익숙해지도록 하자.

영어 그림책 읽어주기의 시작

영어 그림책은 쉬운 것부터 시작하면 된다. 영어 그림책 역시 다양하다. 한 페이지에 문장 하나만 있는 책, 한 페이지에 단어 하나만 있는 책도 있다. 글밥은 극히 적지만 기승전결을 갖춘 책도 있고, 그냥 단어만 나열되어 있는 책도 있다. 쉬운 책부터 시작해서 글밥이 적은 영어 그림책, 리더스북과 글밥이 많은 영어 그림책, 챕터북, 원서 순으로 단계를 높여가면 된다.

첫 시작으로 영미권 동화작가가 쓴 영어 그림책이 아니라, 영어교육용으로 우리나라에서 출판된 영어 전집을 사는 분들도 있다. 물론 전집도 나쁘지는 않다. 비슷한 문장 형식이 반복되고, 소재, 난이도별로 체계가 갖추어져 있어 언어를 학습하는 측면에서는 효과도 있고, 일단 편하다. 당연히 부모 입장에서는 구매욕이 돋는다.

하지만 이것만은 확실히 알아두자. 전집은 '교재'인 반면, 영어 그림책은 '작품'이다. 그래서 비슷한 크기에 비슷한 소재, 비슷한 양의 글밥이라도, 영어 그림책의 내용이 훨씬 다채롭고 풍부하다. 짧은 분량임에도 울림을 주는 책들이 참 많다. 개인적으로는 언어에 대한 편견이 없는 어린아이 시절에는 영어 그림책을 더 많이 보여주는 게 더 좋다고 생각한다.

영어 영상 노출의 시작

영어 영상과 음원 노출의 첫 분수령은 빠르면 24개월, 가능한 시간을 끌수 있으면 36개월이다. 영상 노출이 가능한 개월 수에 대한 입장은 학자마다 다른데, 보통은 24개월 전후, 더 보수적으로는 36개월이 기준으로 언급된다. 따라서 최소 24개월 혹은 36개월 이후부터는 영어 영상을 노출하는 것도 괜찮다(나의 경우 더 버티고 싶었지만, 참다가 28개월쯤에 어쩔 수 없이 노출을 시작했다). 장면 전환이 빠르지 않고, 속도도 느리며, 내용도 단순한, 이른바 '순한 맛' 영상부터 시작하는 것이 좋다.

시청 시간도 처음에는 짧게 10~15분부터 시작해, 서서히 장면 전환이나 속도가 빠르고 내용이 조금씩 복잡해지는 단계로 나아가는 것이 좋다. 시청 시간이 조금씩 늘어나다가, 이것이 이어져서 만화를 보고, 디즈니 영화를 보고, 드라마를 보고, 영화를 보고, 뉴스를 보는 식으로 나아가면 된다.

영상을 노출하기 시작한 순간부터, 영상과 음원은 상호보완적인 관계가 된다. 사실 영상의 경우 하루에 노출할 수 있는 양은 지극히 제한적이다. 예를 들어 극단적으로 가정했을 때, 세 돌 아이에게 하루에 영상을 3시간씩 보여주는 것은 결코 바람직하지 않다. 그래서 영상으로 채울 수 없는 '하루 영어 소리 양'을 음원으로 채운다. 이때 음원은 앞서 노출을 시작한 영어 노래가 되기도 하고, 아이가 본 영어 영상을 소리로만 들려주기도 한다. 즉 영상으로 익힌 영어 소리를 음원으로 몇 번씩 더 듣는 셈이다. 중간중간 앞서서 들려줬던 영어 노래들을 섞어서 틀어줘도 좋다.

이 시기에 영어 그림책 읽어주기는 당연히 기본값이다. 내용 수준만 조금 올라가고 글밥만 조금씩 더 늘어날 뿐이다. 다만, 이 시기쯤 되면 아이에 따라 슬슬 초기 리더스북을 접해도 좋다. 리더스북의 경우 레벨이 나뉘어 있고 규격화되어 있기 때문에 눈에 딱 그 수준이 직관적으로 보인다. 그런 측면에서 엄마들이 특히 리더스북을 좋아하고 반드시 읽어야 한다고 생각하는 경향도 있다. 그러나 리더스북을 굳이 억지로 많이 읽히려고 하지는 말자. 조금만 접해도 좋다. 세상에는 좋은 영어 그림책이 너무나 많기 때문이다.

영어 음원, 영어 그림책, 영상, 이 3가지를 이어나가기

영어 음원, 영어 그림책, 영상, 이 3가지 조합을 아이표 영어로 넘어갈 때까지 쭉 밀고 나가면 된다. 아이의 성장에 따라 영어 음원, 영어책, 영상의 수준이 높아지면 된다. 이것을 근성 있게 오래 쭉 끌고 나가는 것이 핵심이다.

엄마표 영어에서 중요한 것은 엄마의 영어 실력이 아니다. 가장 중요한 것은 엄마가 지치지 않는 것, 조급해져서 중간에 다른 방향으로 새지 않는 것 그리고 끈기다. 이 3가지만 잘 기억하면 된다. 엄마표 영어는 장기 프로젝트라는 것을 결코 잊지 말자.

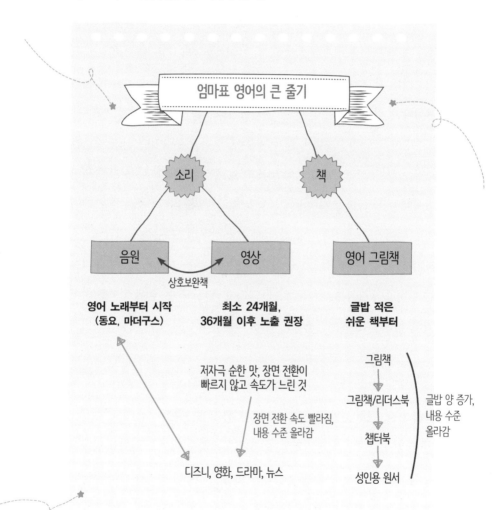

2

엄마표 영어,
무엇으로 어떻게 시작할까

엄마표 영어를 해보기로 마음먹었어도 일단 시작이 막막한 경우가 많다.
무엇으로 어떻게 시작해야 할까? 보통 여기서부터 막힌다.

시작은 영어 음원(노래)과 그림책으로

일단 큰 그림부터 보자. 앞에서 말했듯이, 엄마표 영어의 중심축은 3가
지다. 바로 영어 음원(노래), 영어 그림책 그리고 영어 영상이다. 이 중에
서 영어 영상은 최소 24개월 이상, 가능하다면 36개월 이상부터 노출을
권장한다. 영어 영상이든 한국어 영상이든 영상 자체를 어린아이에게 이
른 시기에 노출하는 것은 결코 바람직하지 않기 때문이다. 이것은 왜 TV
가 예전에 '바보상자'로 불렸는지를 생각해 보면 쉽다.

영어 영상을 조금 뒤로 미룬다고 했을 때, 남은 두 축은 영어 음원과
영어 그림책이다. 그렇다면 영어 음원과 영어 그림책으로 어떻게 엄마표

영어를 시작해야 할까?

사실 이것도 단순하다. 그냥 영어 음원을 BGM(배경음악)처럼 '틀어주고', 영어 그림책을 틈날 때마다 '읽어주면' 된다. 그러면 여기서 이런 질문이 나올 것이다. 무슨 노래, 무슨 책을 사면 되냐고 말이다. 세상에 영어 노래와 영어 그림책은 너무나도 많은데, 그중에서 어떤 걸 골라야 하냐는 것이다.

세트부터 시작하자

처음에는 이른바 노부영 베이비 베스트, 픽토리IT 같은 세트가 편하다. 시작 단계에서는 엄마도 아이도 아는 것이 없기 때문이다. 아이가 모르는 건 당연하지만, 엄마도 뭐가 괜찮은지, 내 아이가 뭘 좋아하는지 아무것도 모른다.

노부영 베이비 베스트, 픽토리IT 같은 세트의 경우, 보통 이미 그 인기나 우수성이 어느 정도 검증된 영어 그림책들을 여러 권 모아뒀다. 그것도 책이나 음원만 따로 모아둔 것이 아니라 '책+음원' 세트로 말이다. 영어를 처음 접하는 나이대의 아이들에게 공통적으로 인기가 많았던 소재, 주제들의 책을 음원과 함께 묶어 세트로 구성한 것이다. 그래서 그 세트 안에서 세부적으로 책마다 아이의 호불호가 갈릴 수는 있지만, 그 세트 자체가 통째로 실패할 가능성은 거의 없다. 그러니 시작이 막막하다면 세트를 사는 것이 확실히 편하다.

→ 노부영

꼭 사람 이름 같지만 아니다. '노래 부르는 영어동화'의 줄임말로, 우리나라 아동 전문 영어서적 출판사인 제이와이북스의 대표 브랜드다. 영어 그림책의 글을 영어 노래 형식의 음원과 함께 제공한다.

'노래 부르는 영어'라는 이름에서 유추할 수 있듯, 영어 그림책과 음원이 한 세트다. 여기서 영어 그림책은 어학용으로 제작된 교재가 아니다. 유명 영미권 작가들의 실제 동화 작품이다. 수상작도 많다. 유명한 작가의 영어 그림책을 노래로 쉽게 접할 수 있다는 게 큰 장점이다. 최근 책(종이)을 찍으면 소리가 나는 세이펜(Saypen)이 되는 책들이 많아져서 편하다.

→ 픽토리

픽토리(Pictory) 역시 유명 동화책의 글을 노래 형식의 음원으로 제공한다. 노부영과 함께 우리나라 첫 영어 노출 책의 양대 산맥으로 불린다.

마찬가지로 영미권 유명 작가들의 그림책들이 세트에 들어 있기에, '극히 일부'는 노부영 세트의 책과 겹치기도 하지만, 대체로 서로 겹치지 않는다. 픽토리는 세이펜이 적용되지 않는 책이 많지만, 그럼에도 매력적인 영어 그림책들과 음원들이 많이 포함되어 있다.

물론 할 수 있는 여력이 된다면, 엄마 취향과 아이 취향에 따라 영어 그림책을 한 권 한 권 고르는 것이 제일 좋다. 그만큼 의미도 있다. 그렇지만 그렇게 할 시간 여유나 에너지가 없다면, 첫 시작은 그냥 세트가 편하다. 그래야 그다음 선택지 결정을 도와줄 '아이의 영어 그림책 취향에 대한 기본 데이터'가 생기기 때문이다.

이제부터 할 일: 신나게 들려주고, 신나게 읽어주자

영어 음원과 영어 그림책을 구했으면, 이제부터는 틈날 때마다 틀어주고 읽어주면 된다. 영어 음원을 BGM(배경음악)처럼 그냥 쭉 틀어두자. 여러 곡을 돌려서 틀기보다는 1곡을 일주일이면 일주일, 3일이면 3일처럼 기간을 정해 반복하는 방식으로 틀어두는 것도 좋다.

아이가 놀 때, 씻을 때, 화장실에서 볼일을 볼 때 그냥 들을 수 있도록 틈틈이 틀어두면 된다. 사실 이런 경우 솔직히 엄마는 조금 정신 사납고 지겨울 수 있다. 그럴 때는 눈치껏 잠깐 쉬거나 다른 노래를 틀었다가 원래 노래로 다시 돌아와도 된다. 여기서 관건은 반복이다. 가능한 1곡을 충분히 반복하는 것이 중요하다.

반복하다 보면 지겹지만 영어 노래가 외워진다. 그러면 일단 성공이다. 외운 영어 노래를 아이 앞에서 흥얼거리자. 신나게 춤까지 추면 더 좋다. 그러면 아이는 알 것이다. '우와, 내가 듣고 있는 저 노래, 우리 엄마가 부르고 있네?', '우와, 이거 되게 재밌는 거구나.'

영어 그림책도 마찬가지다. 음원으로 틀어준 그 세트의 영어 그림책을 아이에게 읽어주면 된다. 노부영이나 픽토리 같은 경우 이미 노래로 익숙한 내용이라 영어 그림책 내용에 쉽게 익숙해진다. 영어 그림책을 펴고 그림을 짚어가면서(picture pointing) 수시로 읽어주자. 한글 그림책을 읽어주는 것처럼 말이다.

영어 그림책을 읽어주는 것은, 영어 음원처럼 한 권만을 정할 필요는 없다. 어차피 아이가 마음에 드는 영어 그림책은 그 책만 계속 읽어달라고 의사표현을 할 것이다. 특정 책을 '편독'하는 것이, 특정 음원을 편향적으로 듣는 것보다 그 정도가 상대적으로 더 심하기 때문이다.

시간이 지나면 어느 순간 보인다. '아, 우리 아이는 이런 영어 그림책을 좋아하고 있구나', '어, 이건 반응이 별루네'라는 것들이 말이다. 아이가 말은 하지 못하더라도, 엄마는 아이가 내보이는 의사표현들을 잘 알 수 있다. 아직 말을 못하는 아이가 보이는 표정, 행동 등의 의사표현부터가 아웃풋(output)이다. 꼭 발화만이 아웃풋이 아니다. 말은 아직 못하더라도 아이들은 다양한 방식으로 반응을 보인다.

이렇게 시작하면 된다. 이처럼 아이가 영어를 음원으로 듣고, 엄마 목소리로 영어 그림책을 읽어주는 시간이 차곡차곡 쌓여나가면 된다. 이제 시작이다. 간단하게 생각하자. 엄마표 영어, 어렵지 않다. 그냥 이렇게 시작하면 된다.

엄마표 영어의 첫 시작 3가지 포인트

1. 노부영 베이비 베스트, 픽토리 IT 등 '세트'가 첫 시작용으로는 편하다.

2. 음원은 BGM(배경음악)처럼 쭉 틀어둔다. 반복이 중요하다. 엄마가 그 영어 노래가 얼추 외워질 때까지 반복한다.

3. 세트에 수록된 영어 그림책들을 한글 그림책 읽어주듯 수시로 읽어준다.

엄마표 영어, 첫 시작 때 좋은 세트 상품들

→ 노부영 베이비 베스트

'베이비'라는 이름에서 볼 수 있듯이, 아주 어린아이들에게 유독 인기가 많았던 노부영 세트 15권을 모아뒀다. 그래서 구성에 페이퍼백보다는 보드북이 많다.

노부영 베스트나 스테디 베스트에 비해 확실히 글밥의 양이 적고 수준이 쉽다. 에릭 칼(Eric Carle), 루시 커즌스(Lucy Cousins) 같은 유명 작가들의 그림책, *Goodnight moon*(Margaret Wise Brown)이나 *Baby's busy World* 같은 유명한 책들이 엄청 많이 포함되어 있다.

→ 노부영 베스트

말 그대로 베스트, 노부영에서 가장 인기 많다는 책 15권을 모아뒀다. 정말 인기가 많은 *Go away Big Green Monster*(Ed Emberly), *Hooray for Fish*(Lucy Cousins), *How do you feel*(Anthony Browne)이 포함되어 있다.

노부영 베이비 베스트보다는 글밥의 양이나 어휘 수준이 상대적으로 높은 편이다. 노부영 베스트 세트를 살 경우, 해당 노래에 맞춰 아이들이 춤을 추는 영상을 수록한 'Sing&Dance DVD'가 증정된다.

→ 노부영 스테디 베스트

노부영 스테디셀러 15권을 모아뒀다. 마찬가지로 유명한 책들이 대거 포함되어 있다. *Five Little Monkeys Jumping on the Bed*(Eileen Christelow), *The Little Bear Book*(Anthony Browne), *Dear Zoo*(Rod Campbell), *Who Stole the Cookies from the Cookie jar?*(Jane Manning)이 들어 있다.

노부영 베스트와 마찬가지로, 노부영 베이비 베스트보다는 글밥이나 어휘 수준이 높은 편이다. 세트를 구입할 경우 'Sing&Dance DVD', 그리고 책 내용을 애니메이션으로 바꾸어 놓은 'Animation DVD'도 준다.

→ 픽토리 IT 단계

픽토리는 노부영처럼 세트로 묶인 것은 아니다. 다만 상품들을 수준별로 나누어 두었는데, 첫 노출용으로 가장 좋은 책들이 IT 단계(Infant & Toddler)이다. 풀세트는 35권인데, 사실 35권을 한 번에 다 구입하기는 좀 부담스러울 수 있다. 대표적으로 유명한 것이 *Brush Your Teeth Please*(Jean Pidgeon)와 뻬뜨르 호라체크(Petr Horacek)의 책 8권이다. 그래서 보통 뻬뜨르 호라체크 8권을 첫 시작으로 많이들 구입한다. 노부영 베이비 베스트에도 포함되어 있는 마가렛 와이즈 브라운(Margaret Wise Brown)의 *Goodnight Moon*도 픽토리 IT 단계에 포함되어 있다.

현실적인 엄마표 영어
하루 루틴

자, 이제 본격적으로 엄마표 영어를 시작해 보자. 결국 엄마표 영어는 생활이고 루틴이다. 일상 속에 습관화되는 것이 핵심이기에 처음에 루틴을 잘 잡는 것이 중요하다. 일단 루틴만 잡히면, 엄마표 영어는 아이의 단계에 따라 책·음원·영상의 종류만 계속 바꿔가면 되기 때문이다. 그러므로 정말 현실적인 엄마표 영어 하루 일과를 이야기해 보자. 아이가 기관에 다니는 경우를 가정한 것으로, 가정보육을 할 경우 여기에서 추가로 시간을 더 늘리기만 하면 된다.

1. 아침 기상에서 등원 준비까지: 흘려듣기로 시작(하루 1시간)

아침에 아이를 깨우면서 동시에 아이가 즐겨듣는 영어 음원을 재생한다. 잠에서 깨는 와중에도 아이는 소리를 듣기 때문이다. 아이가 일어나고 난 후, 아침시간은 등원 준비로 특히 분주하다. 그렇기에 아이가 꾸물거리는 시간, 밥 먹는 시간, 옷 갈아입는 시간을 포함한 등원 준비시간 동안 흘려듣기용 영어 음원을 배경음악처럼 내내 틀어놓는다. 어차피 하루 중에 수시로 반복되는 음원이라 흘려듣는 와중에도 아이들은 몇 개를 캐치하기도 한다.

음원 트는 방법에는 CD플레이어, 블루투스 스피커 등 여러 가지가 있지만, 개인적으로 가장 편했던 방법은 휴대폰 공기계를 쓰는 것이었다. 휴대폰 공기계에 영어 음원을 모두 넣고, 그중에서 골라서 틀어준다. CD플레이어는 CD를 바꾸는 게 번거롭고, 현재 사용하는 휴대폰은 곡을 틀다가 엄마가 삼천포로 빠질 위험도 부지기수다. 공기계는 그럴 위험이 훨씬 적다. 나 같은 경우, 블루투스 스피커를 연결하는 것도 번거로워서 휴대폰 스피커로 음원을 틀었다. 여러 가지 방법 중 각자 편한 방법을 선택하면 된다.

2. 등원 시간(하루 20분)

등원을 자차로 하는 경우라면 이 시간을 절대 놓치지 않는다. 나 같은 경우, 차로 10분 거리에 기관에 있어서 매일 자차로 등원시켰다. 10분이 짧아 보이지만 모이면 긴 시간이 된다. 하루 왕복 20분은 1주일이면 100분, 한 달이면 무려 400분, 즉 6시간 40분이다. 음원 흘려듣기 시간으로 활용하기 충분한 시간이다. 만약 걸어서 등원한다면, 준비시간이 더 길게 확보되는 셈이므로 그 시간만큼을 집에서 더 활용한다.

3. 하원 직후(하루 1시간)

집에 들어서면 바로 영어 음원을 튼다. 아이가 하원한 뒤에 엄마는 씻기고 옷 갈아입히기, 식사 준비 등 바쁜 일들이 많다. 엄마가 바쁜 시간에는 무언가를 적극적으로 해주기 힘들다. 이럴 때는 음원이 대신하도록 하자. 대략 하루에 1시간 정도 되는 이런 시간을 그냥 보내지 말고, 흘려듣기 시간으로 활용하자. 재생 버튼만 누르면 기계가 알아서 한다.

4. 저녁식사 후 조금 여유 있는 시간(하루 40분~1시간)

저녁을 먹고 한숨 돌리는 시간을 적극 활용하면 좋다. 이때까지는 그저 흘려듣기만 했지만, 이 시간에 그 영어 음원에 '의미', '맥락'을 부여해 줄 수 있다.

영어 노출 초반에 음원만 흘려듣는 것이 효과가 아예 없지는 않다. 가령 일부 마더구스 중에서는 별 뜻 없이 그저 '발음의 재미', '소리의 재미'를 강조한 곡들도 꽤 있기 때문이다. 아이가 영어 소리 자체에 익숙해진다는 측면에서는 이것도 분명 의미가 있다. 하지만 거기서 더 나아가고자 한다면, 사실 의미적 단서 없이 소리만 주구장창 아이에게 들려주는 것은 효과가 상당히 떨어진다. 의미 없는 소리인데 거기에 재미적 요소까지 없다면 소음에 가까울 수 있기 때문이다. 예를 들어 아랍어를 전혀 모르는 내가 아랍어 뉴스를 만날 흘려듣는다고 가정해 보자. 이 상황에서는 내가 그 소리를 '유의미(meaningful)'하게 받아들이기 힘들다. 무슨 말인지 이해도 되지 않을 뿐만 아니라 뉴스 매체의 특성상 딱히 재미도 없을 가능성이 크기 때문이다. 아이 역시 마찬가지다. 그래서 아이가 듣는 영어 음원 소리에 의미 단서, 맥락 등이 함께 제공되어야 더 효과가 있다.

첫째, 일단 아이와 듣는 음원에 엄마가 적극적으로 호응을 한다. 엄마가 반응을 보이면 아이의 반응은 확실히 달라진다. 엄마가 같이 노래를 불러보고, 노래 가사에 해당하는 사물이 집에 있으면 그 물건을 가리켜 보자. 가사의 내용에 맞는 율동이나 동작을 하는 것도 좋다. 노부영이나 픽토리 같은 경우 노래에 해당하는 영어 그림책이 있으므로, 노래를 재생할 때 그 책을 같이 펴서 해당하는 페이지의 그림을 보여주는 것도 좋다. 이 모든 것이 다 그 영어 소리의 맥락과 의미를 제공하는 과정이다. 이 과정을 통해 아이는 머릿속에서 '아, 이 영어 소리는 이런 상황, 이런 의미랑 연결되는구나'라는 자기만의 작업을 하게 된다.

둘째, 영상 노출을 시작한 아이라면 영어 영상을 같이 시청해도 좋다. 영상 시청 자체가 영어 습득에 효과가 있는 이유는 영어 소리와 함께 맥락과 상황이 동시에 제공되기 때문이다. 화면 내용이 그대로 맥락이고 상황이라, 아이는 영어 영상을 보면서 '아, 이 말은 이 상황에 쓰이는구나'라는 생각의 과정을 거치게 된다.

다만, 이때 중요한 것은 의미를 설명한다고 한국어 해석을 마구잡이로 해줘서는 안 된다는 것이다. 물론 우리나라에서도 너무나 흔히 쓰이는 간단한 영어 단어들, 가령 사과(apple), 자동차(car) 같은 것들이야 크게 상관은 없다. 하지만 아이가 영어 단어의 의미를 모를까 봐, 너무 많은 영어 단어를 한국어로 해석해 주는 우는 범하지 말자.

5. 옵션: 놀이시간에 엄마가 몇 마디라도 영어로 말 걸기

이것은 옵션이다. 엄마가 이것 때문에 너무 부담을 느끼거나, 반대로 만약 아이가 엄마의 영어 사용을 거부한다면 하지 않아도 된다. 어차피 한국인 엄마는 영어로 매 순간 말을 걸 수 없다. 무리하게 영어로 말을 걸려고 욕심내면 엄마의 숙제가 되어 너무 힘들다. 그러니 힘들지 않은 선에서 몇 마디라도 영어로 말을 걸어보자는 것이다.

'내 발음이 이상한데 이것을 아이가 흡수하면 어쩌나' 같은 걱정은 접어두자. 왜냐하면 이때 영어로 말을 거는 엄마의 역할은 비중상 '영어 인풋 제공자'보다는 '발화의 트리거(trigger)'에 가깝기 때문이다. 어차피 엄마의 말 외에도 아이가 흡수하는 다른 영어 인풋은 너무나도 많다.

엄마가 아이에게 영어로 말을 거는 것은 아이로 하여금 '우와, 이렇게 엄마랑 영어로 말을 할 수 있구나. 나도 해볼까?'라고 느끼게 해준다. 말 그대로 아이 스스로 영어가 '의사소통을 하는 도구'라는 것을 직접 느낄 수 있는 것이다. 인풋 위주로 영어를 흡수하던 아이가 그 흡수한 내용을 입 밖으로 직접 내뱉을 수 있는 기회를 제공하는 시간이기도 하다.

6. 잠자리 독서(수시로, 최소 하루 1권~상한선 없음)

아이들 대부분은 수시로 책을 읽어달라고 한다. 이때 한글책 외에 영어책을 은근슬쩍 몇 권 더 끼워 넣는다. 영어 독서는 거창한 것이 아니다. 아이들 한글책을 읽어주는 것처럼 영어책도 그렇게 읽어주면 된다.

잠자리 독서를 습관으로 배게 하는 것도 참 좋다. 우리집 같은 경우, 자기 전 독서가 루틴이 되었는데, 이때 영어책을 같이 끼워서 읽어주었다. 써니는 밤에 잠자기 싫어하는 전형적인 올빼미과 아이라서, 잠자리 독서 시간이 꽤 길다. 이 시간에는 아이가 잠을 자기 싫어 이 책 저 책 다 읽어달라고 하는 경우가 많기에, 이때 영어책도 같이 많이 읽어준다. 일단 웬만하면 아이가 들고 오는 대로 다 읽어준다. 하지만 영어책과 한글책의 비율이 너무 극단적인 경우(가령 한글책만 계속 들고 온다든지, 반대로 영어책만 계속 들고 오는 경우) 엄마가 살짝 조정해 주는 것이 좋다. 나 같은 경우 아이가 한글책만 들고 오는 날에는, 못해도 영어책 한 권은 어떻게든 읽도록 끼워 넣는 편이다. 물론 이 반대의 경우도 있다.

엄마표 영어는 거창한 게 아니다. 영어환경을 그저 '생활에 녹아들게' 하는 것이다. 이 과정이 하루 이틀 차곡차곡 계속 쌓이게 하면 된다. 그게 전부다. 그러니 우리집의 반복되는 하루 일과를 살펴보고, 그중에 영어를 녹일 수 있는 부분을 찾아 사이사이 녹여보자. 그렇게 시작하면 된다. 그리고 그걸 쭉 이어나가면 루틴이 된다.

KEY POINT 엄마표 영어 하루 루틴 5가지 포인트

1. 등원 전, 하원 후 각각 1시간 정도 흘려듣기 시간으로 활용한다.
2. 자차로 등하원을 할 경우 이 시간도 활용한다.
3. 저녁식사 후 여유 있는 시간에 영어 그림책과 음원, 영상(노출을 시작한 경우만)을 적극적으로 활용한다.
4. 잠자리 독서를 습관화한다.
5. 놀이를 할 때 엄마가 한두 마디씩 영어로 말을 붙여본다.

엄마표 영어에서
아이표 로드맵으로!

: 초등 입학 전후, 저학년/고학년까지

초등 입학 전후: 문자 교육의 시작

보통 6, 7세 정도가 되면 한글로 문자 교육을 할 때가 될 것이다. 사실 한국 엄마들은 파닉스에 목을 매는 경향이 있는데, 영어 실력의 큰 그림을 본다면 파닉스에 굳이 안달복달할 필요가 없다. 솔직히 파닉스는 '머리가 클수록' 더 빨리 뗀다. 문자 법칙이란 것을 이해할 수 있는 인지발달이 이루어져야 하기 때문이다. 조금만 기다리면 훨씬 쉽게 할 수 있는 것을, 굳이 어릴 때 힘들게 할 필요가 없다. 나중에 아이들이 중학교에 입학하면 알 것이다. 파닉스에 엄마들이 불안해하는 것이 얼마나 의미가 없는지 말이다. 중학교까지 영어 노출을 전혀 안 할 것이 아니라면, 그때쯤 돼서도 영어를 못 읽는 아이들은 거의 없다.

하지만 그야말로 너무 먼 이야기다. 엄마들은 파닉스를 얼른 하고 싶을 것이다. 그렇다면 영어 첫 노출을 파닉스로 시작하는 어리석음만은 저지르지 말자. 그 전에 충분한 듣기 인풋(영어 음원, 영어 그림책 그리고 영어 영상)이 먼저다. 유럽 일부 국가에서는 초등 입학 전에는 문자 교육을 금지하는 곳도 있다. 아직 머리가 크지 않은 아이들에게 '문자 학습'을 갖다 대는 것의 부작용을 충분히 인지하고 있기 때문일 것이다.

아이들이 한글을 통문자 단위가 아니라 자음과 모음 법칙으로 이해하게 되면, 파닉스 법칙도 이해할 수 있다는 증거로 볼 수 있다. 시기로 따지면 보통 초등 입학 전후다. 그리고 이때 영어 독서가 어느 정도 습관으로 잡힌 아이라면, 파닉스는 생각보다 간단하게 넘어갈 수 있다. 파닉스는 영어 단어의 자음과 모음을 읽는 법칙이다. 인풋이 어느 정도 쌓이고 언어감각이 있는 아이라면, 이미 본인 나름대로 파닉스 법칙을 이해하고 있는 경우도 있다. 이때 사이트워드를 같이 겸하는 것도 좋다.

→ **파닉스**(Phonics)

영어 알파벳이 무슨 소리를 내고, 이것을 어떻게 읽는지 가르치는 방법이다. 즉 글자와 소리 사이의 법칙을 배우고, 이를 통해 아이가 글자를 읽고 쓸 수 있도록 돕는다.

→ **사이트워드**(Sight Word)

사이트(sight)라는 단어에서 알 수 있듯, 보자마자 바로 읽어야 하는 어휘들을 말한다. 사용빈도가 높아서 그 단어를 보고 생각하지 않아도 자동적으로 알아볼 수 있어야 하는 단어들인데, 보통 파닉스 규칙을 따르지 않는다. 그래서 그림처럼 통째로 익혀야 한다. the, a, is, for, you, of 같은 단어들이 포함된다.

이 과정에서 영어 그림책(선택적으로 리더스북)은 늘 함께 간다. 영어 영상도 마찬가지다. 다만 초기에 노출했던 영어 그림책보다는 글밥이나 내용 수준이 높아지고, 영어 영상도 내용 전환이나 속도가 빨라진 매체들일 것이다. 그리고 그 영상을 하루 종일 틀어줄 수는 없기에, 소리로만 틀어주는 음원 흘려듣기도 같이 하는 것이 좋다.

→ **리더스북**
아이가 영어 읽기 독립을 해 나가는 과정을 돕는 영어책, 즉 읽기 연습 용도로 만들어진 책이다. 책마다 레벨이 나누어져 있고, 어휘의 수준이나 문장의 구조가 레벨별로 규격화되어 있어서 교재에 가까운 느낌이다. 그러나 문학성을 인정받을 만큼 뛰어난 리더스북도 많다. *Dr. Seuss* 시리즈가 대표적이다. 그외에도 *ORT*(*Oxford Reading Tree*)나 *Fly Guy* 시리즈 등도 유명하다.

초등 저학년: 아이표 영어 준비단계
아이가 문자를 이해하게 되면 집중듣기를!

아이가 영어 문자를 파악하게 되면 이른바 '집중듣기'가 가능해진다. 집중듣기는 소리를 들으며 눈으로 그 소리에 해당하는 문자를 따라가는 것이다. 듣기와 읽기가 같이 이루어지지만, 엄밀히 말하면 읽기에 가깝다. 눈이 소리에 맞춰서 문자를 따라 읽기 때문에 읽기 속도가 빨라진다. 음원이 딸린 챕터북, 영어 그림책들을 집중듣기 자료로 활용할 수 있다.

다만, 아이들은 보통 집중듣기를 좋아하지 않는다. 그리고 집중듣기를 하지 않고도 영어를 잘하게 된 아이들의 사례도 많다. 그러니 눈치껏

하자. 하루에 1시간씩 집중듣기를 거뜬히 하는 아이들도 있는 반면, 5분도 힘들어 하는 아이도 있다. 아이와 감정이 상하지 않는 수준에서 시간을 적당히 조율하자. 그것은 엄마만 할 수 있는 일이다. 중요한 건 아이가 영어에 느끼는 감정이다. 엄마의 욕심을 투영해서 아이가 영어 매체로부터 달아나게 하지 마시라.

매체와 활동의 다양화

이때쯤 아이표 영어로 넘어갈 준비를 한다. 글밥이 꽤 되는 그림책과 챕터북을 같이 읽기 시작한다. 읽기 자료도 영어책을 넘어서서 더 다양해질 수 있다. 어린이 영자신문 같은 것들이 그 예다. 하지만 이것들은 옵션이고, 기본은 책이다. 다만, 아이가 영어를 읽을 수 있다고 해서 읽기 독립을 너무 빨리 시키지는 말자. 읽기 독립에 대해서는 여러 가지 이야기가 있으나, 확실한 것은 초등 저학년 때까지는 부모가 함께 책을 읽어주는 것이 좋다는 것이다. 일부 연구에서는 심지어 중학교 저학년까지 부모가 책을 읽어주는 게 좋다는 결과도 있다.

영상 매체도 다양해진다. 어린이용 영화나 간단한 어린이 드라마 같은 것이 가능해진다. 이 시기 아이들이 어떤 한국어 영상을 보는지 생각해 보면 쉽다. 딱 그 수준의 영어 영상을 구해서 보여주면 된다. 영미권 아이들이나 한국 아이들이나 좋아하는 건 결국 비슷하다. 방법은 똑같다. 그 영상을 보여주고, 마찬가지로 하루 종일 영상만 보여줄 수는 없으니, 그 영상의 영어 소리만 들려주기도 한다. 영상을 영어 자막과 같이 보여주면 집중듣기가 되고, 소리만 흘려서 들려주면 흘려듣기가 되며,

자막 없이 영상만 보여주면 아이는 초집중해서 소리와 영상을 매치시킬 것이다. 복잡하게 생각할 필요가 없다.

낭독

아이에게 영어 그림책 낭독을 시켜보는 것도 괜찮다. 우리가 어린 시절 학교나 집에서 한글 그림책을 소리 내어 읽어본 것과 똑같다. 실제로 한글책을 낭독하면, 한국어 발음도 좋아지고 읽기 실력도 덩달아 성장한다. 자신이 실제로 입으로 내뱉는 소리에 읽기를 매치시키지 못하는 경우가 꽤 있는데, 낭독 연습을 자주 하면 이 부분이 상당히 좋아진다. 이 것을 영어로도 해보자는 말이다. 그러나 우리가 한글책도 낭독을 너무 많이 시키면 지루해하듯, 영어도 똑같다. 적당한 놀이와 함께, 채찍보다는 당근을 겸해서 재밌게 하는 것이 좋다.

쓰기 활동

이제 영어일기를 시작해 봐도 괜찮다. 다만, 뭐라도 영어일기를 쓰는 데 의의를 두고 문법 오류 등을 지적하지는 말자. 이 시기 아이들은 아직 한글도 유려하게 쓰지 못한다. 영어일기를 쓰는 것 자체가 사실 쓰기 연습의 일종이며, 결과가 아니라 과정이다. 그러니 그 과정 자체를 충분히 즐기도록 독려하자. 지적하지 말고 말이다.

영어 문장을 보고 따라 써보는 것도 좋다. 놀이를 겸해서 '나만의 영어책 만들기', '영어 카드 쓰기', '영어 책갈피 만들기' 등 영어에 미술놀이 같은 다른 놀이활동을 겸해서 해보는 것도 좋은 방법이다.

초등 고학년: 아이표 영어 단계

앞의 과정을 거치면, 이제 아이표 영어로 완전히 넘어가게 된다. 대략 초등 고학년 때쯤일 것이다. 아이표 영어로 넘어가면, 이때부터 엄마의 역할은 아이가 구해달라는 책, 영상 등의 매체를 구해주는 것뿐이다. 이때부터는 모든 선택이 아이에게 달렸다. 아이는 이미 영어를 '수단'으로 자신만의 즐거움을 추구하고 있기에 나머지는 아이에게 맡기면 된다.

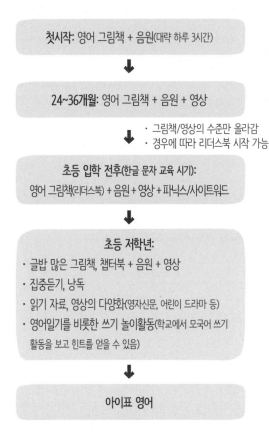

첫시작: 영어 그림책 + 음원(대략 하루 3시간)

⬇

24~36개월: 영어 그림책 + 음원 + 영상

• 그림책/영상의 수준만 올라감
• 경우에 따라 리더스북 시작 가능

⬇

초등 입학 전후(한글 문자 교육 시기)**:**
영어 그림책(리더스북) + 음원 + 영상 + 파닉스/사이트워드

⬇

초등 저학년:
• 글밥 많은 그림책, 챕터북 + 음원 + 영상
• 집중듣기, 낭독
• 읽기 자료, 영상의 다양화(영자신문, 어린이 드라마 등)
• 영어일기를 비롯한 쓰기 놀이활동(학교에서 모국어 쓰기 활동을 보고 힌트를 얻을 수 있음)

⬇

아이표 영어

영어책 + 음원 + 영상은
그대로 가되
그 수준이 올라감

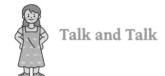
엄마표 영어로 '내신성적, 영어 실력' 동시에 잡는 법

앞에서 얘기했듯이, 나는 '첫 영어 공부 시작 시기'치고는, 결코 빠르지 않은 초등 5학년 하반기에 영어 공부를 시작했다. 영어교육과에 진학했고, 임용시험을 통과해 영어교사로 재직 중이나 해외에서 살았던 적은 없다. 해외여행만 많이 다녔을 뿐, 영어교사 연수로 호주에 한 달 머물렀던 것이 가장 긴 영미권 체류 경험인 순수 국내파다. 그런 내가 초등 5학년 때 영어 공부를 시작한 이후로 어디서 영어를 못한다는 소리는 들은 적이 없는데, 그 비결은 다음과 같다.

중고등학교

낭독의 힘

내신과 입시, 영어 실력을 동시에 잡기에는 '낭독'만한 것이 없다. 내신시험의 경우 교과서 암기가 효과적인 것은 결코 부인할 수 없다.

1. 교과서 시험 범위에 해당하는 교재의 영어 지문들, 특히 본문을 최소 10번 정도 낭독한다. 로봇처럼 기계적으로 영어를 읽는 것이 아니라

내가 '음원에 나오는 원어민', '이 상황에 놓여 있는 등장인물'이라고 생각하고 감정이입을 해서 소리 내어 읽는다. 혼자 동작도 취하고 표정도 바꿔 보는 식으로 원맨쇼를 하면 더 좋다.

2. 한 문장씩 쭉~ 다 읽으면서 총 10번을 낭독해도 되고, 문장별로 10번씩 낭독해도 괜찮다. 이 두 방법을 각각 5번 정도로 적당히 섞어서 해도 된다. 영어 음원을 구할 수 있으면 구해서 몇 번 정도는 듣고 따라하는 식으로 하면 더 좋다.

3. 이 정도 읽으면 이제 문장이 입에 붙는다. 그리고 교과서가 '자동'으로 암기된다. 교과서 내용이 머리로 외워지는 게 아니라 '입에 붙고', '몸에 붙어' 체화되어 버린다. 머리로 생각해서 떠오르는 것이 아니라 툭 치면 입에서 나오게 되는 것이다. 이게 바로 내신용 '벼락치기'가 아니라 진짜 입 밖으로 말이 나오는 영어 실력이다.

4. 영어 문장이 몸에 배면, 평소 이해되지 않던 문법구조가 역으로 이해가 되기도 한다.

5. 우리는 교과서를 쉽게 보는 경향이 있지만, 절대 교과서를 무시해서는 안 된다. 우리나라 영어교육의 최고 권위자들이 수많은 검토와 감수를 거쳐 만든 알짜배기 정수가 바로 영어 교과서다. 우리가 학창시절에 배웠던 영어 교과서 정도의 문장만 '제대로' 구사해도 어디 가면 영어 못한다는 소리는 듣지 않을 것이다.

예문, 상황과 함께 낭독하기

수능, 입시 영어도 모의고사 지문이나 단어를 이런 식으로 낭독한다. 모

1. Everyone who drives, walks, or swipes a transit card in a city views herself as a transportation expert from the moment she walks out the front door. And how she views the street _____. That's why we find so many well-intentioned and civic-minded citizens arguing past one another. At neighborhood meetings in school auditoriums, and in back rooms at libraries and churches, local residents across the nation gather for often-contentious discussions about transportation proposals that would change a city's streets. And like all politics, all transportation is local and intensely personal. A transit project

영어 모의고사 지문을 이런 식으로 공부한 후, 밑줄 친 부분 위주로 여러 번 낭독한다.

의고사 지문의 경우 워낙 분량이 많아 다 낭독할 수는 없다. 그렇기에 모르는 영어 단어가 포함된 문장, 또는 문장구조가 복잡한 문장만 따로 표시해 그 문장의 의미를 생각하며 비슷한 방식으로 낭독한다. 그러면 영어의 문장구조가 체화되고, 그 문장의 의미를 떠올리며 입 밖으로 말을 하는 과정에서 영어 단어의 의미가 자연스럽게 머릿속에 녹아든다.

영어 모의고사 낭독
공부법 관련 영상

예를 들어 Car(자동차)라는 영어 단어를 그냥 'Car/자동차, Car/자동차' 이런 식으로 무한 반복해서 외운다면, 그 단어는 금방 머릿속에서 휘발된다. 그냥 말 그대로 '암기'이기 때문이다. 영어 문장에서 해당 영어 단어를 맞닥뜨려도 막상 기억이 나지 않기 일쑤다. 그러나 똑같은 영어 단어를 "The red car followed us closely(빨간 차가 우리 뒤에 바로 따라왔다)"라는 문장 속 상황을 통해 익힌다면 그 의미는 훨씬 오래, 자연스럽게 머릿속에 각인된다.

비결이 굉장히 심플해 보일 것이다. 하지만 장담컨대, 이것이 정석이며, 이렇게만 하면 내신영어뿐 아니라 영어 실력까지 동시에 잡을 수 있다.

수험영어(토플·토익·텝스)

토플·토익·텝스, 그리고 토익 스피킹 시험 등을 준비할 때도 낭독은 빛을 발한다. 이런 시험들도 고등학생 시절의 내신, 수능 때보다 영어 지문의 어휘 수준이 높아지거나 성격이 바뀐 것일 뿐, 큰 틀에서 영어 실력을 평가한다는 본질은 같기 때문이다.

리딩·리스닝은 물론이거니와 스피킹 영역은 말할 것도 없다. 공인 영어 시험의 스피킹 시험 역시 모든 시험이 그러하듯, 문제 유형들과 대표적인 빈출 문항은 어느 정도 정해져 있다. 그러므로 그 문제들의 모범 답안과 예문들을 듣고 따라하며 낭독한다.

쉐도잉(shadowing), 즉 원어민의 음성을 듣고 그대로 따라하면 더 좋다. 그러면 자연스럽게 그 답안들의 핵심 영어 표현들을 습득하게 되는데, 그 표현들로 나만의 영어 문장을 만들어 말해보는 연습을 덧붙여 주면 좋다. 이러한 '기본기'를 꾸준히 연습하면서, 거기에 약간의 시험 문제 풀이 요령과 기술만 조금 익히면 자연스럽게 고득점은 따라온다.

듣기, 낭독과 쉐도잉, 나만의 영어 문장 만들기

일반 영어회화의 경우 EBS를 활용하면 좋다. 나의 경우 EBS 「입트영(입이 트이는 영어)」 「파워잉글리쉬」를 참 많이 들었는데, 마찬가지로 이것도 공부방법은 동일했다. EBS에는 양질의 다양한 프로그램들이 많이 있다. 성인이 되어서도 영어를 공부하는 방법은 마찬가지다. 듣기, 낭독, 쉐도잉, 나만의 영어 문장 만들어 보기, 이 정도면 충분하다. 그리고 익힌 영어 표현들을 실제 회화 상황에서 써먹어 보면 더 좋다. 나의 경우 실제 회화 상황에서 써먹을 수 있으면 써먹어 보고, 써먹을 일이 없으면 벽을 보고 혼자 말해 보기도 했다. '영화로 영어 공부하기', '미드로 영어 공부하기'가 마침 한창 유행했는데, 나 같은 경우 영화 「악마는 프라다를 입는다」를 100번은 본 것 같다.

영어 원서 읽기의 힘

마음에 드는 영어 원서를 골라 마치 우리가 한글책을 읽듯이 읽는 방법이다. 중등 영어교사 임용시험의 경우 전공 내용도 전공 내용이지만, 기본적인 영어 실력이 가장 중요하다.

나의 경우 사실 영어 원서 읽기는 수험 공부를 해야겠는데 책도 읽고 싶어 선택한 방법이긴 했다. 그런데 돌이켜보면 이것이야말로 내 영어 실력 상승에 가장 큰 일등공신이었다. 『해리포터』를 초등 때 4권까지 한글판으로 본 이후로 전혀 읽지 않았는데, 임용시험을 준비하는 그해 5,6,7권을 영어 원서로 다 읽었다. 너무 재밌어서 수험생임에도 하루 종일 읽은 적도 있다. 임용시험을 준비하던 그 해, 해리포터를 포함해서 두꺼운 영어 원서들을 공부용이 아니라 '독서'로 대략 20권은 읽었던 것 같다.

『해리포터』를 비롯한 많은 영어 원서가 어휘나 문장 수준을 일괄로 맞춘 '교재'가 아니라 '작품'이다. 그렇기 때문에 굉장히 다채로운 영어 어휘와 다양한 스타일의 문장들을 접할 수 있다.

엄마표 영어로 두 마리 토끼를 잡는다

앞에서 말한 것처럼, 영어책들을 단순히 재미로 읽는 것을 영어교육학에서는 '즐거움을 위한 읽기(Reading for pleasure)'라고 한다. 이는 영어 읽기 교육의 최종 목표 중 하나다. "노력하는 자는 즐기는 자를 절대 이기지 못한다"는 말처럼 영어 원서 읽기를 즐기게 되면, 사실상 각종 영어 시험의 리딩 파트는 크게 어렵지 않게 된다. 나 역시도 영어교사 임용시험을 준비하는 과정에서 그것을 몸소 많이 느꼈다.

엄마표 영어도 마찬가지다. 아이가 처음에는 영어 그림책을 보다가 차츰 챕터북을 보고, 그다음에는 영어 원서를 읽게 된다. 영어로 무리 없이 영화를 보고 원서를 읽을 수 있게 되면, 그것 자체로도 아이의 인생이 훨씬 풍요로워질 뿐만 아니라 우리가 결코 무시할 수 없는 중학 영어, 고등, 대입 같은 각종 영어 시험성적은 그저 따라온다.

PART

3

가만 있어도
우리 아이 귀 뚫리는
영어 음원 노출법

엄마가 틀어둔 영어 노래는
허공에 흩어진 게 아니라
아이한테 차곡차곡 쌓이고 있었다.

음원 노출,
얼마나, 어떻게 시작할까

: 흘려듣기의 시작

영어 음원 노출은 영어 노래로 시작해 보자. 앞에서 첫 시작을 할 때 편하게 가려면 노부영, 픽토리 같은 '책+노래' 조합의 세트가 낫다고 이야기했다. 하지만 세트로 시작하지 않더라도 상관없다. 세상에는 좋은 영어 음원이 너무나도 많고, 엄마가 하나하나 직접 고르는 것도 나름 재미가 있으니까 말이다. 다만 세트가 됐든 낱개가 됐든, 아이에게 틀어줄 영어 노래를 못해도 5종류 정도는 확보해 두자.

영어 음원들은 생활 속 배경음악처럼 틀어둔다. 그러면 매일 하루 2~3시간 정도 자연스럽게 노출시간이 확보된다. 잔잔한 영어 노래라면 작은 소리로 틀어서 자장가처럼 써도 좋다. 노부영의 *Goodnight Moon*, *Hush Little Baby*, *Nighty Night Little Green Monster* 음원이 한때 써니의 공식 자장가였다. 그 덕분에 20개월쯤 써니가 '구~나~문(*Goodnight Moon*)' 하고 흥얼거리는 모습을 볼 수 있었다.

Goodnight Moon

Margaret Wise Brown, Clement Hurd, HarperCollins, 2007

Hush Little Baby

Sylvia Long, Chronicle Books, 1997

Nighty Night, Little Green Monster

Ed Emberley, LB Kids, 2013

반복의 힘

이때 중요한 것은 영어 노래 1곡을 반복한다는 것이다. 언어는 반복이 생명이다. 그 점은 아이에게나 어른에게나 마찬가지다. 그런데 사실 이러면 좀 지겨울 수 있다. 그래서 노부영이나 픽토리 같은 세트의 경우 같은 노래도 여러 가지 다양한 버전(노래, 챈트, 스토리텔링, 아이들이 따라 부르는 버전, MR 등)으로 제공한다. 처음 재생할 때 반복 재생으로 설정해 두면, 엄마가 정신없어도 기계가 알아서 틀어준다.

나 같은 경우, 메인 테마곡을 하나 정해 일주일 동안 반복했다. 너무 1곡만 들어서 지겹다 싶을 때는 다른 곡들도 좀 틀었다가, 다시 메인 테마곡으로 돌아오는 식으로 매일 반복했다. 이 방법으로 노부영 베이비 베스트의 모든 곡을 다 들었다.

이렇게 영어 음원을 배경음악처럼 틀어두면 아이뿐만 아니라 엄마도 노래 가사가 외워지면서 자연스럽게 가사를 흥얼거리게 되고, 가사 내용도 곱씹어 보게 된다(음원을 배경음악처럼 틀어두면 정신 사나울 수 있는데, 엄마의 정신건강(?)을 해치지 않는 선에서 적당히 조절하자). 엄마 귀에서도 맴돌고, 입으로

가사가 튀어나오게 된다. 그 시간에 엄마와 늘 함께한 아이에게도 당연
히 이 영어 음원이 효과적으로 노출되었을 것이다.

물론, 이때 처음 영어 노출을 시작한 어린아이들이 발화라는 아웃풋
을 보일 리는 당연히 없다. 하지만 아이를 유심히 지켜보는 엄마라면 반
응을 단번에 느낄 수 있다. 표정과 행동에서 영어 노래를 즐기고 있는 게
느껴진다면 성공이다. 엄마가 틀어둔 영어 노래들은 허공에 흩어진 게
아니라 아이한테 차곡차곡 쌓이고 있는 것이다.

율동과 동작

이쯤에서 엄마는 더 적극적인 것을 시도해 볼 수 있다. 지금까지는 영어
소리 노출이었다면, 이제부터는 영어 소리와 맥락, 의미를 연결짓는 것
이다. 그 방법은 간단한 율동과 동작이다. 영어 노출 초반부터 해도 되지
만, 사실 엄마가 그 음원에 익숙해져야 훨씬 쉽고 자연스럽게 나오기에
굳이 처음부터 힘을 빼지 않아도 된다.

율동이라고 하면 부담스러울 수 있는데, 사실은 별게 아니다. 영어
노래 가사 내용 중에서 '몸으로 표현 가능한 것'을 박자와 멜로디에 맞춰

보여주는 것이다. 가령 "bumped her head(머리를 박다)"라는 가사가 나온다면, 엄마가 '머리를 콩 하고 박는' 모습을 보여주면 되고, 집에 있는 물건이 영어 노래 가사에 나온다면 그것을 포인팅하는 것 정도도 괜찮다.

"Bumped her head(머리를 박다)" 라는 가사가 나오자 아이가 동작을 따라하고 있다.

어차피 모든 가사를 율동으로 나타낼 수는 없다. 우리에겐 그럴 에너지도 없는 게 사실이니까. 그리고 아이에게 모든 영어 가사 내용을 다 이해시킬 수도 없고, 억지로 이해시켜서도 안 된다.

영어 노래가 나올 때마다 할 필요도 없다. 하루 중에 그나마 덜 힘들고 에너지가 남았을 때 한두 번 하면 된다. 만약 육아 울분(?)이 차서 에너지가 폭발할 것 같으면, 정말 춤추는 것처럼 이걸로 울분을 풀어도 된다(내가 그랬다).

이렇게 반복하다 보면, 어느 날 아이가 반응을 보이는 날이 온다. 말 그대로 이 영어 소리를 '의미'로 받아들이는 것이다. 일단 엄마의 그 동작을 따라하기 시작한다. 그러면서 한국어 발화를 시작한 아이라면, 이때 영어와 한국어 중에서 발음이 더 쉬운 영어를 발화하기도 한다. 가령 한국어 '달'보다는 영어 '문(moon)'이 발음하기 편하기에, 달을 보고 "moon" 이라고 말하는 식이다. '차다'라는 한국어보다는 영어 '킥(kick)'이 발음상 말하기 편하기에, 발을 차면서 "kick"이라고도 한다. 그야말로 언어로서의 습득인 것이다.

해당 영어 그림책이 있다면

노부영처럼 영어 음원에 꼭 맞는 영어 그림책이 있으면 더 쉽다. 이것도 하루 중 몇 번만 하면 된다. 어차피 매번 못한다. 그 과정은 단순하다. 영어 노래가 나올 때 해당 그림책을 꺼내고, 노래에 맞춰 페이지를 넘겨주고, 가사에 해당되는 그림, 사물들을 가리켜 준다. 여기도 적당한 동작을 섞으면 물론 더 좋다. 그러면 아이들은 영어 노래 가사에 해당되는 의미와 맥락이 그림 속 내용이란 것을 자연스럽게 알게 된다. 굳이 한국어 뜻을 알려주지 않아도 자연스럽게 그 의미를 '습득'하게 되는 것이다.

이런 경험이 쌓이면, 아이는 영어 노래를 들을 때 '그 영어 그림책'을 바로 떠올리게 된다. 그리고 어느 순간부터 영어 노래가 나오면 해당 책을 꺼내 들고 오거나, 영어 노래를 틀지 않더라도 엄마가 그 책을 꺼내면 관련된 행동 반응을 보이기도 한다. 세이펜이 되는 영어책이라면, 아이 스스로 알아서 영어 음원을 재생하기도 한다.

KEY POINT

흘려듣기 시작의 3가지 포인트

1. 일주일, 또는 며칠의 기간 동안 주가 될 메인 테마곡을 정해 그 영어 노래를 반복 재생한다.
2. 그 영어 노래에 조금 익숙해지면 노래 가사에 맞는 율동, 모션 또는 해당 영어 그림책의 페이지를 직접 보여주며 소리와 의미를 연결시켜 준다.
3. 엄마도 아이와 함께 흥얼거리고 영어 노래를 불러보며 반응해 보자.

1분 내외의 짧은 영어 노래
음원 활용법

반복은 언어 습득에서 정말 중요한 요소 중 하나다. 그 때문에 앞에서도 여러 영어 노래들을 한 번에 돌려 듣기보다는 하나의 메인 곡을 정해서 그 곡을 반복하라고 말했다. 그런데 문제는 이거다. 생각보다 영어 노래들이 짧다는 것이다.

물론 종류에 따라 영어 노래의 길이가 꽤 긴 것들도 있지만, 대다수가 짧다. 이런 짧은 영어 노래들은 보통 곡 길이가 1분 내외인데, 10번을 반복해도 10분이면 충분하다. 1시간이면 60번을 반복하게 된다. 제 아무리 반복이 좋다지만 이건 너무 지겹다.

세트로 묶자!

이런 경우의 해결 방법 역시 간단하다. 여러 곡을 묶으면 된다. 여러 곡을 묶어서 그걸 세트로 반복하는 것이다. 세트가 반복의 한 덩어리가 되는 것이다.

다음 그림은 내 휴대폰 음악 플레이어 속의 폴더들이다. 하나의 폴더 안에 여러 곡의 영어 노래가 들어 있다.

CD 하나를 두 개의 폴더로 나누었다. CD 가 총 6개였기에 12개의 폴더가 생겼다.

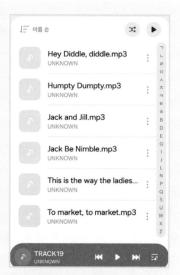

각 폴더에는 대략 1분짜리 노래 6~7곡 을 넣었다.

등·하원 시 차에서 퍼포먼스제로(현재는 프뢰벨 토털의 Think in English STEP) 의 마더구스를 주로 틀어주었는데, 이 곡들이 다 1분 내외였다. CD 하 나당 그런 곡들이 보통 10~12개 정도 들어 있다.

왼쪽 사진을 보면 'CD2-1', 'CD2-2' 이런 식으로 적혀 있는데, CD 하나에 든 곡들을 두 덩어리(폴더)로 나눈 것이다. 등·하원 시간이 편도로 10~15분이었기에 여유 있게 6곡을 한 세트로 잡으면, 한 번 이동할 때 마다 두 번 반복이 가능하도록 계산한 것이다. 그러면 하루에 4번 반복해서 듣게 된다. 이렇게 일주일이면 6곡을 20번, 한 달이면 대략 80~90번 반복해서 듣게 되는 것이다.

1차 반복 예시

CD 1개: 1분짜리 노래 12개 수록 → 6개(총 6~7분)의 두 세트로 나누기

등하원 시간: 편도 10~15분 → 한 세트 2번 반복 가능 → 왕복이면 4번 반복 가능

반복 주기를 줄여 세트 돌리기

퍼포먼스제로는 CD가 총 6개였다. 나는 CD 하나를 2개월(1개월에 CD 내용 절반) 동안 돌렸기에, 모두 다 돌리는 데 1년이 걸렸다. 이것만 보면 "무슨 1년씩이나 걸리냐?"고 하겠지만, 이 노래들을 오직 등·하원 시에만 틀었기 때문이다. 이런 짧은 길이의 노래들을 집에서 노출하면 그 주기는 훨씬 짧아진다.

그렇게 1년 동안 퍼포먼스제로 CD의 영어 노래들을 다 돌리고 난 후에는 또다시 반복했다. 다만 이때는 반복 주기가 훨씬 짧았다. 처음 주기가 1개월이었다면, 두 번째에는 1주일 정도로 그 시간을 짧게 잡았다. 왜냐하면 이미 앞서 지겹도록 많이 반복했기 때문이다.

원래 반복하면 할수록 반복하는 데 걸리는 시간과 간격은 짧아진다. 즉 효율이 높아지는 것이다. 1주일 단위로 영어 노래 세트를 돌리면, 3개월이면 전체를 다 돌릴 수 있다. 그렇게 전체 세트를 다 돌리고 난 후에는 하루, 이틀 단위로 돌린다.

틈새 시간의 힘

사실 너무나 식상한 표현일지 모르지만, 틈새 시간의 힘은 위대하다. 엄마표 영어를 차치하고서라도, 인생의 모든 부분에서 사소한 한끝 차이가 결국에는 큰 차이를 만들어내기 때문이다. 여기서 한끝 차이는 사실 거창한 것이 아닌 경우가 많다. 사소한 것 같아서 무시하고 싶거나 귀찮아서 제치고 싶지만, 그럼에도 그걸 무릅쓰고 했느냐 안 했느냐가 관건이 된다.

그러니 힘들어도 꾹 참고, 플레이어를 틀자. 그리고 공간에 영어 소리를 채우자. 그다음부터는 플레이어와 아이의 몫이다.

KEY POINT

1분 내외 짧은 노래 음원 활용 3가지 포인트

1. 1분 내외의 짧은 곡들은 내 생활에 맞게 5, 6개 정도로 묶자.
   그리고 그 묶은 곡 세트를 하루 중 고정된 일과(등·하원 시간, 목욕 시간 등)에 반복하면 더 좋다.
2. 곡당 총 100번 정도 반복 재생하고, 다음 세트로 넘어간다.
3. 전체 반복이 끝나고 나면, 주기를 줄여서 다시 반복한다.

음원 있는 영어 그림책,
어떻게 활용할까

엄마표 영어를 하다 보면 영어 그림책에 음원이 따라오는 경우가 많다. 대표적인 것이 노부영과 픽토리다. 모두 '음원 딸린 영어 그림책'이다. 영어 그림책의 가사에 노래를 입혔기 때문이다. 그래서 그런지 그 영어 노래들은 참 좋다. 원서에 영어 노래를 만들어 '얹어서' 파는 것이기에 어쩌면 당연한 일이다. 노부영과 픽토리의 경우 사실 영어 음원이 생명이다. 그래도 가끔은 음원 없이 그냥 영어 그림책을 읽어주고 싶을 때가 있다. 사실 24시간 음원을 틀어놓을 수는 없다. 게다가 보통 음원과 상관없이 이미 그림책 자체가 훌륭한 작품인 경우가 많다.

영어 그림책을 읽으려니 입에서 나오는 노래

문제는 이 멋진 작품을 그냥 일반 그림책을 읽듯이 읽으려고 해도, 엄마와 아이에겐 '노래로 먼저' 체화되어 있다는 것이다. 귀에 멜로디가 맴도는데, 영어 노래로 부르던 것을 줄글로 읽기가 오히려 어색하다. 이런 경우에는 익숙한 대로 노래로 부르면서 읽어주면 된다. 어차피 책 속의 글밥이 영어 노래의 가사다. 글밥을 보고 멜로디를 붙여서 '노래 부르듯' 읽으면 된다. 늘 듣던 영어 음원이 '우리 엄마 버전'으로 새롭게 탄생하는 순간이다. 여력이 된다면 포인팅도 하고 율동이나 동작을 더하면 금상첨화다.

마더구스도 영어 그림책으로 많이 나온다. 영어 노출 초기에 마더구스 영어 그림책을 많이 보여주는데, 대부분 책에 영어 음원이 딸려온다. 그 이유는 마더구스 자체가 원래 '전래동요'이기 때문이다. 즉 마더구스는 애초에 태생이 노래였고, 구전으로 전해지는 노래를 기록하여 책으로 담은 것이다. 그러니 당연히 노래를 붙여서 읽는 것이 훨씬 자연스럽다. 멜로디를 붙이지 않으면 오히려 그 '맛'이 살지 않는다. 우리가 국어책에서 '강강술래'를 보았을 때, 멜로디와 박자를 붙여서 읽는 것이 훨씬 자연스러운 것처럼 말이다.

내레이션만 수록된 책들은 어떻게 할까

영어 노래가 아니라 그냥 영어로 읽어주는 내레이션(narration) 음원만 수

 → 마더구스

마더구스(Mother Goose)는 '거위 아줌마'라는 뜻으로, '너서리 라임(Nursery rhyme)'이라고도 한다. 영어 전래동요, 구전동요라고 생각하면 쉽다. 구전동요답게 멜로디가 단순하고 리듬감이 있으며, 반복되는 패턴들이 많이 쓰인다. 오랜 시간 내려온 노래인 만큼 곳곳에서 많이 인용된다.

록된 그림책들도 있다. 이런 경우는 그냥 틀어주고, 엄마도 아이랑 함께 열심히 들으면 된다. 초기에 접하는 영어 음원이 노래가 아닌 내레이션 이므로, 엄마도 내레이션처럼 읽어주면 된다. 수록된 영어 내레이션을 매우 생동감 있게 감정을 잘 살려 읽고, 그것을 들었던 기억을 떠올려 엄 마도 흉내 내며 읽어주면 좋다.

나중에 영어 내레이션만 수록된 음원은 '집중듣기' 자료로 활용할 수 도 있다. 하지만 집중듣기는 아이가 문자를 이해한 후에나 가능하므로, 시작 단계에서는 이것까지 생각할 필요는 없다.

사실 영어 노출 초기 단계에서 구입하는 영어 그림책들은 대부분 음 원이 노래 형식으로 수록되어 있다. 아이가 아직 영어가 뭔지 잘 모르는 상태인데, 내레이션 영어를 들려줘 봤자 알아듣고 재미있어 할 가능성이 거의 없기 때문이다. 아이는 영어를 목적으로 음원을 듣는 것이 아니다. 아이 입장에서는 노래가 좋아서, 그 노래 자체를 '목적'으로 신나게 반응하 다가 거기에 딸린 영어를 자연스럽게 흡수하는 것일 뿐이다.

 → **집중듣기**

일명 '청독(聽讀)'이다. 귀로 들리는 영어 단어를 눈으로 맞춰가 면서 음원을 듣는 것을 말한다. 보통 그냥 눈으로만 문자를 따 라가면 집중하기가 쉽지 않기에, 음원 속도에 맞춰 펜이나 손 가락으로 그 문자들을 훑는다. 듣기와 읽기가 함께 이루어지 는 활동인데, 보통 아이들은 읽는 속도가 듣고 이해하는 속도 보다 느리다. 그런데 집중듣기를 꾸준히 할 경우 읽기 속도가 상당히 빨라진다.

개수가 한정적인 음원 딸린 책들

영어 음원의 가짓수를 무한히 확장하는 데에는 한계가 있다. 그래서 집에 어느 정도 영어 음원이 쌓이면 그 이후로는 음원을 구입하는 속도가 더뎌진다. 왜냐하면 영어 음원의 특성상 듣기를 반복해야 효과적인데, 한 음원을 최소 몇 십 번씩 들으려면 시간이 많이 걸리기 때문이다. 즉 영어 음원이 많더라도 다 소화하지 못한다. 더군다나 영어 영상을 보기 시작하게 되면, 책에 딸린 음원보다는 영상을 '소리'로만 듣는 경우도 많아져서 영어 그림책 음원의 비중은 더 줄어든다.

따라서 집에 있는 노래 딸린 영어 그림책을 최대한 엄마인 나의 입으로도 활용하자. 영어 음원을 굳이 틀지 않더라도, 영어 그림책을 펴고 노래를 부르듯 아이에게 불러주자. 앞서 말했듯 아이가 클수록 음원 딸린 영어 그림책의 비중은 적어진다. 그러니 몇 안 되는 영어 음원 딸린 그림책을 씹고 뜯고 맛보듯 열심히 들려주고 엄마 입노래로도 충분히 불러주자.

KEY POINT

영어 음원 딸린 그림책 2가지 포인트

1. 노래 딸린 영어 그림책은 음원을 틀지 않을 때도 그냥 노래 부르듯 읽어주면 된다(그냥 줄글처럼 읽어도 된다).

2. 당연히 읽어주면서 포인팅, 모션 등을 취하면 더 효과적이다.

음원 딸린 책 살 때,
내가 지키는 원칙

언어를 처음 익힐 때, 우리는 '듣기'부터 시작한다. 이는 우리말을 익힐 때를 생각해 보면 아주 쉽게 이해된다. 태어나서 우리는 말을 할 수도, 글을 읽고 쓸 수도 없다. 그러니 듣기부터 시작하는 게 당연하다. 듣기를 통해 어느 정도 말을 알아듣기 시작하면, 그때부터 '말하기'를 시작하고, 그러다가 문자를 배워서 읽을 수 있게 된다. 그리고 난 후에 그 문자를 직접 써보며 본격적인 '쓰기'가 시작된다.

그렇기에 영어 노출 초기의 영어 그림책들은 사실 '읽기'가 아니라 '듣기'용이다. 아이들은 문자를 읽지 못하기에 엄마가 읽어주는 내용을 들을 수밖에 없다. 그래서 엄마들이 아이들에게 보여주는 영어 그림책들은 소리 내어 읽는 부담을 덜어주기 위해 영어 음원을 포함하는 경우가 많은 것이다.

음원 포함된 책 살 때 주의점

영어 음원이 포함된 그림책을 살 때는 반드시 주의해야 할 점이 있다. QR 코드나 세이펜으로만 영어 음원이 지원되는 책들은 사는 것에 신중해야 한다. 왜냐하면 QR 코드나 세이펜만으로는 영어 음원을 적극적으로 활용하기 어렵기 때문이다. 이런 책을 선택한다면, 영어 음원을 적극 활용한다는 생각보다는 무조건 엄마가 '생목'으로 읽어준다고 생각하고 구입해야 한다.

QR 코드의 경우 스마트폰으로 찍으면 해당 사이트로 연결되어 음원이 재생된다. 사실 여기서부터 문제다. 엄마 손에 스마트폰이 들려 있으면 목적을 잊기 일쑤다. QR 코드를 찍으러 갔다가 삼천포로 빠지는 엄마들이 많다. 물론 의지가 강한 분들은 그러지 않을 수도 있다. 하지만 많은 사람들이 "나는 디지털 디톡스가 필요하다"고 할 정도로 스마트폰은 '내 손 안의 빌런(villain)'이 되었다. 매번 그 유혹을 떨쳐내기가 결코 쉽지 않다.

무사히 영어 음원으로 들어갔다고 해도, 대부분의 경우 음원 재생이 편하지 않다는 문제에 맞닥뜨린다. QR 코드로 들어간 사이트들은 대부분 보안 때문에 자체 사이트의 플레이어로만 음원을 제공한다. 그런데 그 플레이어가 대중적이지 않아서 '반복 재생'이나 '다시 듣기'가 매우 불편하다. 스마트폰 화면을 닫으면 소리가 꺼지는 경우도 대다수다. 그러니 스마트폰 화면을 계속 켜두고, 다시 듣기나 반복 재생을 하고 싶을 때마다 매번 손으로 재생해야 하는 불편함이 있다.

더 큰 문제는 아이들이 이런 엄마를 보고 있다는 점이다. 대부분의 아이들은 엄마가 하는 것에 엄청난 호기심을 보인다. 엄마가 늘 만지는 스마트폰을 자기도 만져보려고 할 것이다. 그러면 아이들이 필요 이상으로 일찍 스마트폰에 노출될 수밖에 없다. 영어 음원을 핑계대지 않더라도, 우리는 스마트폰을 늘 달고 산다. 그런데 영어 음원 청취라는 이유가 더해져서 스마트폰에 더 자주 노출된다면, 아이에게도 엄마에게도 좋지 않다. 이것은 단순히 영어교육의 문제가 아니라 아이의 근본적인 성장과 교육의 큰 그림과 관련된 문제일 수 있다.

세이펜도 마찬가지다. 세이펜으로는 영어 음원을 진득하게 틀기가 상당히 불편하다. 왜냐하면 세이펜은 말 그대로 책을 툭 치면 반응을 하기 때문이다. 그러다 보니 엄마가 아니라, 호기심이 넘치는 아이들이 책 곳곳을 세이펜으로 마구 툭툭 치는 경우가 흔하다. 영어 음원이 진득하게 재생이 될 만하면 다른 곡으로 넘어가기 일쑤인 것이다.

물론 아이가 자기 주도로 영어 음원을 트는 것은 상당히 의미가 있고, 또 필요한 일이다. 하지만 그것만 있으면 안 된다. 엄마가 영어 음원을 체계적으로 반복해서 틀어주고 있다면 아이가 세이펜으로 취향껏 이것 저것 틀어보는 게 상당히 의미가 있지만, 그것이 아니라면 아이가 세이펜을 들고 하는 마구잡이식 재생은 의미가 없다(세이펜 신기종은 반복 기능이 있다. 그러나 세이펜이 아이 손에 들어갈 경우 반복은 결코 쉽지 않다).

선택적 아날로그

영어 그림책에 딸린 음원은 CD나 파일 형태로 제공되는 것이 낫다. CD 플레이어는 반복 재생이 기본 기능 중 하나다. 그리고 요즘은 리핑

(ripping)을 해서 쓰는 경우도 매우 많다. CD는 아이들도 자주 만지다 보니 파손 위험이 있고 교체가 번거롭기도 하다. 그래서 CD 속 음원을 파일 형식으로 변환해서 USB에 넣어 재생하도록 만든 것이 리핑이다(컴퓨터에 CD롬이 있거나 리핑 기능이 있는 플레이어를 구입할 경우, 영어 음원 파일을 리핑해두면 여러모로 쓸모가 많다). 이렇게 리핑을 해두면 반복 재생이 용이할 뿐 아니라 불필요한 스마트기기 노출도 막을 수 있다.

요즘 컴퓨터들은 대부분 CD롬이 달려 있지 않다. 예전만큼 CD가 대중적으로 사용되지 않기 때문이다. 그럼에도 영어 그림책의 음원이 CD로 제공되는 것은, 아이들이 스마트기기에 노출되는 것을 조금이라도 막으려는 목적도 있을 것이다. 스마트기기의 적절한 사용은 삶도 육아도 편리하게 한다. 그럼에도 불구하고, 우리는 선택적 아날로그가 필요하다. 그것이 AI 시대에 우리가 기술에 '이용당하는' 것이 아니라 기술을 지혜롭게 '이용하는' 근본적인 힘, 바로 생각하는 힘을 길러주기 때문이다.

음원 딸린 책 구매 3가지 포인트

1. QR 코드, 세이펜으로만 영어 음원이 제공되는 책의 경우, 음원 재생보다는 엄마가 읽어준다고 생각하고 구입한다.
2. QR 코드로 음원이 제공되는 경우 사용이 꽤 불편하고, 아이가 스마트폰에 노출되기 쉽다.
3. 세이펜은 영어 음원의 반복 재생이 쉽지 않다.

세이펜 & 송카드
활용 꿀팁

아이의 영어책을 구입할 때 반드시 보게 되는 것이 세이펜이다. 영어책 뿐만 아니라, 국내 메이저 전집 출판사들 대부분이 세이펜으로 음성 기능을 제공하기 때문이다. 요즘은 한글 전집뿐만이 아니라 해외 영어 원서도 국내에서 세이펜 기능을 넣어서 출시하기도 한다. 엄마들은 세이펜을 두고 고민에 빠지곤 한다. 있으면 좋을 거 같은데, 아이에게 꼭 필요한지 알 수 없어서다. 더구나 이름은 '펜'이지만, 일단 가격이 10만 원이 넘는 고가 기계이기 때문이다.

엄마의 대체 수단이 아닌 보조 수단

일단 결론부터 이야기하자면, 세이펜은 필수가 아니고 선택 사항이다. 세이펜이 있다고 해서, 엄마의 영어 그림책 읽어주기를 완전히 대체할 수는 없을 뿐만 아니라, 그래서도 안 된다. 실제로 아이가 어릴수록 음원이 아니라, 엄마와 직접 눈을 마주치고, 엄마의 입 모양을 보는 상태에서 책을 읽어주는 것이 훨씬 효과적이다. 그렇다고 세이펜이 무용지물이라는 말이 아니다. 분명 이점이 있다. 단지 세이펜은 엄마의 '대체 수단'이 아닌 '보조 수단'으로만 활용하면 된다.

세이펜으로 영어 음원을 반복 재생하기는 쉽지 않다고 앞서 말했다. 세이펜은 음원을 진득하게 반복 재생하기보다는, 아이가 스스로 책을 툭툭 치며 음원을 선곡하는 용도로 쓰는 것이 맞다. 기본적으로 세이펜은 아이 것이다. 그것을 염두에 두자.

하지만 엄마가 너무 힘들면, 세이펜의 도움을 받는 것도 나쁘지 않다. 엄마가 평소 영어 그림책을 충분히 읽어주고 있다면, 그리고 아이가 세이펜이 읽어주는 것을 잘 듣고 있다면, 경우에 따라 세이펜의 도움을 한 번씩 받는 것은 아무런 문제가 없다. 다만, 계속 강조하고 싶은 것은 세이펜이 엄마의 영어 그림책 읽어주기를 완전히 대체할 수는 없고, 대체해서도 안 된다는 점이다. 미디어 기계를 적절히 지혜롭게 활용하는 생활의 지혜가 필요하다.

아이가 두 돌쯤 되면 스스로 세이펜을 조작하기 시작한다. 자기가 듣고 싶은 음원이 있으면, 스스로 책을 꺼내서 펜으로 툭툭 쳐가면서 음원을 선택해 듣는 귀여운 모습을 볼 수 있다.

아이가 스스로 무언가를 직접 선택하고 행동하는 것은 자율성의 성장에 도움이 된다. 엄마가 반복적으로 영어 음원을 꾸준히 노출하는 상태에서, 아이가 들어본 음원들을 스스로 직접 선곡하면 그 음원들에 대한 호감이 더더욱 커진다. 아이가 세이펜으로 스스로 영어 음원을 고를 때는 엄마가 틀어두는 음원은 잠시 끄자. 아이는 자기가 고른 그 영어 음원을 듣고 싶을 테니까 말이다.

송카드 활용법

세이펜의 또 다른 이용 방법은 바로 송카드다. 영어책을 세트로 사는 경우 대부분 송카드를 제공한다. 전집에 수록된 영어 노래들을 하나로 모아 송카드 형식으로 만들어 주는 것이다.

다양한 송카드들.

송카드는 아이와 놀러갈 때 아주 요긴하게 사용할 수 있다. 아이가 자동차에 오래 앉아 있는 것을 힘들어 할 때, 송카드와 세이펜을 쥐어주면 자기가 알아서 원하는 영어 노래를 선택해 들을 수 있다. 물론 아이가 자동차에 있는 내내 이것만 가지고 얌전히 잘 앉아 있지는 않지만, 꽤 든든한 지원군임은 분명하다.

또한 송카드를 아이가 자주 노는 공간에 비치해 두어도 좋다. 거실 같은 곳에 두면, 아이가 수시로 세이펜으로 툭툭 치면서 갖고 놀 수 있다. 다만, 이때는 자동차와 같이 밀폐된 곳에서 갖고 노는 것과는 집중도에서 차이가 난다. 집에는 아이에게 재밌는 것이 너무나도 많기 때문이다.

한 번 고생하면 쭉 써먹는 송카드 엄가다

영어책 세트를 구매하지 않은 경우 송카드를 직접 만들어 쓸 수도 있다. 그 방법이 흔히 말하는 '세이펜 엄가다'이다. '엄가다'는 '엄마'와 '노가다'가 합쳐서 만들어진 일종의 합성어다.

세이펜에서는 음원을 담을 수 있는 '오디오렉 스티커'와 녹음까지 할 수 있는 '세이렉 스티커'를 판매한다(네이버에서 '오디오렉 스티커', '세이렉 스티커'를 검색하면 된다). 이것을 이용해 직접 송카드를 만들면 된다.

또 같은 방법으로 세이펜이 안 되는 영어책들에 세이펜 기능을 넣을 수도 있다. 이 모든 게 엄마의 수작업으로 이루어지기에 '엄가다'라고 한다. 하지만 한 번 만들어 두면 요긴하게 사용할 수 있다. 나 같은 경우 세이펜이 안 되는 영어책 세트에 엄가다 작업을 해서 자주 요긴하게 사용했다.

KEY POINT
세이펜 활용 3가지 포인트

1. 세이펜의 도움을 받을 수 있다. 그러나 세이펜은 엄마의 대체 수단이 아니라 보조 수단이다.

2. 세이펜으로는 진득한 반복 재생이 쉽지 않다. 세이펜은 기본적으로 '아이 주도'이다.

3. 송카드, 엄가다 등의 방법으로 세이펜을 활용할 수 있다.

엄가다로 송카드 만들기

1. 오디오렉 스티커를 구입한다.

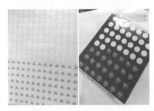

오디오렉 스티커

오디오렉 스티커는 북코드 기능이 있다. 반면 세이렉 스티커는 오디오 기능에 녹음·재생 기능까지 포함되지만, 북코드 기능이 없다. 북코드 기능이란 세이펜으로 북코드 스티커를 치면 오디오렉 폴더 재생 모드로 바뀌는 것인데, 이 기능이 없으면 매번 세이펜을 눌러 오디오렉 모드로 돌려줘야 해서 불편하다. 그러니 오디오렉 스티커를 구매하자(세이렉 스티커의 녹음·재생 기능이 좋긴 하지만, 아이가 어릴 때는 많이 사용할 일이 없다). 오디오렉 스티커는 번호가 1,000대부터 9,000대까지 있는데, 각 스티커 하나에 음원 파일 하나가 담긴다고 생각하면 된다.

2. 세이펜 음원 사이트에서 '오디오렉 스티커' 파일을 다운받는다.

'오디오렉 스티커' 파일을 다운받는 모습

세이펜 사이트(www.saypen.com)에 접속해서 [음원 다운로드] → PP 매니저(PC용)를 눌러 '오디오렉 스티커' 파일을 다운받으면, 세이펜 내부에 '오디오렉 스티커' 폴더가 만들어진다. 처음에 한 번만 하면 된다.

3. 갖고 있는 영어 음원을 MP3 파일로 추출한다.

요즘 CD/DVD 플레이어는 리핑 기능이 있는 경우가 많다. 아니면 외장 CD롬으로도 가능하다(요즘은 컴퓨터에 CD롬이 없는 경우가 많다). 이러한 기능으로 영어 음원을 MP3 파일로 추출한다.

4. 추출한 영어 음원의 파일명을 바꾼다.

	원파일명	변경파일명
퍼포제로CD1	Track1	
	Track2	REC1_02033
	Track3	REC1_02034
	Track4	REC1_02035
	Track5	REC1_02036
	Track6	REC1_02037
	Track7	REC1_02038
	Track8	REC1_02039
	Track9	REC1_02040
	Track10	REC1_02041
	Track11	REC1_02042
	Track12	REC1_02043
	Track13	REC1_02044
	Track14	REC1_02045
	Track15	REC1_02046
	Track16	REC1_02047

영어 음원의 파일명을 바꾼 모습

영어 음원의 파일명을 내가 구입한 오디오렉 스티커와 동일하게 바꾸면 된다. 예를 들어 오디오렉 스티커가 REC1 02033이면, 영어 음원의 파일명을 'REC1_02033. mp3'로 바꾸면 된다. 헷갈릴 수도 있으므로, 영어 음원의 파일명과 수록 음원의 제목을 정리한 엑셀 파일을 만들어 두어도 좋다.

영어 음원의 파일명은 일괄로 바꾸는 것이 편한데, 인터넷에서 파일명을 한꺼번에 바꾸는 프로그램을 다운받아 쓰면 된다.

5. 영어 음원 파일을 세이펜에 집어넣고, 책에 오디오렉 북코드 스티커와 오디오렉 스티커를 붙인다.

이제 세이펜으로 오디오렉 북코드 스티커를 치면, 세이펜의 재생 폴더가 '오디오렉 스티커'로 바뀐다.

그 상태에서 세이펜으로 오디오렉 스티커를 치면 음원이 흘러나온다.

영어책에 북코드 스티커를 붙인 모습

이렇게 세이펜 기능이 되지 않는 책도 세이펜으로 영어 음원을 듣게 만들 수 있다. 또한 이 스티커들을 종이 한 장에 모아두면 바로 송카드가 된다. 과정은 복잡해 보이지만, 막상 한 번 해보면 그렇게 어렵지 않다.

6

흘려듣기는
의미가 없다던데?

흘려듣기는 정말 효과가 없을까

엄마표 영어를 하다 보면 많이 듣게 되는 용어 중 하나가 흘려듣기와 집중듣기다. 집중듣기의 효과는 여러 매체에서 자주 언급되는데, 흘려듣기는 효과 없다는 말이 들린다. 그러면 엄마들 마음은 불안해진다. 흘려듣기는 정말 의미가 없는 것일까? 결론부터 말하면, 반은 맞고 반은 틀리다. 흘려듣기가 이루어지는 상황에 따라 다르기 때문이다.

흘려듣기는 정말 흘려듣는 것

흘려듣기는 말 그대로 '흘려서 듣는 것'이다. 밥 먹을 때, 놀 때, 꾸물거릴 때 등 일상생활을 하는 도중에 그냥 틀어놓는 것은 모두 흘려듣기라고 생각하면 된다. 반면 집중듣기에는 문자가 들어간다. 음원을 틀어놓고, 그 음원 속도에 맞춰 눈으로 그에 해당하는 글을 따라 읽는 것이다. 보통 눈으로만 글을 읽는 것보다, 손으로 짚어가면서 읽는 것이 더 집중이 잘 되므로 손으로 글을 따라가며 읽는 것이다.

흘려듣기는 철저히 청각만을 사용해서 듣는다. 반면 집중듣기는 청각(음원)에 시각(문자)까지 포함해 매체를 이해한다. 하나의 감각이 아니라 2개의 감각으로 그 매체를 접하는 것이다. 그래서 내용 자체에 더 집중이 잘되기도 한다. 그리고 보통 글자를 짚어가면서 읽기 때문에, 그냥 일상 중에 진행되는 것이 아니라 책상에 앉아서 제대로 '각을 잡고' 이루어진다. 반면 흘려듣기는 일상생활 중에 흘려가며 듣기 때문에 주의가 분산되기 쉽다.

두 활동 모두 각각의 효과와 장단점이 있다. 그런데 여기서 문제는 엄마표 영어를 처음 시작할 때의 아이는 '영어 문맹'이라는 것이다. 집중듣기를 하고 싶어도 할 수가 없다. 간혹 아직 문자를 읽지 못하는 아이에게 마치 집중듣기처럼 영어 음원 소리에 맞춰 문자를 짚어주는 경우가 있는데, 이때의 아이에게는 글자도 그림의 일부분일 뿐이다.

물론 우리가 아이에게 모국어를 가르칠 때, 책의 글밥 중 굵은 글씨를 손으로 짚어주는 것처럼 영어도 그렇게 하는 것이 가능하다. 이 경우는 한글을 통문자로도 가르치듯, 손으로 영어 단어의 문자를 짚어주는 것이다. 그런데 사실 이 과정은 우리가 아는 집중듣기 본연의 활동이라기보다는 문자 읽는 법을 가르치는 활동에 가깝다.

중요한 것은 매체의 수준과 맥락

흘려듣기가 효과가 없는 경우는 여러 가지 고려 없이 '그냥, 무작정' 흘려듣기를 하는 경우다. 예를 들어보자. 아랍어를 전혀 알지 못하는 우리에게 아랍어 뉴스를 매일 들려준다고 해서, 우리의 아랍어 듣기 능력이 과연 향상될까? 그렇지 않을 것이다. 이 경우 아랍어 뉴스는 우리에게 소음에 가깝다.

그럼, 어떻게 해야 할까? 일단 아랍어 생초보인 우리에게 뉴스는 너무 어렵다. 듣기 자료의 언어 수준부터 확 낮춰야 한다. 기본적인 말의 속도부터 느려야 하고, 어휘 및 문장의 길이와 구조까지 모두 쉬워야 하며, 발음 또한 명확해야 한다.

무엇보다 내용이 친숙해야 한다. 만약 한국에 사는 우리에게 누군가가 아랍 현지 뉴스를 한국어로 알려준다면, 제 아무리 우리말이라도 내용 자체를 이해하기 어려울 것이다. 아랍 뉴스의 내용이나 소재 자체가 친근하지 않기 때문이다.

따라서 흘려듣기를 할 때는 우리가 잘 알고 있는 내용, 즉 이미 배경지식이 있는 내용으로 먼저 접근해야 한다. 그리고 듣기 내용에 등장하는 각종 표현들도 일부분은 그 의미를 사전에 미리 알고 있어야 한다. 전부 다는 아니더라도 어느 정도는 아는 것이 있어야, 그것들을 통해 나머지 내용을 어렴풋이 추측할 수 있기 때문이다. 즉 매체의 수준이 그것을 접하는 이의 언어적 수준, 배경지식과 어느 정도 맞아떨어져야 하는 것이다.

만약 아랍 현지 뉴스를 들을 때, 그와 유사한 내용을 사전에 그림책이나 사진, 영상 등으로 미리 접했다면 어떨까? 누군가가 그러한 그림책을 읽어주면서 해당되는 그림을 손으로 짚어주고, 그 내용을 전체적으로 알려줬다면? 몸짓·손짓으로 그 의미를 알려주었다면? 그랬다면 아랍어 현지 뉴스를 들었을 때 내용이 훨씬 쉽게 이해될 것이다. 심지어 그 과정에서 처음 접했을 때 제대로 이해하지 못했던 부분이 이해되기도 한다. 즉 듣기를 잘하려면, 그 상황과 사용된 각종 표현의 의미에 대한 사전 이해가 어느 정도 있어야 한다.

여기서는 쉽게 이해할 수 있도록 아랍어를 예시로 들었지만, 어떤 언어가 됐든 언어 습득의 방식은 같다. 배경지식, 사전 설명, 손짓·몸짓을 통한 의미전달 등을 한 단어로 표현하자면 '맥락(context)'이다. 맥락은 그 언어가 실제 사용되는 상황과 환경, 그때의 의미를 모두 포괄한다.

맥락 없이 소리만 제공되면 소음에 불과하지만, 맥락이 주어진 상태에서 소리가 제공되면, 아이는 맥락과 소리를 연결지으면서 자신만의 의미를 머릿속으로 형성한다. 우리가 한글책을 읽을 때 모르는 단어가 한두 개 나와도 글의 맥락과 상황으로 그 의미를 파악할 수 있는 것과 비슷하다.

평소 보던 영어 그림책의 음원 흘려듣기

결론적으로 평소에 충분히 읽어주었던 영어 그림책의 음원, 많이 보았던 영어 영상의 소리를 흘려듣기 하는 것은 단연코 효과가 있다.

그 이유는 먼저 그 듣기 자료의 수준이 아이에게 맞춰져 있기 때문이다. 아이에게 갑자기 CNN 뉴스를 들려주는 게 아니지 않는가.

두 번째 이유는 듣기 자료의 수준이 아이에게 맞추어진 상태에서 그 내용의 맥락이 평소에 충분히 제공되었기 때문이다. 그림책의 그림과 그것을 읽어주는 엄마의 손짓·몸짓이 맥락이고, 영상의 경우 영상에서 나오는 화면 내용 자체가 맥락이다. 이런 상태에서 흘려듣기를 하는 것은 나쁠 이유가 전혀 없다. 효과가 없을 이유도 없다. 이런 흘려듣기야말로 반복의 효과를 제대로 볼 수 있는 기회다. 그러니 엄마들이여, 안심하고 흘려듣기를 하시라.

흘려듣기에 관한 2가지 포인트

1. 평소에 들려주지 않은 영어 음원, 수준이 맞지 않는 영어 음원을 흘려듣기 할 경우에는 효과가 없다.
2. 아이와 수준이 맞고 평소에 읽어주면서 여러 가지 '맥락'을 충분히 제공한 영어 음원의 경우, 흘려듣기는 효과가 있다.

슈심송보다 노부영이나 픽토리를
첫 노출 음원으로 좀더 추천하는 이유

슈퍼 심플 송(Super Simple Song), 이른바 '슈심송'은 흔히 첫 노출용 영어 음원으로 자주 언급된다. 영미권 아이들이 많이 부르는 마더구스가 가득 수록되어 있고, 유튜브 채널도 있어서 영상 노출 시 유튜브로도 보여줄 수 있다(다만, 처음부터 유튜브 노출을 하는 것은 결코 권하지 않는다). DVD를 구입할 경우 오디오 CD와 가사집도 수록되어 있어 엄마가 불러주기도 좋다. 슈심송도 이처럼 좋다. 그러나 개인적으로는 첫 노출용 음원으로는 노부영을 더 권하고 싶다. 그 이유는 다음과 같다.

슈심송은 그림책이 없다

슈심송은 노래 라인업이 훌륭하지만 영어 그림책이 없다. 물론 그림책 없이 영어 음원만 노출할 수도 있다. 엄마표 영어의 첫 시작에서 읽어주는 그림책은 듣기 활동에 가깝기 때문이다. 또한 처음엔 아이가 영어의 소리 자체에 익숙해지는 것도 의미가 있다.

그렇더라도 그림책의 그림이 아이에게 전달해 주는 '언어적 맥락'을 절대 무시할 수는 없다. 물론 일부 마더구스의 경우 말놀이, 소리 자체의 재미가 크기에 그림이 없어도 충분히 즐길 수는 있으나, 그렇지 않은 것들도 상당히 많다. 또한 자주 듣는 영어 음원에 해당되는 영어 그림책이 있으면 더 좋았으면 좋았지 나쁠 것이 전혀 없다.

아이는 영어에 노출되다 보면 그 소리와 의미를 스스로 연결짓게 되는데, 슈심송은 DVD를 시청하지 않는 이상, 아이가 그 의미를 추측할 단서가 없는 셈이다. 조금 극단적으로 이야기하면, 이런 경우 아이에게 그저 익숙한 멜로디 그 이상도 그 이하도 아니게 된다. 슈심송은 영어 영상을 노출하지 않고 소리만 들려줄 경우, 엄마가 그 맥락을 전달하기 위한 율동이나 모션 등을 해주는 것이 필요하다.

책과 음원, 영상의 시너지 효과

또한 '귀로 듣는 것 따로, 눈으로 보는 것 따로'보다는, 같은 내용을 귀로도 듣고 눈으로도 봤을 때 시너지가 더 크다.

첫 번째 이유는 소리로만 듣는 것보다는 그림이나 여러 맥락 상황이 덧붙여졌을 때 의미가 더 잘 전달되기 때문이다.

두 번째 이유는 반복의 효과 때문이다. 귀로 한 번 듣고, 책으로 한 번 더 그 상황을 보면 이것 자체로 두 번의 반복인 셈이다. 또한 똑같은 말을 그냥 귀로만 반복해 듣는 것보다 책으로 같이 반복하면 덜 지루할 수 있다. 따라서 군이 노부영이나 픽토리가 아니더라도, 첫 노출용 영어 음원은 꼭 연계된 영어 그림책이 있는 것을 구해서 들려주자.

첫 영어 노출용 CD 플레이어는 어떤 걸 사야 할까

CD 플레이어는 CD 재생이 잘되고 반복 재생 같은 기본 기능만 있으면 무엇을 사도 딱히 상관은 없다. 또한 없으면 없는 대로도 가능하다. 그러나 기왕 살 거라면, 다음과 같은 기능이 있으면 더 편하다.

DVD 플레이어 겸용이 되는 것

아이마다 시기는 다르겠지만 영상을 보게 되는 시기는 반드시 온다. 요즘 유튜브나 넷플릭스 같은 무료 미디어가 많지만, 육아에는 상대적 아날로그가 필요하다. 막상 DVD 기능이 없으면 아쉽다. 요즘 CD와 DVD 겸용으로 나오는 플레이어들이 많으니, 이왕 산다면 반드시 DVD 플레이어 겸용으로 된 제품을 사자.

리핑 기능이 있는 것

리핑 기능은 CD나 DVD에 있는 음원, 영상을 파일화하는 것이다. CD 나 DVD는 파손 위험이 있고 매번 바꿔 끼워야 하는 번거로움도 있어서 음원 파일을 리핑해 한 번에 재생하는 것이 편하다. DVD까지 리핑되는 제품은 잘 없지만, CD가 리핑되는 제품은 생각보다 꽤 있다.

USB 기능 탑재

USB 기능이 있으면 영어 음원을 한 번에 몰아넣고 듣기 편하다. 또한 자동차에서 이동할 때도 들려주기 좋다. DVD까지 되는 플레이어라면, 경우에 따라 USB에 영상까지 넣고 보여줄 수도 있다.

DVD 소리만 나오는 기능

DVD 플레이어 겸용 제품인 경우, 기왕이면 화면 연결 없이 소리만 나오는 기능이 있는 걸 사는 것이 좋다. 영상 흘려듣기를 위해서다.

영어 영상을 하루에 몇 시간씩이나 몇 번이고 반복하는 것은 좋은 방법이 아니다. 아이가 영상에 너무 오래 몰입하게 되기 때문이다. 하지만 화면 없이 소리만 나오는 기능이 있으면 매우 편리하다. 영상을 하루에 몇 시간씩 보여주지 않고도, 아이에게 영상 속 소리만 반복해 들려줄 수 있기 때문이다.

Talk and Talk

아이의 영어 외계어와 오류를
'눈치껏' 고치는 4가지 방법

엄마표 영어를 하다 보면, 아이가 뭐라 뭐라 영어로 외계어를 하는 듯한 모습을 맞닥뜨리는 날이 온다. 이는 너무나 자연스러운 현상이다. 아이가 영어 소리를 자기 나름대로 듣고 흉내내는, 한마디로 '편견 없이 듣고 따라하기'의 과정인 것이다. 영어 소리의 감을 쌓는 과정 중에 자연스럽게 나오는 현상이니 걱정하지 말고, 오히려 장려해야 한다고 생각하고 귀엽게 바라보자. 만약 교정을 해야 한다면, 다음의 4가지 방법 중에서 아이의 기를 죽이지 않는 선에서 골라서 '소심하게' 해보자.

1. 고쳐 말하기(Recast)
아이가 오류를 범하면, 아무 일 없었다는 듯 자연스럽게 수정해서 엄마의 말로 되돌려준다.

> 아이: I ripe @#@#% grapes!
> 엄마: Oh, you like grapes!

2. 확인 질문하기
쉽게 말해 "응?", "뭐라고?"라고 묻는 것이다. 정말 못 알아듣겠는 경우,

다시 말해 달라는 의미로 물어볼 수 있다. 한글로 말해도 되고, "Pardon?",
"What do you mean?(그게 무슨 말이야?)"이라고 영어로 해도 된다.

3. 반복

고쳐 말하기와는 달리, 아이 말을 똑같이 따라한다. 오류 부분만 고쳐서
말하는데, 교정된 부분만 톤을 강조한다.

> 아이: I ripe grapes!
> 엄마: I **like** grapes!
>   강조하기

4. 유도 질문

말 그대로 아이가 스스로 고치도록 유도를 한다. 아이의 영어 실력이 어
느 정도 쌓인 경우 가능하다.

> 아이: I ripe grapes!
> 엄마: 그거 영어로 어떻게 말하더라? I⋯ li⋯k⋯e?
>   (How do we say that in English? I⋯ li⋯k⋯e?)
>
> 아이: Ah, I like grapes!

참고: *Principles of Language Learning and Teaching*, H. Douglas Brown

모든 언어는 오류를 끊임없이 범하고 스스로 고쳐가는 과정에서 실력이
늘어나는데, 우리는 유독 영어에서만 오류에 민감하게 반응한다. 아마
도 어릴 적에 그렇게 배워왔기 때문일 것이다. 아이의 외계어, 오류는 영
어를 적극적으로 사용하고 있다는 증거이다. 기뻐하고 귀엽게 바라보자.
마치 우리가 옹알이 하는 아이를 천사처럼 바라보듯이 말이다.

PART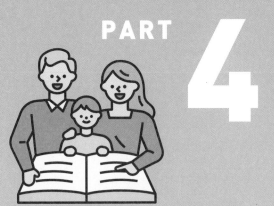

4

우리 아이 영어책에
열광하게 만드는 법

그렇게 하루에 몇 권씩 읽어주는 영어 그림책이 쌓여갈수록,
아이 머릿속 영어의 집도 차곡차곡 채워지고 있다.

영어 그림책 읽기의 시작

: 영어 그림책 고르는 5가지 기준

아이에게 영어 그림책을 읽어주려고 마음먹고 나면, 순간 고민에 빠진다. 도대체 무엇으로 어떻게 읽어줘야 할까?

고민하지 말자. 앞서 언급했던 것처럼 영어 음원이 틀어져 있을 때, 그 영어 그림책을 넘기면서 그림을 포인팅해 보고 동작도 해보며 같이 읽으면 된다. 집에 있는 음원 딸린 영어 그림책들을 수시로 소리 내어 읽어주는 것이 시작의 첫 단추인 것이다.

그러면 음원 없는 영어 그림책은 어떻게 할까? 모든 영어책이 다 음원이 있는 것도 아니고, 하루에 틀어줄 수 있는 음원의 양도 한계가 있다. 그러니 결국은 음원 없는 영어 그림책의 양은 쌓일 수밖에 없다. 그렇다면 이런 영어 그림책들은 어떻게 선정하고, 어디서 구할 수 있을까? 또 그 영어 그림책들로 어떻게 해야 할까?

영어 그림책들은 어떻게 구할까?

먼저 영어 그림책을 어떻게 구입하는지부터 살펴보자. 일단 인터넷 서점에 들어가 카테고리를 '외국도서→유아/어린이→그림책' 순으로 선택하면 된다. 처음 영어 그림책을 구입할 때는 쉽게 접할 수 있는 교보문고, 예스24, 알라딘 등 일반서점을 찾지만, 나중에는 결국 동방북스나 웬디북 같은 원서 전문몰이 더 편하게 느껴지게 된다. 물론 바로 원서 전문몰에서 구입해도 된다.

원서 전문몰의 경우 연령별 분류를 제공한다. 그러니 아이의 나이에 따른 옵션을 선택한 후 마치 인터넷 쇼핑하듯 골라보면 된다. 인기순, 가격순, 평점순 등으로 정렬도 해보고 다양한 옵션들을 눌러본다. 그런데 문제는 원체 종류가 많고 용어도 어려워, 처음에는 뭘 사야 할지 정하는 게 쉽지 않다는 것이다.

➔ 원서 전문 인터넷 서점
웬디북: www.wendybook.com
동방북스: www.tongbangbooks.com
북메카: www.abcbooks.co.kr

이때 쉬운 방법은 인터넷에서 추천하는 책들을 선택하는 것이다. 각종 맘카페, 인스타그램 등에서 '○○○ 영어 그림책/영어책/영어원서 추천'이라고 검색하면 추천 목록을 찾을 수 있다. '○○○'에는 보통은 연령을 넣는 게 편하다. '돌 전 아기 영어 그림책 추천', '두 돌 아기 영어 그림책 추천', '5세 영어 그림책 추천' 등으로 검색을 하면 된다. 좋은 책을 보는 눈은 같아서, 보통은 목록마다 겹치는 책들이 꽤 많다. 꼼꼼히 후기를 살펴보고, 내 아이와 맞는 책들을 선정해 사는 것이 좋다. 그럼에도 매번 광범위하게 찾기보다는 나만의 선정 기준이 있으면 편리하다. 영어 그림책을 선정하는 5가지 기준은 다음과 같다.

영어 그림책 고르는 5가지 기준

1. 아이가 어리다면 보드북부터 시작한다

아이가 어리다면 페이퍼백보다는 보드북을 선택한다. 페이퍼백은 쉽게 찢어지기 때문이다. 모국어 책도 이때 보는 책은 대부분 보드북이다. 영어 그림책에는 더 다양한 보드북들이 많다.

Ten Tiny Toes
Caroline Jayne Church, Cartwheel Books, 2014

Brown Bear, Brown Bear, What Do You See?
Bill Martin Jr., Eric Carle, Henry Holt and Co.(BYR), 1996

Roar, Roar, Baby!: A Karen Katz Lift-the-Flap Book
Karen Katz, Little Simon, 2015

2. 글밥이 적은 책을 고른다

한 페이지에 한 문장, 한 단어만 있는 책도 있고, 심지어 글밥이 아예 없는 책도 있다. 욕심 부리지 말고 글밥이 적은 책부터 고른다. 처음부터 욕심낼 필요는 없다. 어차피 아이가 성장할수록 글밥은 늘어난다.

3. 처음에는 조작북이 좋다

영어책에는 플랩북, 촉감북, 사운드북, 팝업북 등 어른이 봐도 반할 정도로 다양하고 예쁜 조작북이 많다. 이런 책들은 조작하는 것 자체가 매력적이다. 글밥도 적고 글의 구조도 단순해 시작하는 용으로 적당하다. 다만 책의 특성상 파손에는 약하다. 하지만 그만큼 아이들이 좋아한다는 뜻이기도 하다.

Brush Your Teeth, Please: A Pop-up Book

Studio Fun International (edition Pop), 2013

Maisy Goes to the Playground

Lucy Cousins, Candlewick Press(MA), 2008

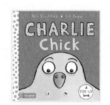

Charlie Chick, Nick Denchfield

Houghton Mifflin, 2007

4. 신체, 동물, 음식 소재

처음 영어를 접하는 아이들이 일반적으로 가장 많이 좋아하는 소재는 신체, 동물, 음식이다. 한참 자신의 신체와 주변 동물 친구들에게 관심을 가질 시기이기 때문이다. 물론 아이 취향에 따라 탈것, 공룡 등이 더 추가될 수도 있다. 이 소재로 만든 조작북이라면 금상첨화다.

5. 사운드북

아이들은 사운드북을 좋아한다. 사운드도 사운드지만, 소리 버튼을 누르

Simple First Words Let's Say Our Numbers

Roger Priddy, Priddy Books US, 2012

→ 버튼을 누르면 숫자를 영어로 읽어준다.

Simple First Words Let's Say Our Colors

Roger Priddy, Priddy Books US, 2009

→ 버튼을 누르면 색깔을 영어로 읽어준다.

Roar, Roar, Baby!: A Karen Katz Lift-the-Flap Book

Karen Katz, Little Simon, 2015

→ 버튼을 누르면 해당 단어의 원어민 음성이 나온다.

Ten Tiny Toes

Caroline Jayne Church, Cartwheel Books, 2014

→ 우리나라에도 번역된 어스본 사운드북. 원서는 번역본과 효과음 소리는 같고 글밥만 영어다.

는 행위 자체를 좋아한다. 영어 사운드북은 크게 두 종류다. 사운드는 그 냥 효과음이고 글밥만 영어이거나, 글밥도 영어이고 사운드에서도 영어 음성이 나오는 것이 있다. 당연히 기왕이면, 사운드도 영어 음성이 나오 는 게 엄마 입장에서는 더 낫긴 하다. 영어 그림책을 읽어주는 수고를 조 금이라도 덜어주니 말이다. 써니의 경우 영어로 소리 나는 사운드북을 통해 숫자와 색깔 영어 단어를 자연스럽게 익혔다.

그렇다고 해서 글밥만 영어인 사운드북이 별로인 것은 아니다. 아이가 사운드북의 소리 버튼을 누를 때 엄마가 영어 글밥을 읽어줄 수 있으니 말이다. 물론 이때 아이의 주 관심사는 소리 버튼을 누르는 것이지만, 원래 아이들 입장에서 영어 자체는 근본 목적이 아니다. 다른 재미있는 걸 하다가 자연스럽게 영어가 스며들 뿐.

잠자리 독서

꼭 추천하고 싶은 한 가지는 잠자리 독서를 습관으로 굳히는 것이다. 사실 이렇게 하고 있는 엄마들은 매우 많다. 자기 전 루틴으로 침대에서 책을 읽어주는 것인데, 이때 한글책과 함께 영어책을 같이 읽어준다. 비율은 그때그때 달라지는 아이 마음에 맡긴다. 다만 너무 한쪽으로 몰리지 않게만 한다. 가령 아이가 한글책만 읽자고 한다면 엄마가 은근슬쩍 영어책 한두 권을 집어넣는 식이면 된다.

한글책과 영어책의 비율은?

많은 엄마들이 궁금해 하는데, 이것 역시 따로 정해진 것은 없다. 아이의 발달 상태나 요구에 따라 다르기 때문이다. 엄마가 인위적으로 일관되게 절대 정할 수 없다. 한참 모국어가 폭발할 무렵이면 영어책을 줄이고 한글책을 늘리면 되고, 모국어가 어느 정도 무르익는 게 보인다면 영어책 비율을 늘리면 된다. 하루하루가 아니라 전체적 관점에서 영어 독서량이 모국어 독서량에 크게 지장을 주지 않는 선이면 된다.

내 아이는 엄마가 가장 잘 안다. 아이를 보면서 '지금은 무엇이 필요할 것 같다'고 엄마들이 느끼는 특유의 '촉'이 있다. 대부분 그 촉이 맞다. 아이를 믿고, 아이와 가장 가까운 자신을 믿고, 마치 파도를 타듯 자연스럽게 영어 독서의 흐름에 몸을 맡기면 된다.

아이 생활에 한글책이 함께하듯, 그 공간에 영어책이 늘 함께한다고 생각하자. 그렇게 하루에 몇 권씩 읽어주는 영어책이 쌓여갈수록, 아이 머릿속 영어의 집도 차곡차곡 채워지는 것이다.

KEY POINT

영어 그림책 첫 읽기의 4가지 포인트

1. 음원 있는 영어 그림책의 경우 노래를 부르듯이 수시로 읽어준다.

2. 음원 없는 책도 아이가 들고 오는 대로 자연스럽게 수시로 읽어준다. 한글책 대 영어책의 비율이 극단적일 경우만 살짝 조정하자.

3. 잠자리 독서를 습관으로 굳히자.

4. 무슨 책을 살지 고민이 된다면 인터넷 검색을 해본다. 첫 시작일 경우 글밥이 적은 보드북, 조작북, 신체/동물/음식 소재 책들로 골라본다.

내가 처음 샀던 음원 없는 영어 그림책들

Good Night, Gorilla

Peggy Rathmann, G.P. Putnam's, 2002

→ 글밥이 거의 없다. 그런데도 그림으로 상황이 다 이해
된다. 익살맞은 상황이 킬링 포인트!

I Love You Through And Through

Bernadette Rossetti Shustak, Caroline Jayne
Church, Cartwheel, 2005

→ 우리나라에도 이미 번역된 『사랑해 사랑해 사랑해』
의 원서. 읽으면서 아이와 스킨십하기 딱 좋다. 달달한
글밥 내용이 아이에게 엄마가 해주고 싶은 말을 그대
로 담았다.

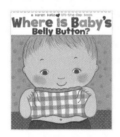

Where Is Baby's Belly Button?(*A Lift-the-Flap*
Book)

Karen Katz, Little Simon, 2000

→ 보드북이자 조작북이다. 일단 그림이 너무 귀엽다.
까꿍 놀이를 겸하면서 신체 부위를 익히기에 좋다.

Touch! My Big Touch-and-Feel Word Book

Twirl, 2017

→ 촉감책이라서 일단 먹고 들어간다. 다양하게 만져보면서 해당 영어 단어를 익힐 수 있다.

Press Here

Herve Tullet, Chronicle Books, 2019

→ 명불허전 에르베 틸레의 대표작 중 하나다. 독자로 하여금 반응을 유도하는 인터렉티브(상호작용) 책이다. 아이가 어리다면 엄마가 손을 잡고 이끌어 주면서 해보자. 익숙해진 후에는 아이가 스스로 알아서 잘한다.

Give and Take

Lucie Felix, Candlewick Studio, 2016

→ 조작북인데, 정말 신박하고 기발하다. 한 페이지에 단어 하나만 있는 책으로, 그 영어 단어의 의미를 직관적으로 익히기에 너무 좋다.

영어 그림책 관련 용어 총정리

➡ 보드북(Board Book)

말 그대로 보드 같은 두꺼운 종이로 내지와 외지 가 구성되어 있다. 그 덕에 상대적으로 파손 위험 이 적고, 아직 손가락 힘의 조절이 힘든 아이들이 페이지를 잡고 넘기기도 좋다. 처음 영어 그림책 을 노출할 때 보여주는 두꺼운 책들은 대부분 보 드북이라고 생각하면 쉽다.

Splish, Splash, Ducky!
Lucy Cousins,
Candlewick, 2018

➡ 페이퍼백(Paperback)

겉도 얇은 종이, 내지도 얇은 종이로 구성된 그림 책이다. 그 덕에 저렴하고 책장에서 공간을 덜 차 지한다. 얇은 종이의 특성상 잘 찢어져서 주로 구 강기가 지나고 손가락에 힘이 들어가기 시작한 때부터 보기 시작한다. 책등이 얇아서 잘 안 보이 기 때문에 책 찾기가 어려울 수도 있다.

Blue Sea
Robert Kalan; Donald
Crews, Greenwillow,
1979

➡ 하드커버북(Hardcover Book)

이른바 양장본 책이다. 겉은 딱딱하고 두꺼운 종 이, 안은 얇은 종이로 되어 있다. 보통 일반 페이 퍼백이나 보드북에 비해 가격대가 상대적으로 조금 높은 편이다.

Our Girl
Anthony Browne,
Picture Corgi, 2021

➜ 플랩북(Flip-Flap book)

정확히는 '플립플랩북(Flip-Flap Book)'이다. 영어 단어 flip은 '확 뒤집다, 젖히다'라는 뜻이고, flap은 '퍼덕거리다'라는 뜻이다. 이 단어들에서 유추해 볼 수 있듯이 페이지에서 종이를 들춰보고 열어보는 책인데, 아이가 직접 조작할 수 있다는 측면에서 '조작북'이라는 큰 범주 안에 포함된다.

Maisy's Big Flap Book
Lucy Cousins,
Candlewick, 2001

➜ 팝업북(Pop-up Book)

'팝업'이라는 단어에서 느껴지듯, 페이지를 열면 앞으로 그림이 툭 튀어나오는 책이다. 마찬가지로 조작북으로 분류된다. 조작북 중에서도 팝업북은 상대적으로 파손 위험이 큰 편이다.

Miki Takes a Bath: Pull Play, and Pop-Up!
Stéphanie Babin, Twirl, 2020

TIP

꼭 알아야 할 영어 읽기 지수

→ AR 지수

AR(Accelerated Reader) 지수는 미국 르네상스러닝(Renaissance Learning Inc)사에서 개발한 책 난이도 평가 지수다. 미국 초중고 학년의 커리큘럼에 맞춰서 분류가 되는데, 일의 자리가 학년, 소수점 첫째자리가 개월 수를 의미한다.

예를 들어 AR 3.2면 미국 초등 3학년 2개월에 해당하는 학생들이 주로 읽을 만한 책이라는 말이다. 우리가 아이들이 어릴 때 많이 읽어주는 에릭 칼의 *Brown Bear, Brown Bear, What do you See?*가 AR 지수 1.5 정도다.

→ 렉사일 지수

렉사일(Lexile) 지수는 미국의 교육 연구기관인 메라메릭스(Meramerrics)사가 개발한 독서 능력 평가지수다. 0부터 2,000까지의 숫자들로 표기되는데, 지수가 낮을수록 책이 읽기 쉽고 높을수록 어렵다.

참고로 우리나라 수능 영어 지문의 렉사일 지수는 대략 1,100~1,200 사이다. 미국 초등 1학년이 보는 지문의 수준은 렉사일 지수 200~300 정도이다. 노부영 베이비 베스트에 포함되어 있는 마가렛 와이즈 브라운의 *Goodnight Moon*이 렉사일 지수 360L이다.

* 웬디북이나 동방북스 같은 원서 전문몰은 원서들의 AR 지수, 렉사일 지수가 표기되어 있다. 다만, 이 지수들은 책을 고를 때 참고 정도만 하는 것이 좋다. 실제로 일부 학원에서 "○○세까지 AR 지수 ○○○을 떼준다"는 식으로 마케팅을 하기도 하는데, 이 수치에 너무 집착할 필요가 없다.

아이의 영어 읽기 지수를 미국의 같은 나이대 아이들과 맞추려고 조급해 할 필요도 없다. 더구나 막상 읽혀 보면, AR 지수 및 렉사일 지수와 실제 해당 책의 체감 난이도는 차이가 나는 경우도 많다.

세계적인 어린이책 상 총정리

영어 그림책은 수상작도 참 많다. 크게 미국에서 수여하는지, 영국에서 수여하는지로 나뉘고, 글의 문학성을 위주로 보는지, 일러스트를 위주로 보는지가 관건이다.

미국

→ 칼데콧상

미국도서관협회(ALSC)가 주관한다. 매년 미국에서 전년도에 출판된 아동 대상의 그림책 중 가장 뛰어난 작품의 일러스트레이터에게 수여한다. 미국에서 가장 권위 있는 아동문학상 중 하나다. 1938년 제정되어 그 이듬해부터 수여하기 시작했다.

→ 뉴베리상

미국도서관협회가 수여하는 미국 아동도서를 위한 문학상으로, 1922년부터 수여하기 시작했다. 칼데콧상과 함께 매우 권위 있는 상 중 하나이다. 문학상인 만큼 일러스트레이터가 아니라 작가에게 수여된다. 그 덕에 칼데콧상보다는 해당 작품의 독자 연령이 높은 편이다.

→ 가이젤상

닥터 수스(Dr. Seuss)로 알려진 동화작가 테어도르 수스 가이젤(Theodor Seuss Geisel)을 기념하기 위해 2004년에 제정된 상이다. 마찬가지로 미국도서관협회가 수여한다. 단순 그림책이 아니라 읽기를 시작한 아이들을 위한 그림책 중 우수한 작품을 선정하여 삽화가와 저자에게 수여한다.

영국

➡ 케이트 그린어웨이상

미국에 뉴베리상과 칼데콧상이 있다면, 영국에는 카네기상과 케이트 그린어웨이상이 있다. 영국도서관협회(CLIP)가 주관하는데, 칼데콧상처럼 케이트 그린어웨이상도 뛰어난 성취를 보인 일러스트레이터에게 수여한다.

➡ 카네기상

영미권에 2,800개의 도서관을 지은 스코틀랜드 출신 앤드류 카네기를 기리기 위해 1936년 제정된 아동문학상으로, 미국의 뉴베리상과 비슷하게 아동문학 작가에게 수여된다. 케이트 그린어웨이상과 마찬가지로 영국도서관협회에서 주관한다. 영국 아동문학상 중 가장 오래되고 권위 있는 상으로 여겨진다.

대상	미국	영국
일러스트 위주	칼데콧상	케이트 그린어웨이상
글 위주(연령대↑)	뉴베리상	카네기상
읽기를 시작한 아이들	가이젤상	

2

영어 그림책에 빠지게 만드는
5단계 스텝

엄마가 영어 그림책을 읽어준다고 해서 아이의 반응이 무조건 긍정적인 것은 아니다. 아무리 열심히 읽어줘도 아이의 반응이 영 시원찮다면, 엄마는 기운이 빠질 수밖에 없다. 우리 아이가 한글 그림책만큼 영어 그림책을 좋아하게 만들려면 어떻게 해야 할까? 이것을 총 5단계에 걸쳐서 살펴보자.

1단계: 환경 조성

일단은 집에 영어 그림책의 양이 어느 정도는 되어야 한다. 예를 들어 집에 한글책이 100권이 있는데 영어책은 고작 10권뿐이라면, 아이 입장에서 영어책에 흥미를 느낄 가능성은 한글책에 비해 현저히 떨어진다. 한글책이 100권 있어도 아이가 그 100권의 책을 다 좋아하지는 않듯, 영어책도 마찬가지다. 어느 정도 적정량의 영어책이 있어야 그 안에서 아이가 선호하는 영어책이 나온다. 영어책 자체가 없으면 선호와 비선호를 가를 수가 없다. 영어책의 권수가 한글책의 권수와 비슷하게 집에 있어야 한다.

거실에 텔레비전 대신 책장이 있다.

사실 가장 권하고 싶은 것은 거실을 서재화하는 것이다. 보통 이 시기 아이들이 가장 많은 시간을 보내는 곳은 거실이다. 거실을 서재로 꾸민다면 영어 독서뿐만이 아니라 독서습관 자체를 형성하는 데 크게 도움이 된다. 이것은 거실에서 '책보다 더 재밌는 것을 제거해 버리자'는 취지가 강하다. 책밖에 없다면, 아이는 책을 보게 되는 게 당연하다. 나중에 영어 영상을 노출해야 하기에, 일부러 이미 있는 텔레비전을 버릴 필요까지는 없다. 텔레비전을 없애는 문제 때문에 부부 갈등이 일어나기도 하는데, 장소를 옮기는 것으로 협상을 하자.

서재라고 해서 깔끔하게 각을 맞춘 책장들이 즐비한 고상한 서재를 떠올릴 필요는 없다. 어른한테나 책이지, 아이에게 책은 놀잇감이다. 또 그래야 아이가 책과 친해진다. 아이 손이 닿는 곳곳에 책을 심어두고, 책으로 탑을 쌓든, 늘여놓든, 자동차 트랙을 만들든, 마음껏 가지고 놀게 내버려두자. 또한 영어 그림책만 한곳에 따로 모아두지 말고, 아이가 좋아하는 한글책 사이에 틈틈이 끼워두자. 아이가 우연히 영어책들을 발견할 수 있도록 말이다. 그리고 엄마가 아이가 좋아하는 한글책을 읽어주면서 은근슬쩍 영어책도 끼워서 읽어줄 수 있도록 말이다.

2단계: 아이에게 읽어줄 영어 그림책 고르는 4가지 요령

과연 어떤 영어 그림책을 읽어줘야 아이가 흥미를 느낄까? 이 질문에 대한 대답은 의외로 간단하다. 아이 입장에서 생각해 보고, 그걸 영어 그림책 선택에 적용해 보는 것이다. 구체적으로는 다음의 4가지 요소를 중점적으로 생각해 본다.

1. 선호 행동

아이들이 좋아하는 것은 보통 비슷하지만, 그래도 내 아이가 더 좋아하는 것이 분명히 있다. 유독 노래를 좋아할 수도 있고, 노래보다는 율동을 더 좋아할 수도 있다. 효과음 같은 재밌는 소리를 듣는 것을 좋아할 수도 있고 말이다.

2. 관심 소재

아이마다 관심을 가지는 소재도 다르다. 신체, 먹을 것, 공룡일 수도 있다. 또한 중장비 같은 탈것일 수도 있고, 우주, 공주, 색깔 등 아이마다 다르다.

3. 경험

아이에게 경험은 꽤 큰 영향을 미친다. 가령 두 돌쯤 된 아이가 눈이 내리는 걸 보고 만져보며 논 경험이 없다면, 눈싸움과 관련된 영어 그림책에 그다지 흥미를 느끼지 않을 것이다. 그러니 내 아이가 무엇을 경험해 보았는지 생각해 보자. 수영은 해봤는지, 기차를 타본 적은 있는지, 새콤한 과일을 먹어 봤는지 등 사소한 것들이지만, 그런 경험들이 영어 그림책의 내용과 맞물려 아이에게 흥미를 불러일으킬 수 있을 것이다.

4. 발달단계

너무나 당연한 이야기지만, 아이의 발달단계를 충분히 고려해야 한다. 영어책의 수준이 아이의 발달수준을 선행할 수는 없기 때문이다. 아이가 걷기를 시작했는지, 모국어 발화를 시작했는지, 한국어를 몇 단어까지 말할 수 있는지, 추상적 개념(예를 들어 용기, 예절, 관습 등)은 어떤 것까지 아는지 등을 고려한다.

선택법 4가지 적용하기

영어 그림책의 그림, 글밥, 내용 중에서 앞의 4가지 요소와 겹치는 것을 찾는다. 일부분이라도 상관없지만, 당연히 교집합이 크면 클수록, 많으면 많을수록 좋다. 영어 그림책을 읽어줄 때는 겹치는 요소들을 최대한 살려 생생하게 읽어준다. 오두방정을 떨든, 춤을 추든, 노래를 부르든, 흉내를 내든 말이다.

From Head to Toe
Eric Carle, HarperCollins, 1999

　예를 들어 아이가 율동을 좋아하고, 동물을 좋아하며, 아직 눈은 제대로 경험해 보지 않았고, 이제 두 돌이라 추상적인 개념은 잘 모른다고 하자.

그러면 추상적인 개념이 나오는 영어 그림책은 아직 선택하지 않는다. 눈을 메인 주제로 한 영어 그림책도 나중으로 미룬다. 대신 율동 같은 신체동작이 나오는 책이나 동물들이 많이 등장하는 책을 선택해 읽어준다. 에릭 칼의 *From Head to Toe*는 이 시기에 좋은 선택이다. 이 책처럼 동물들이 몸을 움직이는 장면이 나오면 더 좋다. 그런 장면에서는 영어로 동물 소리도 내고 동작들을 직접 아이 앞에서 몸으로 보여주면서 함께 책으로 놀면 된다. 그러면 아이는 분명 즐거워 까르르 넘어갈 것이다.

3단계: 영어책에 관심 갖게 만드는 3가지 요령

영어 그림책은 말 그대로 한글이 아니라 영어로 쓰인 책이다. 그러다 보니 아이가 대부분 한글책보다는 덜 좋아할 수밖에 없다. 아이가 영어책에 관심을 가지도록 만드는 엄마의 3가지 요령을 알아보자.

1. 한국어로 그림 읽어주기

처음 영어 그림책에서 영어로 글밥을 다 읽어줬을 때, 아이가 별 거부감을 나타내지 않으면 그대로 하면 된다. 그러나 그렇지 않다면, 굳이 영어 글밥을 다 읽을 필요가 없다. 영어 글밥은 눈치껏 생략하면서 읽고, 대신 한국어로 그림을 읽어주자. 즉, 영어 글밥을 해석해 주는 것이 아니라, 아이와 함께 그림을 보면서 그림 속 상황을 한국어로 자세하게 풀어 이야기해 주는 것이다.

예를 들어 노란 오리가 등장한 장면이 있다면, 엄마는 그림을 보며 이렇게 표현할 수 있다. "어, 여기 노란 오리가 있네. 오리가 날개를 파닥

거리고 있어! 근데 오리의 표정을 보니 뭔가 심통이 난 모양이네. 우리 써니는 오리가 언제 보여?" 그러면서 아이가 그 책과 친근해지도록 만든다.

영어 글밥을 다 읽지 않는다고 해서 걱정할 필요는 없다. 영어 글밥의 비중을 서서히 조금씩 늘리면 된다.

2. 한글책 읽어주다가 영어 그림책 보여주기

한글책을 읽어주다가 보면, 집에 있는 영어책과 비슷한 소재가 등장할 수 있다. 그러면 해당 영어 그림책을 들고 와서 한 페이지라도 은근슬쩍 보여준다.

예를 들어 한글책에 펭귄이 나왔다고 가정해 보자. 엄마가 "어, 이 책에도 동물원 펭귄이 나오던데?"라고 말하면서, 영어 그림책의 페이지를 펴서 아이에게 보여주는 것이다. 그리고 영어 한 단어라도 읽어준다. 평소 그 영어 그림책을 거부하던 아이라도, 그때만큼은 생각보다 덜 거부할 수 있다. 어른이나 아이나 아는 만큼 보이고, 친근한 만큼 더 좋아할 가능성이 크기 때문이다.

3. 아이가 관심을 조금이라도 보이는 경우

아이들은 생각보다 그림책 전체가 아니라 특정 페이지에 꽂히는 경우가 많다. 영어 그림책도 마찬가지다. 유독 특정 페이지에 환호할 수 있다.

이 경우 관건은 엄마가 최대한 오버해서 아이의 관심이 유지되게 만드는 것이다. 소리를 과장되게 내든, 그림 속 등장인물의 흉내를 내든, 어떻게 해서든 아이를 빵 터지게 만들면 베스트다. 한마디로 오두방정을 떨자는 말이다. 그러면 어느 순간 아이는 그 페이지, 그 장면 때문에 그 영어 그림책을 들고 오게 된다. 그 장면을 가지고 엄마와 놀고 싶은 것이다.

4단계: 바로 써먹는 엄마표 영어 독서 5가지 기술

정말 기본적이라 사소해 보이지만, 아이의 관심을 훨씬 더 높일 수 있는 엄마표 영어 독서 5가지 기술을 살펴보자.

1. 포인팅

영어 그림책의 글밥을 읽어주면서 그에 해당되는 그림을 손가락으로 포인팅해 보자. 사소하고 별것 아닌 행동 같아도, 이 행동이 주는 효과는 크다. 아이들은 포인팅을 통해 영어 소리와 의미를 매치시킬 수 있게 된다. 집에 그 내용에 해당하는 실제 사물이나 그림, 모형 등이 있다면 함께 포인팅해 주면 더 좋다.

2. 간단한 질문

정말 간단한 질문이면 된다. 아이가 이 질문들을 통해 훨씬 능동적으로 독서에 참여할 수 있다. 엄마가 일방적으로 읽어주는 것이 아니라 아이의 반응을 끌어내는 쌍방향적인 소통이 가능하기 때문이다. 엄마가 영어로 질문을 하면 좋지만, 부담스럽다면 한국어로 해도 좋다. 활용 가능한 질문들은 다음과 같다.

- What's this? (이건 뭐야?)

- Who's this? (이건 누구야?)

- What color is this? (이거 무슨 색이야?)

- What sound does this make? (이건 무슨 소리를 내?)

- How many ~ are here? (~가 몇 개 있어?)

- Where's here/this? (여기 어디야?)

- What do you see? (뭐가 보여?)

- What's happening? (무슨 일이 일어나고 있지?)

- Look at the cover! (책 표지 한번 보자!)

- Open your book, please.(책 열어보자, 부탁해.)

- Let's turn the page! (페이지 넘겨 보자!)

아주 간단한 영어 질문들이다. 영어책 페이지마다 해당되는 질문 한 두 개씩만 해보자. 처음에는 아이가 바로 대답하지 않을지도 모른다. 그래도 좌절할 필요는 없다. 처음부터 대답하는 아이는 없다. 그때는 고요 속의 외침 같더라도 엄마 혼자 자문자답하면 된다. 그러다 보면 어느 순간 아이가 영어로 대답하는 날이 온다.

3. 의성어·의태어 활용하기

그림책은 의성어·의태어가 특히 많이 나온다. 영어 그림책도 마찬가지다. 글밥에 의성어·의태어가 나오면 최대한 생생하게, 과장되게 읽어주자. 아이들은 대부분 이러한 의성어·의태어에 굉장히 즐거워한다. 된소리·거센소리가 많이 나와서 소리 임팩트가 강하기 때문이다.

영어 그림책의 글밥에 의성어·의태어가 없다면, 엄마가 살짝 갖다 붙여도 상관없다. 만약 엄마가 영어로 의성어·의태어를 잘 모르겠다면, 그냥 한국어 소리를 내도 된다.

'영어 그림책을 읽어주는 중인데, 한국어를 쓰면 안 되는 것 아닌가?' 하며 불안해할 필요 없다. 어차피 그림책에 있는 영어 글밥은 영어로 읽어주고, 의성어·의태어만 한국어로 말하는 것이니 말이다. 의성어·의태어는 아이가 영어 그림책의 내용을 이해하고 즐기는 데 도움을 주는 장치일 뿐이다. 아이에게 영어 그림책을 읽어줄 때 가장 중요한 것은 재미라는 걸 잊지 말자.

영어로 표현한 동물 소리

동물	한국어 소리	영어 소리	동물	한국어 소리	영어 소리
개	멍멍	woof	암탉	꼬끼오	cluck
거위	꽥꽥	honk	수탉	꼬끼오	cock-a-doodle-doo
고양이	야옹	meow	쥐	찍찍	squeak
돼지	꿀꿀	oink	소	음메	moo
말	이히힝	neigh	새	짹짹	chirp/tweet
오리	꽥꽥	quack	병아리	삐약삐약	peep
개구리	개굴개굴	ribbit	벌, 파리	윙	buzz
양	음메	baa	당나귀	히잉	hee-haw

4. 관련 경험이나 생각 묻고 이야기하기

영어로 물어보면 좋지만, 한국어로 물어봐도 된다. 가령 영어 그림책에 모래놀이를 하는 장면이 나왔다면 아이에게 이렇게 물을 수 있다. "써니, 너도 모래놀이 좋아하잖아. 모래로 뭐 만드는 게 제일 재밌어? 엄마는 ○○○이 제일 재밌던데?" 그러면 아이는 자신의 경험을 떠올리며 나름 대답한다. 아이가 대답을 하면 그 안에서 다시 질문을 하면 된다. "왜 그게 제일 좋아?"

하브루타 교육이 거창한 것이 아니다. 하브루타는 유대인의 전통적 토론 교육법으로, 짝을 이루어 서로 질문을 주고받으며 상호작용하는 학습법이다. 답을 정해 놓는 일방적인 가르침이 아니라 서로 이야기하고 토론하면서 교훈이나 진리를 스스로 찾아 나가는 것이다. 이렇게 영어 그림책을 가지고 경험과 생각을 서로 나누면서 이야기를 시작하면 그게 하브루타 교육이다. 이렇게 하면 하브루타 교육으로서의 효과뿐만 아니라 아이가 영어 그림책도 사랑하게 된다는 것이 장점이다.

5. 아이가 선택하게 하기

영어 그림책에 옷이나 탈것 등 비슷한 물건들이 많이 나오는 경우, 아이에게 하나 고르게 하면 정말 좋아한다. 한참 자율성이 발달할 시기이기 때문에, 자신이 자율성을 행사한다고 생각한다.

닉 샤렛(Nick Sharratt)의 *Hippo Has a Hat*은 옷가게가 배경이다. 그냥 그림책에 옷들이 많다고만 말하고 끝

Hippo Has a Hat
Julia Donaldson, Macmillan
Children's Books, 2006

내지 말고, 아이에게 물어보자. "엄마가 아빠한테 티셔츠를 하나 선물하려고 하는데, 어떤 걸 살까? 네가 골라 봐!" 그러면 아이는 정말 흥미진진한 눈으로 페이지를 보면서 고르고는 대답할 것이다. "이거!"

꼭 무언가 나열되어 있지 않은 상황이어도 좋다. "이 둘 중에서 뭐가 더 ○○한 거 같애?"라고 물어보면, 아이는 호기심 어린 눈으로 고민한 다음 하나를 고른다. 아니면 "모르겠어"라고 말하기도 한다.

대답은 상관없다. 아이가 그것을 통해 생각하게 된다는 점이 중요하다. 사소한 질문 하나가, 그림과 함께 엄마 목소리를 들려주는 일방향적인 행위를 쌍방향적인 소통으로 바꿔 놓는다. 그리고 아이가 그 영어 그림책을 좋아하게 되는 것은 덤이다.

5단계: 스페셜 타임 활용하기

영어 그림책은 기본적으로 아이 중심으로 가는 것이 맞다. 그러나 이 '상전님'들의 취향은 하루하루가 달라서, 엄마가 정말 고심해서 고른 책이라도 아주 쉽게 내팽개친다. 그런 모습을 보면 엄마 입장에서는 꽤나 속이 쓰리다. 다행히 아이들이 평소보다 덜 까다로울 때가 있다. 이때에는 평소보다 훨씬 협조적이기 때문에 '스페셜 타임'이라고 이름을 붙였다. 이런 날에는 평소 거부당해서 마음이 아픈 영어 그림책이 있다면 보여줘 보자. 물론 그럼에도 거부당할 수도 있지만, 의외로 덥석 잡을 수도 있다.

1. 장거리 이동 카시트

아이에게는 지루하고 꼼짝 못하는 이 시간이 생각보다 안 보던 영어 그림책을 보여주기 참 좋다. 아이는 꼼짝 못하는 그 시간이 너무나 지겹다. 그래서 평소에 들춰보지 않았던 영어 그림책이라도 지루한 것보다는 나은지, 이때 보여주면 참 잘 본다. 그러니 아이가 카시트에 앉아서 어딘가를 오래갈 일이 있다면 영어 그림책을 몇 권 챙겨 가자. 좋아하던 영어 그림책 말고, 잘 안 보던 책부터 먼저 보여주자.

보통 대부분 아이들이 어떤 그림책을 마음에 들어 하지 않으면, 처음부터 아예 들춰보지도 않고 거부한다. 막상 열어보면 재밌을 수도 있는데 말이다. 그런 영어 그림책들도 이렇게 한 번이라도 열어서 내용을 보여주면, 나중에 집에서 다시 찾을 때가 많다. 다만 아이 상태를 잘 보고 영어 그림책을 보여줘야 한다. 진짜 짜증 내고 힘들어하는 상황에서는 아무것도 해서는 안 된다.

2. 여행지 숙소

여행지에서도 안 보던 영어 그림책을 보여주기 참 좋다. 책을 평소 잘 보던 아이들은 여행지에 가서도 숙소에서 책을 찾는다. 그러니 짐이 무겁더라도 반드시 영어 그림책을 몇 권 들고 가자. 평소 잘 안 보던 것도 포함해서 말이다. 아이들도 여행지 숙소에는 집만큼 책이 없다는 것을 안다. 그렇기에 책 자체가 보고 싶은 마음 때문에 평소에 거부하던 영어 그림책도 그때는 '한 번 봐 준다'는 마음으로 읽는다.

3. 잠자리 독서

일상에서 엄마가 책 선택 주도권을 조금 더 행사할 수 있는 시간이 바로 잠자리 독서 시간이다. 아이들 대부분은 자는 것을 싫어한다. 잠자리 독서가 습관으로 굳은 상황이라면, 아이는 그 시간이 자기 전에 마지막으로 깨어 있는 타이밍이라는 것을 잘 안다. 그래서 책을 이것저것 더 많이 읽어달라고 요구한다. 이때 수면습관을 크게 저해하지 않는 상황이라면, 평소 잘 보지 않는 영어 그림책을 한두 권씩 보여주자. 아이는 안 자는 게 목적이기 때문에, 그 영어 그림책을 볼 가능성이 크다. 물론 이 경우에도 그 책을 거부할 수는 있다. 그러나 기본적으로 아이는 빨리 자고 싶지 않아서 평소보다는 훨씬 너그럽다.

영어 그림책에 빠지게 만드는 5단계 정리

1. 기본적으로 아이가 영어 그림책과 친해질 수 있는 환경을 만든다.

2. 아이의 선호행동, 관심 소재, 경험의 유무, 발달단계를 고려하여 최대한 많이 겹치는 영어 그림책을 고르고, 더 중점적으로 읽어준다.

3. 한국어로 그림을 읽어주거나, 한글책을 보다가 비슷한 내용이 나오면 영어 그림책을 은근슬쩍 보여준다. 아이가 관심을 보이는 페이지가 있다면 그 부분을 최대한 재밌게 읽는다.

4. 그림 포인팅, 간단한 영어 질문, 의성어·의태어 과장해서 읽기, 아이 생각 묻기, 아이가 선택하게 하기 등의 방법을 쓰면 훨씬 활동적인 영어 독서가 가능하다.

5. 아이가 평소 잘 안 보는 영어 그림책은 장거리 여행 카시트, 여행지, 잠자리 독서 등의 시간을 이용해 보자.

3

영어 그림책 읽을 때,
해석해 줘야 할까

영어 그림책을 읽어주면서 해석을 해줘야 할까? 정말 많은 엄마들이 궁금해하는 부분이다. 왜냐하면 영어를 학습으로 배운 엄마들은 학창시절 '직독직해'가 몸에 배어 있기 때문이다. 학창시절 영어를 '영어 대 한국어' 일대일 대응으로 구절구절 해석하는 훈련을 받았고, 해석이 다르면 지적을 받기도 했다. 그래서인지 영어 그림책을 읽어주면서도 아이가 내용을 제대로 이해하고 있는지, 너무나 궁금해하고 불안해한다. 그런데 아이는 '엄마, 나 이거 잘 이해하고 있어요'라고 표현해 주지 않는다. 그러니 엄마는 꼭 제대로 된 내용을 한국어로 알려줘야만 할 것 같다.

일단, 아이가 영어 그림책의 내용을 다 이해할 필요는 없다. 어차피 어른의 수준으로 이해할 수도 없고 그 수준을 강요해서도 안 된다. 아이와 어른의 머리는 다르니까 말이다. 아이는 자기 나름대로, 자신만의 수준으로 내용을 이해한다.

그러나 엄마들은 또 고민한다. '이해가 안 되어 재미없는 건 아닐까', '얘가 이해는 하고 보는 걸까?', '이해를 못하면 의미가 없는 건 아닌가?' 이는 어른인 엄마 본인들이 이해가 되지 않는 걸 보는 게 너무 괴롭고, 학창시절에 영어 지문의 해석이 잘 안 되면 문제집 뒷면의 해석을 찾아봤기 때문이다.

아이가 모든 것을 이해할 필요는 없다

어른과 아이는 다르다. 아이는 생각보다 모호함을 매우 잘 견딘다. 영어 교육학에서는 이것을 '모호함에 대한 관용(Ambiguity Tolerance)'이라고 하는데, 아이들은 이 점에서 어른들보다 훨씬 뛰어나다.

아이는 답답하지 않다. 엄마가 답답할 뿐이다. 아이는 이해가 되면 되는 대로, 안 되면 안 되는 대로 그 나름대로 즐기는 능력이 매우 출중하다. 그러면서 본인 스스로 그 언어의 의미를 형성하고 유추한다. 말 그대로 학습이 아닌 '습득'을 하는 것이다. 그러므로 영어 그림책을 읽어줄 때는 웬만하면 한국어로 해석해 주지 않는 것이 대원칙이다.

어쩌다 한국어로 해석을 한 번쯤 하게 되는 것은 당연히 문제가 되지 않는다. 세상일에 '무조건'은 거의 없기 때문이다. 하지만 이게 지속된다면 문제가 된다. 영어 그림책을 한국어로 계속 해석해 주다 보면, 당연히 모국어가 편한 아이들은 그 해석을 덥석 문다. 사사건건 해석해 달라고 하게 될 수도 있다. 이러면 우리가 생각하는 영어 습득과는 거리가 멀어진다. 아이가 Bread를 '빵'이 아니라 'Bread'로 이해하게끔 하는 것이 우리의 목적인데, 아이가 Bread를 '빵'으로 이해하게 되는 것이다.

하지만 앞서 말했듯, 내 아이에 대한 엄마들 특유의 '촉'이 있다. 그리고 대부분 그 촉은 맞다. 아이가 영어 그림책의 내용이 이해되지 않아도 나름 즐기고 있는지, 아니면 이해가 안 돼 힘들어 하고 있는지는 엄마의 촉으로 충분히 느낄 수 있다. 그럼에도 불안하다면, 해석 대신 쓸 수 있는 몇 가지 방법을 사용해 보자.

영어 그림책 읽어줄 때 '한국어 해석' 대신 쓰는 7가지 방법

다음은 영어 그림책을 읽어줄 때 한국어 해석 대신 사용할 수 있는 7가지 방법이다.

1. 포인팅

엄마가 굳이 해석해 주지 않아도, 아이는 포인팅만을 통해서도 그 말의 의미를 어느 정도 알 수 있다. 꼭 영어 그림책 속 그림이 아니어도 된다. 집에 있는 사물을 포인팅해도 되고, 실제 똑같은 물건이 아닌 모형이나 장난감을 포인팅해도 좋다. 가령 책 속에 자동차가 나왔다면, 집에 있는 장난감 자동차를 포인팅해도 아이는 'Car'가 자동차라는 걸 충분히 유추할 수 있다. 'Red'라는 색깔이 나왔다면 책 속의 빨간 사물을 가리키거나 집안에서 빨간색인 사물을 포인팅해 준다.

2. 동작으로 보여주기

사물을 표현하는 명사의 경우 포인팅으로 의미를 전달할 수 있지만, 동사는 움직임을 나타내기 때문에 포인팅이 불가능하다. 이럴 때는 동작으로 보여주면 좋다. 엄마가 모든 동작을 표현할 필요는 없다. 영어 그림책 속 그림을 통해 얼마든지 전달할 수 있다.

예를 들어 보자. 'Kick the ball(공을 차다)'은 손가락으로 책 속 그림을 툭툭 치는 모양을 보여줘도 되고, 앉은 상태에서 발을 '차는' 행위를 보여줘도 된다. 'Climbing tree(나무를 오르다)'는 검지와 중지 손가락으로 그림 속 나무를 올라가는 모습을 보여줄 수 있다.

형용사도 마찬가지다. 'Far(먼)'와 'near(가까운)'라면, 아이 얼굴에 엄마 얼굴을 가까이 훅 갖다 대면서 "Near!", 얼굴을 확 떨어뜨리며 "Far!"라고 말해준다. 'Hug(안다)'는 아이를 꼭 안아주자. 'Wind(바람)'는 아이 머리에 입김을 살짝 불어서, 이것이 바람이라고 자연스럽게 알려줄 수 있다.

상태를 나타내는 형용사도 비슷하게 하면 된다. 'Soft'라는 형용사가 나오면, 보통 책 속 그림에 곰인형 같은 부드러운 사물들이 등장한다. 그 사물을 손으로 부드럽게 쓰다듬는 시늉을 하면서 아이 옆에 있는 부드러운 이불을 만져보기도 한다. 그러면서 "Soft!, 아, 부드럽다" 이렇게 말해 줘도 좋다. 이 모습이 'soft'라는 단어를 '부드럽다'라고 한국어 해석을 해주는 것이 아닌가라고 생각할 수도 있겠지만, 단순히 "soft는 부드럽다 라는 말이야"라고 바로 말해주는 것과는 다르다. 엄마가 'soft'라는 단어의 뉘앙스를 충분히 보여주고, 그 느낌을 알려주며, 그것을 표현하는 과정에서 '부드럽다'는 말이 나오는 것이다.

3. 소리로 나타내기

포인팅과 동작을 보여주면서 그에 맞는 소리를 내주면 더 좋다.

'Train(기차)', 'airplane(비행기)' 같은 단어가 나왔을 때, 기차를 포인팅하면서 "Toot toot!"라는 소리를 낼 수 있다. 영어 의성어가 생각나지 않으면 그냥 한국어로 "칙칙폭폭!"이라고 해도 된다. 'Airplane(비행기)'도 그냥 포인팅만 하기보다는 "슝"이라고 말하면서 손으로 날아가는 시늉을 할 수도 있다. 포인팅과 동작이 단순히 시각적으로만 의미를 알려주는 것이었다면, 소리로 나타내는 것은 청각적인 의미도 동시에 전달할 수 있어서 효과가 크다.

글밥을 읽을 때, 단어의 의미에 따라 목소리를 조절하는 것도 방법이다. 가령 'noisy(시끄러운)'가 나왔으면 그 단어만 요란스럽게 읽고, 'quiet(조용한)', 'silent(고요한)'는 그 단어만 목소리를 확 줄여서 마치 귓속말하듯 읽는 것이다. 'Angry(화난)'는 마치 분통을 터뜨리듯 소리치며 읽는다. 그러면 아이는 굳이 설명해 주지 않아도 의미를 알 수 있다.

영어 의성어도 진짜 소리를 내는 것처럼 실감나게 읽는 게 당연히 더 좋다. 영어 의성어도 '소리'를 말로 흉내 낸 것이기 때문이다. 가령 개구리 소리를 나타내는 의성어 'ribbit(개굴개굴)'을 그냥 기계처럼 읽지 말고, 우리가 아는 개구리 소리를 최대한 입혀서 "ribbit"이라고 읽어보자. 그러면 아이는 '아, 이건 개구리 소리를 흉내 내는 말이구나'라고 알 것이다.

4. 관련된 노래 불러주기

영어 그림책에 아이가 경험하지 못한 내용이 나올 수도 있다. 써니가 지금보다 훨씬 더 어려 자전거를 제대로 본 적이 없을 때, 읽어주던 영어 그림책에 자전거와 관련된 내용이 나온 적이 있다. 이때 아이는 당연히

'자전거'도 모르고 'bicycle'이라는 영어 단어도 몰랐다. 그러면 아이는 이것에 관심을 가질까? 당연히 관심을 가지지 않을 것이다. 애초에 무엇인지 그 자체를 모르는데 관심을 가질 수는 없으니까 말이다.

이럴 때는 노래를 부르면 좋다. 영어로 불렀으면 더 좋겠지만, 당시 내 머릿속에 바로 떠오르는 자전거 관련 영어 노래는 없었다. 그래서 한국어로 "따르릉 따르릉 비켜나세요. 자전거가 나갑니다. 따르르릉~" 하고 불렀다. 그렇게 'bicycle'이라는 영어 단어에 '자전거 노래'라는 맥락이 입혀졌다. 아이는 커가면서 그 노래가 자전거 노래라는 것과 bicycle이 그것과 관련된 어휘라는 것을 알게 된다.

이것은 얼마든지 다르게 적용할 수 있다. 가령 아직 눈사람을 제대로 만들어 보지 않은 아이에게 책을 읽어주고 있는데 'snowman(눈사람)'이 나왔다면, 엄마는 디즈니 애니메이션 「겨울왕국」의 OST 중 하나인 "Do you wanna build a snowman"의 가사 일부를 흥얼거려 볼 수도 있다. 아이에게 언어의 의미를 전달하고 싶을 때, 노래는 그 의미를 자연스럽고 효과적으로 전달, 확장시킬 수 있는 매우 훌륭한 수단이다.

5. 전체적으로 상황 설명하기−되말하기

되말하기는 그림 읽기와 비슷하다. 우리의 목적은 한국어 직역을 알려주는 것이 아니라, 아이에게 그 언어 표현이 사용되는 상황과 맥락을 알려줌으로써 아이 스스로 말의 의미를 유추해 나가도록 돕는 것이다. 그러므로 직역은 하지 않되, 그 상황을 얼마든지 풀어 다른 말로 나타내 줄 수 있다.

예를 들어 앤서니 브라운의 *My Dad*에서는 "My dad isn't afraid of anything, even the big bad wolf"라는 부분이 나온다. 이것을 "우리 아빠는 아무것도 두려워하지 않아, 심지어 크고 나쁜 늑대까지도!"라고 직역하기보다는, "우와! 아빠가 늑대를 쫓아낸다! 우리 같이 외쳐볼까? '늑대 나가!' 무서운 늑대도 아빠가 뭐라고 하니까 집 밖으로 나가 버리네?"라고 그림 속 상황

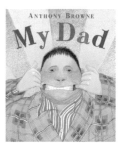

My Dad
Anthony Browne, Farrar,
Straus and Giroux(BYR),
2001

을 풀어 설명하는 것이다. 그러면 아이는 이 영어 글밥이 이런 상황과 관련된 말이라는 것을 알게 된다. 그리고 여러 영어 그림책들을 통해 어휘가 조금씩 습득될수록 점점 더 정확한 의미를 파악하게 된다.

이러한 상황 설명은 정말 효과적이다. 가령 이런 적이 있다. 귀여운 생쥐 메이지가 등장하는 *Maisy goes to Preschool*이라는 책을 써니에게 읽어준 적이 있었는데, 분홍 돼지 페파가 주인공인 *Peppa Pig*에는 preschool(유치원)과 비슷한 의미의 playgroup(놀이학교)이라는 단어가 자주 나온다. 두 책 모두 한국어로 직역해 주지 않고, 그저 상황만을 풀어서 이야기해 줬다. 평소에 써니가 어린이집에 갈 때는 'preschool'이나 'playgroup'이라는 말 대신 "It's time to go to daycare!(어린이집 갈 시간이야!)"라고 했다.

그러던 어느 날 갑자기 써니가 말했다. "엄마! 어린이집은 preschool이야. 근데 페파는 어린이집을 playgroup으로 가나 봐." 상황과 맥락상 써니는 preschool과 playgroup을 자신이 다니는 어린이집과 비슷한 의미라고 판단한 것이다. Preschool과 playgroup, daycare는 모두 비슷한

의미의 단어지만, 분명 미세한 차이는 있다. 하지만 아이가 그것을 다 구분할 필요는 없다. Playgroup이든 preschool이든 이런 상황에서 이런 느낌으로 쓰인다는 것을 알면 될 뿐이다. 이게 진짜 자연스러운 영어 습득이다.

6. 전체 설명 후 마지막에 직역 슬쩍 붙이기(직역이 부득이할 경우)

그런데 이런 온갖 방법을 다 써도 부득이하게 아이에게 영어 그림책의 표현을 직역해 줘야 할 경우가 있다. 그게 아니더라도 엄마가 도저히 직역해 주고 싶어서 입이 근질근질할 때도 있다. 이때는 전체적으로 풀어 설명한 다음 맨 마지막에 은근슬쩍 직역을 갖다 붙인다. 이러면 아이는 영어 문장과 직역이 일대일로 매치된다는 것을 눈치채지 못한다. 직역은 그냥 문장의 상황을 전체적으로 알려주는 수많은 단서들 중 하나일 뿐인 것이다.

예를 들면 이런 식이다. 팬더가 코끼리에게 선물을 줬는데, 코끼리가 "I will open it later!(나중에 열게!)"라고 이야기하는 상황이다. 그러면 이 문장을 "코끼리가 나중에 연대"라고 바로 직역해 주지 않는다.

"어, 팬더가 줬는데, 코끼리가 그냥 가버리네. 쳐다보지도 않네?"라고 상황을 먼저 설명한 다음, "나중에 열어볼 건가 봐"라고 직역을 맨 뒤에 갖다 붙이는 것이다. 그러면 아이는 'I will open it later'와 '나중에 열게'라는 말이 일대일로 매치되는 문장이라는 것을 알아차리지 못한다. '나중에 연다'는 것은 그저 이 상황을 설명하는 표현 중 하나일 뿐이다. 'I will open it later(나중에 열게)'의 정확한 의미는 다양한 영어 인풋이 더 쌓이면 자연스럽게 알게 된다.

7. 흔히 쓰는 단어, 추상적 의미

무조건 영어 그림책의 표현을 한국어로 해석해 주면 안 된다는 말이 아니다. 경우에 따라서는 해석해 줘야 할 수밖에 없는 상황이 분명 생긴다. 이런 경우 한국어로 해석을 좀 해준다고 해도 크게 문제될 것은 없다. 대표적인 것이 한국어로도 너무나 많이 쓰는 영어 단어들이다.

예를 들어 우리나라에서 friend, apple, baby, stripe 같은 영어 단어들은 '친구', '사과'처럼 각각 대응하는 한국어 단어가 엄연히 있음에도 '프렌드', '애플' 식으로 영어 단어 자체를 그대로 사용하는 경우가 많다. 이럴 때는 그냥 바로 영어로 알려줘도 상관없다.

또한 한국어로 말해줘도 아이가 이해하기 힘들 정도의 추상적 개념이라면 그냥 해석해 줘도 된다. 가령 스티브 안토니(Steve Antony)의 *Thank you Mr. Panda*에서는 팬더가 다른 동물들에게 선물을 준다. 문제는 그 선물들이 다들 그걸 받는 동물들의 사정에 맞지 않는 것들이다. 신발을 줬는데 그 선물을 받은 동물의 다리 개수와 맞지 않다든지, 옷이 너무 크거나 무거워 입을 수 없다. 이때 옆에서 다른 동물이 이야기한다. "It's the thought that counts!(중요한 건 마음이야!)" 어린아이들에게 "중요한 건 마음이야"라고 엄마가 한국어로 말해줘도 그 개념을 잘 이해하기 힘들 수 있다. 이럴 경우 과감하게 한국어로 해석해 준다. 특히나 추상적 개념이 그 영어 그림책의 핵심 내용이라면 더욱더 그렇다. 그 핵심 내용을 이해하지 못하면 그 영어 그림책 자체에 흥미를 못 느낄 수도 있으니 말이다.

'해석 없이 영어 그림책 읽어주는 방법' 인스타 피드

엄마가 직역 대신 제공해 주는 이런 방법들은 아이에게 언어가 사용되는 맥락을 해석 외의 다른 방법들을 통해 알려주는 것이다. 아이는 이런 것을 통해 자신만의 언어와 그 의미를 형성하며, 경험이 쌓이면 쌓일수록 이해하는 언어의 의미가 더욱더 정교해진다. 이러한 일련의 과정들이야말로 진정한 의미의 '언어 습득'이다. 따라서 엄마가 할 일은 해석을 통해 인위적으로 '정확한 의미'를 제공하는 것이 아니다. 아이가 정확한 의미를 스스로 찾아가는 여정에서 길이 좀더 잘 보이도록 옆에 서서 등불을 켜줄 뿐이다. 그것이 엄마표 영어에서 엄마의 진정한 역할이다.

KEY POINT 한국어 해석 대신 쓰는 방법의 5가지 포인트

1. 어른 기준에서 이해가 안 되어 답답한 것도, 아이들은 사실 답답해하지 않을 수 있다.

2. 영어 그림책을 읽어줄 때 대원칙은 '한국어로 해석하지 않는다'는 것이다.

3. 한국어 해석 대신 포인팅, 동작, 소리, 노래, 전체적 상황 설명 등으로 의미를 아이에게 전달할 수 있다.

4. 부득이하게 해석을 해야 할 경우는 전체적인 상황을 설명하고 맨 뒤에 붙이자.

5. 사람들이 많이 쓰는 영어 단어, 너무 추상적 영어 단어의 경우 직역해 줘도 상관없다.

영어 캐릭터에
열광하게 만들기

써니는 어떻게 '메이 지옥'에 빠졌나?

캐릭터의 힘은 대단하다. 아이들은 일반적으로 캐릭터에 빠지면 굿즈를 사서 모으고, 그 캐릭터가 나오는 온갖 프로그램을 섭렵하기 시작한다. 이것은 영어에도 똑같이 적용된다. 아니, 더 정확하게 말하면 이건 장려해야 한다.

아이가 영어 캐릭터에 빠지기 시작하면, 조금 과장해서 게임 셋(game set)이다. 그때부터 영어는 아이에게 그 캐릭터를 즐기기 위한 도구가 된다.

아이는 그저 캐릭터를 사랑하고 즐길 뿐이다. 다만, 그 과정에서 사용되는 언어가 영어일 뿐이다. 캐릭터에 빠져서 그 캐릭터를 탐닉하면서 영어는 자연스럽게 아이에게 흡수된다.

아이는 그 캐릭터가 나오는 영어 그림책을 보고 영어 영상을 본다. 그냥 한 번 보고 끝내는 것이 아니다. 너무나 사랑스러운 눈빛으로 집중하며 무한 반복한다. 이보다 언어 학습에 더 바람직한 환경이 있을 수 있을까?

이것은 흡사 일본 애니메이션이 좋아 많이 보다 보니 일어를 자연스럽게 잘하게 된 사람들의 경우와도 비슷하다. 미국 드라마 「프렌즈」를 반복해서 보다가 영어를 잘하게 된 어른들도 많다. 이는 그야말로 영어 습득 본연의 목적과도 정확히 부합한다.

우리는 사실 영어 자체가 그 목적은 아니지 않은가? 엄마는 아이가 '영어'라는 도구로 세상을 바라보는 눈이 더 넓어지기를 바랄 뿐이다. 말 그대로 영어는 내가 좋아하고, 하고자 하는 일을 하는 데 사용하는 도구일 뿐인 것이다.

우리집의 경우 써니는 꼬마 생쥐 캐릭터 '메이지'에 열광했다. 하지만 부모가 아무것도 하지 않고 가만히 있는데, 어느 날 갑자기 써니가 메이지에 열광하게 된 것은 아니다. 써니의 취향과 엄마가 깔아놓은 덫(?)이 딱 맞아떨어졌다.

아이마다 취향이 다 다르기에, 이것은 어떤 집은 영국의 어린이용 만화 TV 시리즈의 '페파피그'가 될 수 있고, 어떤 집은 '핍 앤 포지'가 될 수도 있다. 즉 무엇이 됐든 아이가 어떤 영어 캐릭터를 좋아할 기미가 보이면 더 열광하도록 유도해야 한다.

아이를 영어 캐릭터에 빠지게 만드는 7단계

그렇다면 나는 어떻게 덫을 깔아두었을까? 크게 7단계로 나누어 알아보자. 메이지를 예로 들겠지만, 이것은 다른 영어 캐릭터에도 얼마든지 적용될 수 있다.

1. 아이 발달 시기와 소재의 연관성

일단, 아이가 좋아하는 캐릭터의 주요 소재가 아이의 발
달 및 경험과 어느 정도 맞아떨어져야 한다.

Doctor Maisy
Lucy Cousins,
Candlewick, 2001

써니는 처음 영어 노출을 시작했던 생후 17, 18개월
쯤에는 메이지에 별 반응이 없었다. 왜냐하면 아직 인지
발달이 충분히 이루어지지 않았을 뿐 아니라, 메이지 캐
릭터가 주로 다루는 소재에 관한 경험이 많이 쌓이지 않

았기 때문이다. 메이지의 소재는 주로 놀이터, 마트, 병원놀이 같은 것들
이었는데, 그런 경험들이 쌓이기에는 나이가 어렸다.

그러다가 두 돌쯤 되어서 폭발적으로 반응하기 시작했다. 걷기를 비
롯한 행동이 더 정교해지면서 놀이터에서도 적극적으로 놀기 시작했고,
병원놀이를 비롯한 역할놀이도 제대로 하기 시작했다. 그러면서 세상을
조금씩 알아가는 게 보였다. 즉 아이의 발달 상황과 캐릭터의 소재가 맞
아떨어졌다.

2. 물량 공세

처음부터 물량 공세를 퍼붓는 것이 엄마들에게는 부담스럽다. 왜냐하면
기껏 영어 그림책을 여러 권 샀는데, 아이가 거부하면 그것만큼 낭패가
없기 때문이다.

그러나 한 권이 아니라 한 번에 여러 권을 보여줘야 아이는 더 관심

Maisy Story Books Collection
Lucy Cousins, Walker Books

을 가진다. 왜냐하면 아이 입장에서는 '여기에' 있는 캐릭터가 '저기에도' 있는 그 자체가 새롭고 신기하기 때문이다.

만약 아이가 특정 캐릭터에 호감을 가진다면, 그때부터는 그 캐릭터가 나오는 영어 그림책만 주구장창 읽어달라고도 한다. 그야말로 그 캐릭터를 기반으로 여러 소재로 확장하기가 딱 좋은 것이다.

써니는 메이지 캐릭터를 통해 병원놀이, 레모네이드 만들기, 코스튬 파티, 청소 같은 주제를 영어로 접했다. 그러니 처음에 한두 권을 보여줘 보고 아이가 캐릭터에 호감을 보이면, 그때부터는 약간의 리스크를 감수하고서라도 그 캐릭터가 나오는 다른 영어 그림책을 여러 권 구해서 한꺼번에 보여줘 보자. 나는 위험을 감수하고 한꺼번에 10권을 바로 보여줬다.

3. 조작북을 싫어하는 아이는 없다

물량 공세를 할 때는 반드시 조작북을 한두 권 정도 포함하자. 조작북을 싫어하는 아이는 거의 없다. 메이지나 페파피그 같은 유명 캐릭터들은 워낙 다양한 그림책이 많이 나와 있기에 조작북을 구하기가 어렵지 않다.

스티커북도 좋다. 스티커북은 한 번 스티커를 붙이고 나면 사실상 끝이긴 하지만, 그 경험을 통해 아이는 그 캐릭터에 대한 호감을 매우 크게 쌓는다.

조작북은 파손에 매우 취약해 몇 번이고 다시 테이프를 붙이고 고쳐야 하지만, 그 과정 자체가 아이가 그만큼 그 캐릭터를 사랑했다는 반증이다. 조작북을 사주고 수없이 테이프를 붙이고 고쳐보자. 그때마다 아이의 캐릭터에 대한 사랑은 깊어간다.

유명한 캐릭터들은 다양한 형식으로 책과 상품 들이 출시된다. 토이북, 조작북, 사운드북, 피규어, 각종 인형 등…. 정말 여러 가지다. 무리가 되지 않는 선에서 다양한 제품들을 구해주자.

이것은 한마디로 아이에게 그 캐릭터의 유니버스, 즉 세계관을 심어주는 것이다. 우리가 마블 영화를 보고 마블 세계관을 머릿속에 심어두고는 그것 때문에 울고 웃듯, 아이도 그렇게 그 세계에 빠져든다. 그 과정에서 영어는 그저 도구일 뿐이다.

4. 아이의 실제 경험으로 연결시키기

앞에서 말했듯이 아이의 실제 발달 상황과 소재가 연관되어야 한다. 그러면 아이는 그 영어 그림책을 읽을 때 자신의 실제 경험을 최대한 끌고 와 붙여서 이야기한다.

Maisy Goes to the Playground
Lucy Cousins, Candlewick Press(MA), 2008

써니는 두 돌쯤부터 놀이터에서 신나게 놀기 시작했다. 그래서 나는 *Maisy Goes to the Playground* 책을 읽으면서 "써니, 우리 미끄럼틀 탔지? 메이지도 미끄럼틀 탄다. 슝!"이라고 이야기하면서 그림책 속 미끄럼틀 조작을 한 번 움직여주었다.

그러면 아이는 그 캐릭터와 자신의 공통점을 연관시키고는 더욱 더 그 캐릭터를 사랑하게 된다.

5. 아이 경험에 맞춰 확장하기

Maisy Mouse First Experience 15 Books Pack Collection Set
Lucy Cousins, Walker Books, 2020

캐릭터 책은 정말 다양한 상황과 관련된 책들이 많이 나온다. 단순한 쇼핑, 청소, 물놀이부터 시작하여 영화관, 서커스, 심지어 우주체험까지 정말 다양하다.

또한 아이는 커감에 따라 새롭고 다양한 경험을 하게 된다. 그리고 아이가 새로운 경험을 할 때마다 부모가 그 캐릭터의 해당되는 책을 구매해 본다.

예를 들어 아이가 마트에서 카트 타는 걸 좋아한다면, *Maisy Goes shopping* 책을, 어느 날 갑자기 엄마가 청소기 돌리는 걸 유심히 본다면 *Maisy Cleans up* 책을 보여준다. 엄마랑 도서관에 처음 갔다온 날에는 *Maisy Goes to the Library* 책을, 서점을 가보았다면 *Maisy Goes to the Local Bookstore* 책을 읽어주는 식이다.

이렇게 경험에 맞춰 그 캐릭터의 책들을 보여주면, 아이가 자신의 경험을 떠올리며 반짝반짝 빛나는 눈으로 영어 그림책을 보는 모습을 볼 수 있을 것이다.

6. 관련 영상 보여주기

아이 연령대가 영상 노출을 해도 괜찮은 시기라면, 해당 캐릭터의 영어 영상을 보여주자.

아이 입장에서는 '어! 책에만 나오던 애가 화면에서 움직이네!' 싶을 것이다. 그러면서 더욱더 그 캐릭터에 열광하게 된다.

영어 그림책으로 읽었던 것을 영어 영상으로 보여주기 때문에 반복 효과를 누릴 수 있는데, 생각보다 그 시너지 효과가 매우 크다.

써니의 경우는 '메이 지옥'에 쐐기를 박은 것이 영어 영상 노출이었다. 아이가 영상을 보여주기 적당한 나이라면, 해당 그림책의 영어 영상을 구해서 보여주자. 같은 캐릭터를 다양한 경로로 접하는 것은 효과가 매우 크다.

7. 본격 '덕질' 장려

아이는 어떤 영어 캐릭터의 '덕후'가 되었다면, 이제 엄마의 역할은 마음껏 덕질을 하도록 협조하는 것뿐이다. 아이에게 다양한 종류의 영어 그림책, 제품 들을 꾸준히 제공하면 된다.

영어로 덕질을 하는 것은 가장 이상적인 언어 습득 형태다. 왜냐하면 언어는 내가 좋아하는 것, 하고자 하는 것을 행하고 접하는 '수단'이기 때문이다.

따라서 여기서의 핵심은 일단 아이의 흥미를 찾아내는 것이다. 그것이 메이지든 페파피그든 탈것이든 공룡이든 곤충이든 상관없다.

영어로 뭔가를 좋아할 기미가 조금이라도 보이면, 부모는 그 과정을 옆에서 보조만 해주면 된다. 그러면 아이는 영어에는 별 관심이 없지만, 그 관심 대상 때문에 그 매체를 보기 시작한다. 처음에는 '한 번 봐준다'였다가 점점 빠져든다. 그러면서 영어는 자연스럽게 아이 삶에 녹아간다.

영어 덕질, 거창할 것 없다. 그게 전부다. 아이가 '덕력'을 발휘하도록 적극 장려하자. 덕력은 언어의 장벽도 뛰어넘게 만든다. 무엇을 열렬히 좋아한다는 감정은 그 자체만으로 강한 에너지니까 말이다.

KEY POINT

영어 캐릭터에 빠지게 만드는 3가지 포인트

1. 우리 아이 발달 시기와 맞는 소재를 주로 다루는 캐릭터를 찾자.

2. 그 캐릭터를 조금이라도 좋아할 기미가 보이면 엄마가 적극 장려하자. 다음의 테크트리(tech tree)를 따른다.

> 물량 공세 → 조작북 및 각종 굿즈 구입 → 아이 경험에 맞춰 확장 → 관련 영어 영상 보여주기

3. '덕력'은 언어의 장벽도 뛰어넘는다.

영어 그림책,
어떻게 골라야 할까

영어 그림책 고르기는 쉽지 않다고들 생각한다. 일단 영어책이다 보니 제목부터 눈에 잘 들어오지 않고, 내용 파악도 쉽지 않다. 그렇다 보니 뭐가 좋은 책인지, 좋지 않은 책인지도 파악이 잘되지 않는다. 하지만 답은 단순하다. 답은 아이에게 있다. 그러나 이 말이 "공부가 제일 쉬웠어요", "교과서 위주로 공부했어요"와 비슷하게 느껴질 것을 나는 너무나 잘 안다. 그러므로 이 과정을 3단계로 나누어 살펴보도록 하자.

영어 그림책 고르는 3단계 과정

1. 초기 데이터 확보

처음에는 노부영이나 픽토리 같은 원서 여러 권으로 구성된 세트가 편하다. 엄마가 하나하나 골라 사 모으는 것이 여러모로 의미가 있지만, 세트가 편하다고 굳이 이야기한 것은 엄마들에게는 남는 에너지가 별로 없을 뿐만 아니라 사실은 초기 데이터 확보 때문이다. 제아무리 엄마라도 내 아이의 취향을 처음부터 알 수는 없다. 그렇기 때문에 어느 정도 사전에 검증된 그림책들로만 구성되어 있는 세트를 사면 안전하고, 그 안에서 아이의 호불호를 엿볼 수 있다.

제아무리 인기가 많은 그림책이라도 우리 아이는 좋아하지 않을 수 있고, 다른 아이는 싫어해도 우리 아이는 좋아할 수 있다. 아이가 어떤 일러스트의 색감이나 분위기에 유독 열광할 수도 있고, 특정 소재에 환호할 수도 있다. 아니면 스토리 중에서 유독 좋아하는 포인트가 있을 수 있다. 그렇게 다양한 종류의 그림책들을 담은 세트 속에서 우리 아이만의 취향에 대한 초기 데이터를 만들어 나가면 된다.

2. 아이가 좋아했던 그림책 작가의 다른 책 구하기

아이가 좋아하는 그림책들을 파악했다면 다음은 그 그림책 작가의 다른 책들을 검색해 보자. 원서 전문몰에 들어가서 해당 작가의 이름을 검색하면 그림책들이 쭉 나온다. 그것들을 인기순, 가격순, 후기순 등 다양한 방법으로 정렬해 살펴본다. 기왕이면 후기도 읽어보면 좋다. 후기를 통해서 그 그림책을 좋아하는 다른 아이들의 연령대와 특징들을 파악할 수 있기 때문이다. 쉽게 말해서 우리가 인터넷으로 쇼핑할 때와 똑같이 하면 된다. 전혀 어렵지 않다.

좋아하는 그림책 작가의 다른 책을 구해서 보여주는 경우, 대부분의 아이들이 좋아할 가능성이 높다. 왜냐하면 그림책은 작가들마다 특유의 그림체나 분위기가 있고, 아이들은 그것을 잘 알아채기 때문이다. 또 그

것이 아이가 그 그림책을 좋아하는 포인트일 가능성이 높다. 이제 당분간은 그 작가의 다른 책들을 아이에게 순서대로 쭉쭉 보여주면 된다.

3. 아이가 좋아하는 소재의 다른 책 찾기

이제부터는 아이가 좋아하는 소재의 그림책을 찾아보면 된다. 사실 책과 관련된 정보는 정말 많다. 그중에서 어떤 것을 먼저 고르느냐, 나중에 고르느냐의 문제일 뿐이다. 마음 가는 대로 편하게 하나씩 보여주면 된다.

검색창에 '3세 영어 그림책', '4세 영어 그림책', '동물 영어 그림책', '탈것 영어 그림책', '공룡 영어 그림책' 등으로 검색해서 나오는 결과들을 보고, 아이 취향에 부합할 것 같은 책을 하나씩 구매하면 된다.

정리하자면, 아이의 그림책 취향에 대한 초기 데이터를 확보하고, 그 데이터를 기반으로 작가별, 소재별로 권수를 늘려가는 것이 전부다. 세상에는 수없이 많은 영어 그림책들이 있고, 우리 아이가 그것들을 전부 다 볼 수는 없다. 그렇기에 영어 그림책을 고르는 것은, 넓고 깊은 영어 그림책이라는 바다에서 우리 아이가 좋아하는 작가와 소재라는 '거름망'을 하나씩 더해서 우리집으로 건져 올리는 작업이라고도 할 수 있다.

영어 그림책 고를 때 4가지 참고사항

1. 대형서점 사이트의 '함께 산 책', '많이 산 책' 참고하기

국내 대형서점 사이트나 웬디북, 동방북스 같은 원서 전문몰에서 아이가 좋아하는 그림책을 검색해 보자. 그러면 하단에 이 책을 구입한 사람들이 '함께 산 책', '많이 산 책'을 보여준다. '관련도서', '함께 구매한 상품' 등 사이트마다 이름만 조금씩 다를 뿐이다. 아이가 좋아하는 그림책과 비슷한 분위기이거나 비슷한 소재를 가진 작품, 비슷한 난이도인 책, 비슷한 연령대의 아이들이 좋아하는 책들을 쉽게 파악할 수 있기에, 이것만 잘 살펴봐도 아이가 좋아할 만한 책들을 손쉽게 알 수 있다.

2. AR 지수로 고르기

미국의 영어 읽기 지수인 AR 지수를 너무 맹신할 필요는 없다고 앞서 이야기했다. 하지만 영어 그림책의 본문을 모두 볼 수는 없는 이상, 이 그림책이 우리 아이 레벨에 맞을까를 미리 가늠하는 데는 이 지수만한 것도 없다.

검색창에 'AR ○○점대 영어 그림책', 'AR 1점대 영어 그림책 추천' 식으로 검색하면 매우 많은 자료가 나온다. 그중에서 우리 아이 취향에 맞는 그림책들을 하나씩 골라서 보여준다. 계속 강조하지만, AR 레벨로 아이에게 부담을 주지는 말자. 이것은 철저히 아이에게 맞는 영어 그림책을 찾는 자료로만 참고하자.

3. 수상작 목록 참고하기

기왕이면 좋은 상을 받은 도서를 읽히고 싶은 게 엄마 마음이다. 칼데콧 수상작, 가이젤 수상작, 케이트 그린어웨이 수상작 등 매우 많은 그림책 수상작 목록을 찾을 수 있다. 이 목록 가운데서 아이가 좋아할 것 같은 그림책을 고르면 된다. 다만, 수상작들의 경우 난이도 수준이 제각각이기에, 아이 레벨에 맞는 게 어떤 것인지 잘 살펴봐야 한다.

우리나라 검색 사이트에서는 각종 수상작들 중 상대적으로 칼데콧 수상작의 검색 결과를 많이 볼 수 있다. 발간된 지 얼마 안 된 따끈따끈한 수상작을 검색해 보고 싶으면, 검색어에 최근 연도를 같이 넣으면 된다. '2024 칼데콧 수상작' 이런 식으로 말이다.

4. 아마존, 뉴욕타임스 베스트셀러

조금 더 영미권 현지에서 많이 보는 영어 그림책을 고르고 싶다면 구글 검색을 이용한다. 'New york times bestseller children's books + 연도'로 검색하면 '뉴욕타임스 베스트셀러 영어 그림책 목록'을 볼 수 있다. 'Amazon best children's books (연도)' 식으로 검색하면, 아마존에서 연말마다 아마존 에디터들이 고른 올해의 그림책들을 볼 수 있다. 아마존의 경우 연령별로 나누어져 있으니, 아이 나이에 맞춰 살펴보면 된다.

KEY POINT 영어 그림책 고르는 4가지 포인트

1. 초기 데이터 확보 → 아이가 좋아하는 작가의 다른 그림책 → 아이가 좋아하는 소재의 그림책 순으로 나아가자.

2. 서점 사이트의 '함께 산 책' 기능을 통해 아이가 좋아할 만한 다른 그림책들을 쉽게 파악할 수 있다.

3. AR 레벨은 난이도 파악용으로 참고하되, 너무 집착하지 말자.

4. 각종 수상작 및 아마존, 뉴욕타임스 베스트셀러 검색을 통해 우수한 그림책들을 찾아볼 수 있다.

우리 아이가
이 영어책을 좋아할까

많은 엄마들이 영어 그림책을 사기 전에 정말 많이 고민한다. '우리 애가 좋아할까?', '이거 샀다가 애가 싫어해서 돈만 날리면 어쩌지?' 이런 생각에 검색, 또 검색을 한다. 여기에 '더 싸게 살 수 있는 방법이 없을까?'라며 온갖 쿠폰을 확인하고, 출석체크 할인, 카드할인 신공까지 발휘한다.

그런 엄마들 마음을 너무나도 잘 이해한다. 나도 그랬으니까. 괜히 샀다가 애가 싫어하면 짐만 될까 싶어 걱정했고, 남편이 또 책 샀냐며 눈치 줄까 봐 염려했다. 무엇보다도 아이를 위한 책 구매가 쓸데없는 낭비로 치부되는 것 자체가 싫었다. 나를 위해서가 아니라 그저 애를 위해서 산 건데…. 나는 그저 합리적인 소비를 하고 싶었을 뿐이다.

보여줘 봐야 답을 알 수 있다
엄마들에게 나는 이 말을 하고 싶다. 고민은 최대한 짧게 하라고 말이다.

왜냐하면 고민을 한다고 해서 답이 나오는 게 아니기 때문이다. 결국은 아이에게 그 영어 그림책을 보여줘 봐야 안다. 사기 전에 이리 재고 저리 잰다고 해서 명확한 답은 나오지 않는다. 아이에게 미리 보여주면서 "이 거 어떤 거 같아?"라고 물어봐도 소용없다. 애들 마음은 시시각각 바뀌기 때문에 직접 겪어봐야 안다. 사실 이것은 비단 영어책 살 때에만 적용되는 것은 아니다. 우리 인생 전반에 적용되는 진리 같은 것이기도 하다.

영어 그림책을 구매할 때는 반드시 알아야 할 기본 정보(가격, 적정 연령대 등)를 파악했다면 고민은 최대한 짧게 하자. 그 시간에 아이에게 빨리 보여주는 게 낫다. 고민의 시간이 길어지면 보여줄 시기도 놓치고 만다.

그렇다고 무조건 사라는 말이 아니다. 다른 대안도 얼마든지 있다. 살까말까 고민만 하고 있다면, 도서관에서 빌려서 아이에게 보여주는 방법도 있다. 가격이 너무 비싸서 고민이라면 당근마켓이나 중고서점 등을 통해 저렴하게 구입할 수도 있다. 가장 좋은 방법은 아이에게 보여주고 반응을 살피는 것이다. 그래야 답이 나오기 때문이다. 직접 보여주면서 '우리 아이의 영어 그림책 취향에 대한 데이터'를 쌓아 나가자.

돈보다도 훨씬 더 귀한 우리의 시간

돈보다는 고민하는 시간을 아까워하자. 왜냐하면 그렇게 고민한다는 것부터가 이미 생각 없이 '막 지르는 사람'은 아니라는 말이다. 사실 지금 고민하고 있는 정도가 가정경제에 지대한 타격을 줄 사안은 아니다. 그렇다고 생각을 더한다고 해서 답이 나오는 사안도 아니다. 한마디로 시간을 버리고 있는 셈이다. 사실 돈보다도 더 소중한 것이 시간 아니겠는가.

고민할 시간 동안 여러분의 에너지도 소모되고 있다. 몸을 움직이지는 않지만 머릿속은 한없이 복잡하기 때문이다. 고민은 최대한 짧게 하고 그 에너지를 다른 귀중한 곳에 사용하자.

하다 보면 실패도 줄어든다

시행착오, 실패는 어느 정도 어쩔 수가 없다. 우리 뇌는 손실을 너무나 싫어하기에 실패를 피하고자 한다. 하지만 현실은 시행착오도 하고 실패도 해봐야 데이터가 쌓인다. 더 모를 일인 건, 당장은 아이가 그 영어 그림책을 보지 않더라도, 어느 날 갑자기 취향이 바뀌어 보기도 한다. 그러니 당장의 실패가 영원한 실패가 아닌 경우도 꽤 있다. 결국은 그 영어 그림책이 집안에 있어야 답이 나온다.

그렇게 과정이 쌓이다 보면 시행착오 횟수가 확실히 줄어든다. 100퍼센트는 아니지만, 나중에는 대충 보면 애가 좋아할지 안 좋아할지 딱 보인다. 물론 하루 아침에 감을 키울 수는 없다. 아이에게 계속 보여주고 거부도 당해가면서 쌓아 나가는 것이다. 그러니 지금도 고민한다면 이제는 행동을 하자. 뭐라도 해야 결과가 나오니 말이다.

 KEY POINT **아이가 이 영어 그림책을 좋아할지 고민될 때 3가지 포인트**

1. 고민한다고 해서 답이 나오지 않는다. 시간을 아끼자.
2. 고민할 시간에 도서관, 중고 구입을 통해 치고 빠지자.
3. 시행착오는 어쩔 수 없다. 시행착오를 하다 보면 점점 그 횟수가 준다.

영국판? 미국판?
무얼 사야 할까

영어 그림책을 사다 보면 같은 작가의 같은 작품인데, 영국판과 미국판으로 나뉘는 것(때로는 제목도 다르다)을 볼 수 있다. 이런 경우 엄마 입장에서는 꽤 난감하다. 도대체 무엇을 사야 할까?

일단 결론부터 말하면, 무엇을 사도 상관없다. 영국판과 미국판 영어 그림책의 가장 큰 차이는 단어인 경우가 많다. 예를 들어 중심을 뜻하는 'center'의 경우 미국식 표기는 'center'지만, 영국식 표기는 'centre'다. 이런 식으로 미세하게 철자가 다른 경우부터 단어 자체가 다른 경우도 많다.

엘리베이터의 경우 미국식은 우리가 흔히 아는 'elevator'지만 영국식은 'lift'다. 일부 영국에서만 많이 쓰는 영어 표현, 미국에서 많이 쓰는 영어 표현이 각 책마다 들어 있을 수도 있지만, 큰 범위에서는 모두 영어다. 대부분은 비슷해서 내용을 파악하는 데는 전혀 무리가 없다.

Maisy 영국판

Maisy Goes to the Cinema

Lucy Cousins, Walker Books, 2014

Maisy 미국판

Maisy Goes to the Movies: A Maisy First Experiences Book

Lucy Cousins, Candlewick Press, 2014

뭐가 맞고 틀리다고 할 수가 없는 것이, 사실 영어 종주국은 영국이 맞지만, 우리에게는 북미식 영어가 더 익숙하기 때문이다.

그런데 실제 영어권 국가에서는 영국식 영어를 더 선호하는 경향이 없지 않아 있다. 그러니 영어 그림책을 구매할 때 영국판, 미국판 2가지 중에서 무엇을 살지 망설여진다면, 그냥 작가의 국적대로 사라는 말을 하고 싶다.

영국 작가가 쓴 영어 그림책이면 영국판을, 미국 작가가 쓴 그림책이면 미국판을 사는 것이다. 그 차이야 미세하지만, 작품의 원작을 선호하는 게 사람 마음이라면, 미국 작가의 작품은 미국판이, 영국 작가의 작품이라면 영국판이 원작일 것이다.

하지만 두 영어 그림책 판본의 차이 자체는 미세하기 때문에 둘의 가격 차이가 크다면 싼 것을 사는 게 낫다. 원작과 차이는 있겠지만, 여하튼 같은 영어기에 그 차이가 마치 원작과 번역서만큼 결이 다른 수준은 결코 아니다. 그냥 '여기서는 이 말을 이렇게 쓰는구나' 싶은 차이가 몇몇 있을 뿐이다.

'영국식이냐 미국식이냐'로 불이익 받을 일은 없다

간혹 우리나라 영어교육은 북미식 영어가 주를 이루는데, 학교 교육에서 영어 스펠링이 문제가 되지 않느냐고 걱정하는 엄마들도 있다. 즉 영국식 영어에 익숙한 아이가 학교 영어 시험 서술형 문항에서 'center'라고 써야 하는 것을 'centre'라고 썼다면 오답 처리가 되어 불이익을 받는 것 아니냐고 말이다.

하지만 일단 그러한 서술형 채점에서 크게 불이익을 받을 리는 없다. 영국식 영어와 미국식 영어 단어의 철자가 다르다는 것을 영어교사들은 안다. '영국식 영어가 맞다', '미국식 영어가 맞다' 이렇게 주장할 수 없는 것도 잘 알고 있다.

또한 그러한 미세한 철자 차이에 연연하는 것은, 사실 서술형 문항의 출제의도로 적합하지도 않다. 그렇기에 영어교사들은 미국식 영어와 영국식 영어의 철자 차이를 대부분 문제삼지 않는다. 사실 애초에 서술형 문항의 취지 자체가 그런 차이를 얼마든지 고려해서 채점을 하는 것이기 때문이다. 따라서 학교 영어 시험에서 미국식 영어냐, 영국식 영어냐가 문제가 될 여지는 없다.

TOEFL이나 IELTS(아이엘츠) 같은 공인 영어 시험의 라이팅 부분도 마찬가지다. 쉽게 말해 TOEFL은 미국 기반, IELTS는 영국 기반의 시험이라고 생각하면 되는데, 대부분 채점자들은 미국 영어와 영국 영어의 스펠링 차이를 알고 있다. 따라서 그것으로 감점할 가능성은 현저히 낮을 뿐 아니라, 그런 미세한 스펠링 차이는 시험 자체의 평가 의도와도 너무나 거리가 멀다.

또한 아이가 한국에서 엄마표 영어로 영어에 노출된 이상, 어느 특정 국가의 영어로 굳어질 걱정은 안 해도 된다. 아이는 한 국가에서만 나온 영어책을 쭉 읽을 것이 아니기 때문이다. 영국 작가가 쓴 영어책도 읽을 것이고, 미국 작가, 호주 작가, 뉴질랜드 작가가 쓴 영어책도 읽을 것이다.

우리나라 말에 강원도, 충청도 등 여러 사투리가 있고 그 사투리마다 고유의 매력과 맛이 있듯이, 아이 역시 다양한 버전의 영어를 접하면서 그 '맛'을 느낄 것이다.

넓은 세상 그리고 다양한 영어

영어는 세계 공용어이고, 상투적인 표현이지만 세상은 이미 글로벌화되어 있다. 영어는 비단 영미권 국가 출신 사람들만 사용하지는 않는다. 세계 곳곳에서 수없이 다양한 국가 출신의 사람들이 영어를 사용한다. 영어는 영국에서만, 미국에서만 쓰는 것이 아니라 너무나 다양한 곳에서 널리 사용되고 있고, 이제는 '세계영어'라고 불리기도 한다. 즉 '영어'라는 언어의 범위가 너무나도 넓은 것이다.

아이에게 영어를 노출하는 이유는 이 넓은 세상에서 언어의 장벽을 안 느꼈으면 하는 바람에서 비롯된 것이다. 다양한 사람들이 영어를 쓰는 시대니, 이것은 맞다, 저것은 틀리다 같은 선을 긋지도, 틀을 만들지도 말자. 그저 아이가 다양한 환경의 다양한 영어 속에서 자유롭게 유영하도록 엄마는 지켜보면 된다.

영국판과 미국판 선택 시 3가지 포인트

1. 영국판과 미국판의 큰 차이는 없다. 작가의 국적대로 사거나 더 저렴한 걸 사자.

2. 영국 영어, 미국 영어를 굳이 구분 짓지 말자. 그걸로 아이가 불이익을 받을 일은 거의 없다.

3. 영어는 이미 '세계영어'다. 아이가 다양한 영어를 접하고 즐기도록 독려하자.

영어 그림책 싸게 사는 8가지 방법

영어 그림책의 경우 국내도서가 아니기에 도서정가제를 적용받지 않는다. 그래서 가격이 천차만별이다. 페이퍼백처럼 우리나라에서 출판되는 일반 동화책들보다 얇고 간소하게 나오는 경우도 많다 보니, 번역서보다 원서가 더 저렴하기도 하다. 그러니 잘 알아보고 굳이 더 비싸게 사지는 말자.

다음은 영어 그림책을 저렴하게 사기 위해 내가 사용했던 방법들을 소개하니 참고해 보자. 다만, 이 방법들에 너무 빠져서 검색으로 시간을 낭비하거나 오히려 불필요한 과소비를 하지 않도록 주의하자.

1. 맘카페 쇼핑 핫딜방에 알림 설정

전체 게시판	즐겨찾는 게시판
쇼핑할인 정보방 ⓝ	★

'맘스홀릭'이나 '맘이베베' 같은 대형 맘카페에는 '쇼핑 핫딜방'이 있다. 그곳에 '북메카', '동방북스'를 키워드 알림 설정을 해두자. 북메카나 동방북스의 경우 G마켓이나 위메프, 티몬 같은 대형 온라인 쇼핑몰에서 자주 행사를 한다. 이때 보통 유명 작가의 책이나 신간들, 토이북들을 대폭 할인된 가격으로 판매하는데, 이런 정보들이 핫딜방에 올라온다. 보통 하루나 이틀, 길어야 일주일 정도의 기간을 가지고 이루어지는데, 기

간이 지나면 구입이 불가능하고 할인폭이 큰 만큼 품절도 잦다. 그렇다고 핫딜방에 종일 머무를 수는 없는 법! 그러니 키워드 알림 설정을 하자. 알림이 뜨면 들어가서 보고 마음에 드는 책이 있다면 구입하면 된다.

이 알림들도 결국 누군가가 정보를 게시판에 공유해야 올린다. 그래서 경우에 따라 알림에 맞춰 가보면 이미 많은 책이 품절인 경우가 흔하다. 그러니 영어 그림책을 살 일이 있을 때는 먼저 G마켓이나 위메프에서 '북메카'를 검색해 보자. 그러면 아직 맘카페에는 공유되지 않았지만 행사가 있을 때도 꽤 있다.

2. 원서 전문몰 창고 대개방 및 블랙프라이데이 기간

웬디북이나 동방북스, 북메카 같은 원서 전문몰들은 1년에 두 번 정도 온라인 창고 대개방을 한다. 보통 상반기는 5월 말~6월 초, 하반기는 10월 말~11월 초다. 할인율도 평소보다 훨씬 높고 적립금도 더 많이 적립된다.

동방북스의 경우 1년에 한 번씩 실제로 오프라인 창고 대개방 행사를 한다. 할인율은 온라인 창고 대개방과 대동소이한 편인데, 말 그대로 진짜 창고에서 행사를 하는 것이라 정말 다양한 원서를 직접 보고 구매하는 재미가 쏠쏠하다. 창고 규모가 꽤 큰 편이기에 보물찾기를 하는 느낌을 받을 수 있다. 창고이기

때문에 아이를 데리고 가기에 쾌적한 환경은 아니지만, 실제로 가보면 아이를 동반하고 오는 엄마들이 많다.

이런 원서 전문몰들은 11월 마지막 주에 블랙프라이데이 행사를 한다. 이때도 창고 대개방 행사만큼 할인율이 높고 적립금 비율도 높다. 평소 구매를 염두에 두었던 책이 있다면 이때를 놓치지 말고 구매하도록 하자.

3. 유명 원서 시리즈 및 세트는 '당근마켓'

이른바 세트로 이루어진 책들이 있다. 주로 리더스북이나 특정 캐릭터의 시리즈로 이루어진 책들인데(페파피그, 까이유, 메이지, 엘리펀트앤피기 등), 이런 세트들은 당근마켓 같은 지역 중고시장에 매우 저렴하게 올라온다. 솔직히 이런 지역 중고시장에서 내게 필요한 단행본 한두 권을 찾아내는 것은 쉽지 않다. 왜냐하면 당근마켓에 매물을 올리는 것 자체가 엄마들에게는 큰 일거리이기 때문이다. 그렇기에 보통 묶어서 한꺼번에 올린다. 따라서 단행본 한두 권만 파는 매물보다는 세트나 단행본 여러 권을 묶어서 올리는 경우가 대다수다.

세트를 구매할 때는 당근마켓이나 중고시장을 활용하면 훨씬 저렴하게 구매가 가능하다. 세트는 일단 기본적으로 여러 권이기 때문에, 제 아무리 할인행사에서 사더라도 새것으로 구매할 경우 기본적으로 가격대가 높다. 그런데 당근마켓에는 중고라는 이유로 훨씬 저렴하게 나온다. 잘 찾아보면 간혹 정말 "거의 손도 안 댄 새 거예요", "안에 페이지만 확인했는데, 애가 안 봐서 저렴하게 올립니다" 등의 글과 함께 새것 같은 보물을 얻게 되기도 한다.

4. 북메카, 동방북스 오프라인 행사

북메카와 동방북스는 1년에 몇 차례 여러 지역에서 오프라인 행사를 한다. 주로 대형 백화점이나 아울렛 매장에서 행사가 이루어지는데, 이때는 수도권뿐만 아니라 전국 각지에서 돌아가며 열린다. 마찬가지로 할인폭이 매우 높다. 무엇보다도 직접 보고 살 수 있다는 것이 큰 장점이다. 북메카와 동방북스에서 책을

[Web발신]
(광고)[예스24 수영점F1963]
예스24X북메카 2024
패밀리세일 초대

이번주 목,금,토,일 부산/경남
최대 영어원서 패밀리세일<첫날
사전예약 마감!!>

스콜라스틱 해리포터,
트리하우스, 포켓몬,
앤서니브라운 도서등
1만 여종의 신간 및 특가 어린이
영어원서를?
최대 90% 할인된 가격에
한자리에서 만나보세요!

몇 번 구매하다 보면 이런 오프라인 행사 소식이 문자로 전송된다. 만약 그 행사가 멀지 않은 곳에서 열린다면 한 번 방문해서 구입해 보는 것도 괜찮다.

5. 유아교육전

일명 '유교전'이라 불리는 유아교육전에 가면 유독 사람들이 많이 몰린 곳이 있다. 바로 북메카 B급 매대다. 말 그대로 상자로 우르르 부어주는데, 특히 첫날 인파는 장난이 아니다.

　B급의 경우 손상의 정도가 책마다 다르긴 하나, 잘 찾아보면 약간의 흠집만 나 있다든지, 샘플북처럼 손때가 약간 묻은 정도에 그치는 경우도 많아 득템을 할 수 있다.

　물론 어떤 책이 그곳에 있는지는 아무도 모른다. 관계자가 어떤 상자를 뜯어서 부어 주느냐에 따라 다르기 때문이다. 그러나 보통은 이른바 단행본 위주의 작품보다는 토이북, 피규어북들이 많은 편이다. 그래서

무언가를 B급 매대에서 무조건 사야겠다는 생각보다, '어떤 것이 있는지 한 번 볼까?' 하는 마음으로 둘러보면 좋다. 동방북스의 경우 B급 매대가 있으나, 상대적으로 물건의 개수가 적은 편이다. 대신 훨씬 정돈된 느낌이 든다.

굳이 B급이 아니라 판매되는 정상 상품들도 이날 행사에서는 평소보다 할인율이 높다. 오프라인 행사와 마찬가지로 보고 살 수 있다는 것이 큰 이점이다. 다만, 같은 책이라도 동방북스, 북메카 두 매장의 값이 다른 경우가 있으니 잘 확인하고 구매하도록 하자.

6. 공동구매

온라인에서는 많은 셀러들이 원서책을 일명 '공구', 즉 공동구매 형식으로 판매한다. 일단 대부분 온라인 최저가보다 저렴하다. 하지만 내가 원하는 제품이 원하는 시기에 딱 판매되는지는 또 다른 문제이기 때문에, 무조건 공동구매를 기다리기보다는 그냥 둘러보다가 평소 원했던 제품이 있다면 구매하는 것이 낫다. 당근마켓과 마찬가지로 보통은 세트가 많은데, 경우에 따라 셀러들이 개별 책에 대한 애정 어린 마음으로 단행본 '골라담기' 식으로 판매하는 때도 종종 있다. 그때 염두에 뒀던 단행본들을 사는 것도 괜찮은 방법이다.

7. 오프라인 중고매장

알라딘 중고매장의 경우 원서 회전율이 빨라서 단행본을 구하기 좋다. 이곳 역시 잘 찾아보면 상태 좋은 중고들이 매우 많다. 다만, 가격을 잘 확인해야 한다. 경우에 따라 새것과 가격이 차이가 거의 없는 경우도 있기 때문이다. 그 이유는 바로 중고도서 할인율의 기준 가격이 그 도서의 '정상가'여서다. 대부분 온라인 원서 전문몰들은 정상가에서 이미 할인된 가격으로 제품을 판매하는데, 중고서점의 경우 가격이 '온라인 할인가에서 몇 퍼센트 할인'이 아니라 '책의 정상가에서 몇 퍼센트 할인' 식으로 이루어진다. 그래서 중고임에도 새 제품과 가격이 비슷한 경우가 꽤 있다.

8. 한두 권만 살 때는 온라인 대형서점

원서 전문몰들의 경우 보통 무료배송이 3만 원부터다. 그런데 원서의 경우 도서정가제를 적용받지 않다 보니 사이트마다 가격이 다르다. 그래서 때로는 원서 전문몰보다는 교보문고, 예스24, 알라딘 같은 대형서점이 더 저렴한 경우도 있다. 이런 경우 무료배송 기준 금액이 원서 전문몰의 거의 절반 수준이기 때문에, 여러 권이 아니라 한두 권만 살 때는 원서 전문몰보다 대형서점이 더 나은 경우도 있다. 때로는 한 권의 가격이 원서 전문몰보다 좀더 비싸더라도, 무료배송 덕분에 총 결제금액이 더 저렴한 경우들도 있다.

PART **5**

영어 영상 노출,
언제, 어떻게, 얼마나
해야 할까

아이와 함께 영어 영상의 세계에 빠져보자.
우리가 우리말 방송을 보고 울고 웃듯,
영어 영상도 똑같이 하면 된다. 그냥 즐기면 된다.

영어 영상 노출
상세 가이드

영어 영상 노출과 관련해서는 엄마들이 고민이 참 많다. 그러면 영어 영상 노출은 도대체 언제, 얼마나, 어떻게 해야 할까?

영어를 핑계로 영상 조기 노출은 하지 말자

영상 노출 시작의 시기는 못해도 24개월 이후를 추천한다. 이유는 단순하다. 한참 세상을 탐색하고 있는 아이에게는 영상물 자체가 그렇게 좋지 않다. 연구결과에 따라 세부 시기는 다르지만, 대부분의 소아과 가이드는 영상 노출을 최소 24개월 이후 할 것을 권장하고 있다. 사실 18개월부터 어른의 가이드에 따라 짧은 시간의 노출도 괜찮다는 연구결과도 있으나, 굳이 앞당길 필요는 없다.

그러니 영어 노출을 핑계로 영상 자체를 빨리 노출하지 말자. 계속해서 강조하지만, 영어보다도 더 중요한 것이 너무나 많다. 영어는 아이를 위한 도구일 뿐이다.

사실 영상을 보여주면 엄마가 편하다. 아이는 그 시간 동안 영상에 푹 빠져서 있기에 육아 부담이 줄어든다. 노골적으로 이야기하자면, 엄마가 편하게 딴짓을 할 수 있는 시간이기도 하다. 그렇기에 엄마는 영상을 빨리 보여주고 싶다. 그럼에도 최대한 버텨 보라고 말하고 싶다.

시험 삼아 아이에게 영상을 몇 번 노출해 보면 그 이유를 잘 알 수 있다. 호기심 어린 눈빛으로 세상을 쳐다보던 아이가 TV에만 푹 빠져 있는 것을 보면 단번에 느껴진다. 아이를 위해서라도 최소 24개월까지는 버티는 게 낫다는 것을 말이다. 사실 최소 36개월까지는 영상을 노출하지 말라고 이야기하고 싶다(나는 못 버티고 28개월쯤에 노출을 시작했다. 하지만 독자 여러분은 조금 더 버텼으면 하는 바람이다). 영상 노출은 불가역적이다. 한 번 시작하면 결코 되돌릴 수 없다.

첫 시작은 최대한 짧게

영상 노출을 시작한다면, 처음에는 가능한 짧게 하는 것이 좋다. 10분에서 15분 정도가 적당하다. 그러면서 서서히 늘린다. 아니, 엄마가 원치 않아도 알아서 늘어날 것이다. 아이는 영상을 너무나 좋아하니까 말이다. 그러니 여기서 엄마의 역할은 영상 시청 시간을 얼마나 더 늘려야 할지 고민하는 것이 아니라, 시청 시간을 '더더더!' 늘리고 싶어하는 아이를 어떻게 구슬려서 말릴 것인지를 생각하는 것이다.

만 5세까지는 영상 시청 시간이 하루 1시간을 넘기지 않는 것이 좋다. 실제로 미국 아동청소년 정신과학회는 만 6세 이전까지 영상 시청 시간을 주중 1시간, 주말 3시간으로 제한할 것을 권고하고 있다. 여기서 정확하게 '어느 시기에는 하루 몇 분'이라고 딱 정해주면 좋지만, 사실 이것이 무 자르듯 정확하게 딱딱 되지는 않는다. 그러니 엄마가 내 아이에게 어느 정도가 적절한지 살펴야 한다.

그렇다면 그 영상 노출 시간 외의 남는 시간은 무엇으로 채울까? 음원으로 공간을 채우면 된다. 원래 듣던 영어 음원도 좋고, 아이가 보는 영어 영상을 소리로만 들려주는 것도 좋다. 실제로 영어 영상 시청 시간은 몇 분 되지 않더라도, 그 영상을 소리로 듣는 시간은 하루에 몇 시간이 될 수도 있다.

어차피 우리는 영상의 소리를 맥락과 함께 듣고 싶은 것이다. 아이가 이미 그 영어 소리의 맥락을 영상으로 파악했으니, 그 이후에는 소리로만 흘려듣기를 해도 절대 무의미하지 않다. 이렇게 아이 귀에 영어 소리가 노출되는 양을 채우면 되는 것이다.

'순한 맛' 영상부터 조금씩 보여주자

가능한 '순한 맛' 영상부터 시작해야 한다. 영상 노출 시기와 마찬가지로 영상의 자극성 역시 불가역적이다. 왜냐하면 본래 인간이란 존재가 자극에 익숙해지면 더 강한 자극을 찾기 때문이다.

이미 강한 자극에 맛들인 아이에게 순한 맛 영상은 시시할 뿐이다. 여기서 순한 맛 영상이라는 것은 소재가 자극적이지 않고, 장면 전환이 빠르지 않으며, 색감이 지나치게 현란하지 않은 것 그리고 말의 속도가 빠르지 않은 것을 말한다.

'완전 처음용'으로 주로 추천되는 것이 기존에 듣던 영어 노래 영상이나 아이가 읽던 영어 그림책의 애니메이션 버전이다(유튜브에서 'animated children's books'라고 검색하면 많이 나오는데, 절대 아이가 스마트폰 등을 조작하지 못하도록 조치를 취하고 보여주자).

특히 영어 그림책의 애니메이션을 강력 추천하는 이유는 그림책을 기반으로 만들어졌기 때문이다. 그림책의 그림은 말 그대로 그림이다. 움직이지 않는다. 영어 그림책의 애니메이션은 움직이지 않는 그림에서 약간의 장면 전환이나 움직임을 살짝 더한 것들이 대부분이어서 장면 전환이 빠르지 않다. 소재나 내용 역시 아이들 그림책이 기반이기 때문에 딱히 문제될 것이 없다. 말 속도 역시 그림책을 내레이션으로 읽어주는 것이기에 그렇게 빠르지 않다.

영어 노래 기반의 영어 영상도 괜찮다. 연령대별로 다를 수 있지만, 어린아이들은 아직 시리즈로 이어지는 스토리라인(우리가 잘 아는 페파피그, 까이유 등의 영상)에 익숙하지 않은 경우가 많다. 어차피 이 경우 시리즈로 이어지는 스토리 영상을 보여줘도 아이들은 아직 잘 이해하지 못하기 때문에, 영어 노래 영상으로 시작하는 편이 낫다.

이미 영어 음원 노출이 어느 정도 이루어진 아이들이라면, 기존에 알던 노래들이 영상에서도 많이 나올 것이기에 일단 친근하다. 친근한 영어 노래가 영상으로 전달되니 아이들은 더 관심을 가지고 본다. 기존에 영어 음원으로만 듣던 노래의 내용이 시각 자료와 함께 전해지니, 노래 속 영어와 그 영상의 내용을 머릿속으로 연결할 수 있다는 측면에서도 효과적이다.

'영상은 무조건 영어'로 처음부터 길들이기

여기서 권하고 싶은 것은 한국어 영상은 아이에게 되도록 노출하지 말자는 것이다. 물론 쉽지는 않다. 한국어 영상도 좋은 것들이 너무나 많기 때문이기도 하다. 그러나 애초에 '영상은 영어로만 보는 것'이라고 아이 머릿속에 박힌다면 엄마표 영어가 훨씬 편해진다.

사실 우리가 영어 영상을 노출하는 이유는 '영상'이 필요해서가 아니라 '영어'가 필요해서다. 만약에 한국이 아니라 영미권 국가에서 영어를 모국어로 사용하는 사람들에 둘러싸인 환경에 살고 있다면, 굳이 영어 영상을 노출하지 않아도 된다. 주변이 이미 영어 사용 환경이기에 실시간으로 맥락을 동반한 '영어 듣기'가 이루어지기 때문이다.

우리가 영어 영상을 보는 이유는 한국에서는 실제로 제공할 수 없는 영어 환경을 만들어 주기 위해서다. 그러니 굳이 모국어 환경에 있는 아이에게 한국어 영상을 많이 보여줄 필요는 없다. 우리 솔직해지자. 한국어 영상을 보여주는 것은 엄마인 우리가 편하고 싶어서가 아닌가.

영어 영상의 노출 과정도 다른 영어 그림책이나 영어 음원과 다를 바가 없다. 처음에는 순한 맛 영상을 시작으로, 아이가 커감에 따라 영상의 수준, 난이도, 소재가 변화한다. 순한 맛 영상을 보다가 수준이 계속 올라가서 나중에는 만화를 보고, 드라마를 보고, 영화를 보게 되는 것이다. 여기서 엄마의 역할은 아이에게 적합하고, 아이가 좋아할 만한 영어 영상을 계속 찾아서 제공해 주는 것, 그리고 그 영상을 보는 아이 옆에서 함께 공감하며 맞장구쳐 주고 말동무를 해주는 것, 딱 그것이다.

핀란드인이 영어를 잘하는 이유에 대해 많이 들어봤을 것이다. 핀란드에서는 TV에서 영미권 프로그램들이 방영되어 어렸을 때부터 보고 자라다 보니 자연스럽게 영어를 잘하게 되었다고 한다. 이제 우리도 아이와 함께 영어 영상의 세계에 빠져보자. 우리가 우리말 방송을 보고 울고 웃듯, 영어 영상도 똑같이 즐기면 된다. 아이가 그것을 즐기도록 독려하면 된다. 그 과정에서 자연스럽게 영어가 녹아든다.

KEY POINT 영어 영상 노출 3가지 포인트

1. 영어 노출을 핑계로 영상 노출 자체를 빨리 시작하지는 말자. 못해도 24개월까지는 버티고, 버틸 수 있으면 만 3세까지는 버텨 보자.

2. 첫 노출은 순한 맛 영상으로 시작한다. 영어 그림책을 기반으로 한 애니메이션이나 영어 노래 영상으로 시작하면 좋다.

3. 한국어 영상은 노출하지 말자. 한국어 영상을 보면 영어 영상은 재미없어지는 것이 당연하다.

영어 그림책 애니메이션 6가지 추천

The Very Hungry Caterpillar
https://youtu.be/75NQK-Sm1YY?si=EW596gGba4JAWR9m

Owl Babies
https://youtu.be/bXP66T2wp-k?si=ZVre-kQkvaI0gax2

Brown Bear, Brown Bear, What Do You See?
https://youtu.be/Mc9My7TnxFU?si=b3HlIBj1m-eVFetm

Where's Spot?
https://youtu.be/LxexUt8xM1w?si=Sm39AOLgBBCs-nyr

Pete the Cat I Love My White Shoes
https://youtu.be/-GSnmRZlgc4?si=muyk95gPPYc96uDS

Goodnight Moon
https://youtu.be/vbKoviP0fTQ?si=2c6SoAZJ1nkBhswi

영어 영상 노출의
5가지 기본 대원칙

이제 본격적으로 영어 영상 노출의 기본 대원칙에 대해 이야기해 보자. 앞서 말했듯이 우리가 영어 영상을 노출하는 이유는 '영상'이 필요해서가 아니라 '영어'가 필요해서다. 그만큼 영상은 그림책보다 엄마가 경계해야 할 것들이 훨씬 많다. 아이가 하루 종일 그림책을 보는 것보다 영상을 보는 것이 더 해롭게 느껴진다면, 당신은 이미 영상을 경계해야 하는 이유를 잘 알고 있는 것이다. 그러니 다음에 소개하는 영어 영상 노출의 기본 대원칙을 반드시 숙지하고 지혜롭게 노출하자.

1. 영상 시청 전 아이와 하루 시청 시간 약속하기

이것은 영상의 부작용으로부터 아이를 보호하기 위해서이기도 하지만, 아이의 자기 절제력을 증진시키는 데도 상당히 도움이 된다. 제아무리 영어 영상이라 해도 시청 시간을 어떻게 절제시킬까를 고민해야 할 만큼, 영상 시청 시간을 늘리는 것은 정말 쉽다. 엄마가 통제하지 않으면 시청 시간은 무한대로 늘어난다.

그런데 엄마가 마음대로 "이제 그만!"이라고 말하기보다는, 영상 시청 전에 아이와 사전에 오늘은 얼마만큼 볼 것인지 협의를 하는 것이 좋다. 아이가 스스로 규율을 정한다는 점에서 자율성을 키우는 데도 도움이 되고, 무엇보다도 자기가 정한 것이기에 더 잘 지키려고 노력한다.

약속은 가정의 상황에 맞추면 된다. 만약 디지털시계가 있다면 "저 숫자 2가 5로 바뀔 때까지 보는 거야" 식으로 약속할 수 있고, 시곗바늘이 있다면 "4에 있는 긴바늘이 12에 가면 끄는 거야"라고 약속할 수도 있다.

개인적으로는 타이머 사용을 추천한다. 아이가 직접 타이머를 돌리면서 얼마만큼 영상을 볼 것인지 시간을 정할 수 있다. 물론 그 와중에도 아이는 시청 시간을 흥정하려 들 것이다. 엄마에겐 피곤할 수 있지만, 아이는 흥정을 통해 스스로 시간을 정한다는 점 자체에서 자율성을 느끼게 된다. 이것은 생각보다 효과가 크다.

타이머를 통해 엄마와 약속한 시청 시간이 줄어드는 것이 직관적으로 보이며, 시간이 다 되면 알람이 울린다. 아이 스스로 남은 시청 시간이 줄어드는 것을 보며 나름의 마음의 준비를 할 수도 있고, 엄마가 "조금 있으면 끄는 거야"라고 사전에 예고를 할 수도 있다. 물론 막상 알람이 울리면 아이는 '조금만 더'라고 할 수도 있지만, 약속을 하지 않았을 때보다 기본적으로 훨씬 협조적이다. 그러니 반드시 아이와 영상 시청 전에 시간 약속을 하자.

2. 유튜브, IPTV, OTT는 최대한 보수적으로 접근하기

요즘은 그야말로 유튜브와 넷플릭스의 시대다. 물론 디지털 시대에 이런 문명의 이기들을 지혜롭게 사용하는 것이 베스트이긴 하다. 그러나 생각보다 우리의 자제력은 약하다. 그러니 아이들은 굳이 말할 필요가 없을 것이다. 언젠가는 아이들도 알게 될 테지만, 굳이 이런 별천지가 있다고 엄마가 친절하게 알려줄 필요는 없다.

아이가 시대에 뒤쳐질까 봐 두렵다는 걱정은 할 필요가 없다. 그것은 핑계다. 우리 아이들은 디지털 네이티브다. 일단 이러한 디지털 플랫폼을 접하면 스펀지 같은 뇌로 순식간에 그것들을 익힌다.

요즘 시대에는 유튜브, 넷플릭스에 찌들지 않은 아이들 자체가 드물다. 그런 아이들이 보이면 귀하고 예뻐 보일 정도다. 그리고 누차 얘기했듯, 영어보다도 더 중요한 게 훨씬 많다. 그러니 영어 때문이라고 핑계는 대지 말자.

아이들이 OTT(인터넷 방송 서비스)나 유튜브를 일단 접하고 나면 그 전으로 되돌리기는 불가능에 가깝다. 더구나 아이가 스스로 조작할 줄 알게 되면 그때는 견제가 정말 더 힘들어진다. 그러니 유튜브, IPTV(Internet Protocol Television), OTT는 최대한 보수적으로 접근해야 한다. 쓰지 말자는 말이 아니다. 최대한 접촉 시기를 늦추자.

영어 영상 노출은 처음에는 가능한 DVD로 시작하자. 물론 여러 영상을 보여주다 보면, DVD의 한계가 느껴지면서, 동시에 유튜브와 넷플릭스에 널린 풍부한 영어 영상들이 아쉬워진다. 그때가 되면 이런 영어 영상들을 사용은 하되, 아이가 유튜브와 OTT에 직접 접근하는 것을 최대한 늦출 수 있는 온갖 수를 다 써보자. 유튜브 재생 목록을 철저히 관리하든, 영상을 직접 다운을 받든 말이다. 그러면서 아이 스스로 통제력을 기를 수 있을 때까지 시간을 최대한 확보하자. 그 세계의 존재 자체를 모르는 아이들은 불만이 없다. 모르면 모르는 대로 잘 산다. 부모가 불편할 뿐이다. 부모의 불편함을 아이 탓으로 돌리지 말자.

3. 밥 먹을 때 영상 보여주지 않기

밥 먹으면서 영상을 보여주는 게 좋지 않다는 이야기는 익히 잘 알려져 있다. 영어 영상도 예외는 아니다. 영어 노출 때문이라는 핑계는 대지 말자. 영어 영상도 결국은 영상이다. 영상의 기본적인 노출 가이드는 영어 영상에도 똑같이 적용된다.

4. 가짓수 너무 늘리지 않기

언어 습득의 핵심은 반복이다. 어른들은 반복을 힘들어 하지만, 아이들은 생각보다 반복을 훨씬 더 사랑한다. 그야말로 언어 습득에는 최적이다. 그러므로 아이가 보고 있는 영어 영상을 별로 좋아하지 않거나, 충분히 반복하여 본 것이 아니라면 군이 가짓수를 늘리지 말자.

엄마 입장에서는 이것도 보여주고 싶고 저것도 보여주고 싶을 것이다. 하지만 영어 영상은 영어 그림책이 아니다. 영상은 기본적인 러닝타임이란 것이 있기 때문에, 이거 한 권 읽고 저거 한 권 읽는 책처럼 여러 가지를 보는 게 결코 간단하지 않다. 결과적으로 영상 시청 시간만 늘어날 뿐이다. 심지어 그림책도 어린 시기에는 반복 독서가 어느 정도 이루어진 후에야 다독을 권장하지 않는가.

따라서 아이가 한 캐릭터에 열광해서 그 영어 영상만 주구장창 보려고 한다면 최대한 장려해 주자. 사실 아이보다는 엄마가 지겹다. 그러나 답은 아이에게 있다. 아이는 자기가 만족할 때까지 충분히 보고 난 후, 알아서 다음 영어 영상으로 넘어갈 것이다. 그러니 아이의 흐름에 맡기면 된다.

5. 가능한 같이 보기

'절대'가 아니라 '가능한'이다. 하지만 아이가 영어 영상을 볼 때 기왕이면 엄마나 아빠가 옆에서 같이 보는 것이 좋다는 점을 부인할 수는 없을 것이다. 아이는 그저 부모와 함께하고 싶기 때문이다. 우리가 재미있는 것을 보면 사랑하는 사람과 이야기하고 공유하고 싶은 것처럼, 아이도 그러고 싶은 것이다. 자기가 재미있어 하는 것을 사랑하는 엄마가 함께 봐주고 공감해 주기를 바란다.

그러니 아이가 영어 영상을 볼 때는 가능한 옆에서 함께 해주자. 아이와 같이 보면서 스킨십도 하고 맞장구도 쳐주자. 매번 같이 볼 수는 없을지라도, 아이가 좋아하는 영어 영상의 기본적인 에피소드 내용은 알수 있도록 말이다.

만약 여기서 엄마가 욕심을 부려 영어를 잘하고 싶다면, 굳이 따로 시간을 내지 말고, 아이와 같이 영어 영상을 보는 것을 추천한다. 일상에서 흔히 사용하는 말들인데, 막상 입 밖으로 잘 나오지 않는 주옥 같은 영어 표현들이 수두룩하다. 영어 영상을 함께 보는 것은 아이를 위하는 것뿐만이 아니라 엄마 본인의 발전을 위해서도 너무나 좋다. 아이만 영어 실력이 느는 것이 아니라, 함께하는 엄마의 영어 실력도 늘어나기 때문이다.

정리하면, 영어 영상도 어쨌든 영상이다. 아이에게 영상을 노출시킬 때 지켜야 할 가이드를 똑같이 지키면 된다고 생각하면 쉽다. 거기에 영어 영상의 가짓수를 늘리는 것보다는 반복이 더 권장된다는 것만 추가로 이해하면 된다. 이러한 점들만 잘 지키면, 아이에게 영어를 잘 노출하겠다는 욕심도, 영어보다 더 소중한 것들도 결코 놓치지 않겠다는 욕심도 채울 수 있다.

KEY POINT

영어 영상 노출 기본 대원칙의 5가지 포인트

1. 아이와 영상 시청 시간을 미리 약속하자. 개인적으로 타이머를 추천한다.

2. 유튜브, IPTV, OTT는 최대한 보수적으로 접근하자.

3. 영어 영상이라고 해서 다를 것 없다. 기본적인 영상 시청 가이드를 준수하면 된다.

4. 반복이 생명이다. 굳이 영어 영상의 가짓수를 늘리지 말자.

5. 가능한 아이와 같이 영어 영상을 보자. 그러면 엄마의 영어 실력도 덩달아 늘어난다.

아이가 영어 영상을 어떻게
좋아하게 만들까

: 영어 영상을 좋아하게 만드는 6가지 포인트

1. 아이에게 익숙한 콘텐츠로 시작하자

아이가 영어 영상을 좋아하도록 만드는 방법이 따로 있을까? 일단 아이가 가장 좋아할 만한 영상을 찾는 게 첫 번째다. 그런데 너무나 당연한 이야기지만, 직접 보여주지 않고서는 알 수가 없다. 일단 어떤 영어 영상을 보여주고 싶은지 머릿속으로 몇 개를 추려둔 다음 아이에게 보여주자. 그래야 반응을 알 수 있다. 슈심송이나 노부영 DVD(또는 또보) 같은 노래 위주의 영어 영상이나 기존에 보던 영어 그림책을 기초로 한 애니메이션 영상으로 시작하면 된다.

2. 샘플 영상을 보여주며, 아이 맞춤형 시리즈를 찾는다

보통 스토리 위주의 영어 영상으로 넘어갔을 때, 엄마들은 뭘 보여줄지 결정하기 어렵다고 느낀다. 스토리 위주의 첫 영어 영상으로 흔히들 많이 거론하는 것이 까이유, 페파피그, 맥스앤루비, 메이지 등인데, 이것들은 캐릭터 기반의 시리즈이기 때문에 양이 매우 많다.

그래서 일단 세트 전체를 구매하기보다는 후보군들의 샘플 영어 영상을 구한다. 그리고 아이에게 보여준 뒤 반응을 확인한다(유튜브에서 시리즈의 시즌 1, 1화를 찾아서 보여주면 된다). 아이가 격렬히 환호하면 한 번에 취향 저격 영어 영상을 찾았음을 기뻐하며 그 시리즈를 그냥 쭉 보여주면 된다. 만약 아이의 반응이 별로라면 다음 후보군의 샘플 영어 영상을 보여준다. 이렇게 샘플 영상을 보여주면서 아이가 가장 좋아하는 영상이 파악되면, 그때부터 그 시리즈를 쭉 보여주면 된다. 이때 가짓수를 늘리거나 여러 시즌을 넘나들 필요는 없다.

보통은 한 시즌을 진득하게 반복한다는 생각으로 보여준다. 언제 다음 시즌을 넘어갈지, 혹은 다른 시리즈로 넘어갈지는 아이가 정한다. 영어 영상을 볼 때 아이에게 도통 반응이 없다든지, 그다지 보고 싶어 하지 않는 듯한 티를 낸다면 그때가 넘어갈 때다.

3. 한국어 영상을 본 적이 없어야 선택이 편해진다

사실 아이가 영어 영상을 좋아할지, 그렇지 않을지는 기존에 한국어 영상 노출 여부가 큰 영향을 미친다. 만약 사전에 한국어 영상에 노출된 적이 없다면 대부분 영어 영상을 좋아한다. 아이에게 '최초의 영상물'이기 때문이다.

하지만 아이가 사전에 한국어 영상에 이미 노출이 꽤 되었다면, 영어 영상에 대한 반응이 시원찮을 가능성이 크다. 모국어가 더 편한 아이에게는 모국어로도 재미있는 영상을 충분히 보아 왔는데, 잘 알아듣기도 힘든 영어 영상이 재미있을 리가 만무하다. 이때는 어쩔 수 없이 한국어 영상을 노출하지 않았을 때보다 추가적인 노력이 더 필요하다.

4. 한국어 영상에 이미 노출되었다면

일단 한국어 영상 노출의 비율을 줄여야 한다. 엄마가 재미있는 한국어 영상을 계속 보여준다면, 아이 입장에서 피곤하게 영어 영상을 볼 이유가 없기 때문이다. 다만, 아이가 순순히 한국어 영상을 포기할 리는 없기에 반발을 사지 않는 선에서 조금씩 줄이는 것이 필요하다.

그러면서 동시에 영어 노출량을 늘려야 한다. 영어 자체가 친숙해져야 영상에서 나오는 영어에 대한 이질감도 덜 느낄 것이다. 알아듣는 게 많아지면 더 재미있을 수밖에 없다. 이때 주의해야 할 것은 이 과정이 절대 강압적이어서는 안 된다는 것이다. 강압적으로 하다가는 잘못하면 아이가 영어에 대해 더 반감을 가지기 쉽다.

또한 아이가 좋아할 만한 영어 영상을 계속 찾아야 한다. 아이가 좋아하는 소재, 캐릭터, 선호하는 행동양식 등을 파악해 이들을 담은 영상을 찾는다. 그야말로 철저한 아이 맞춤 탐색(searching)인데, 정말 번거로운 일이기에, 이렇게 아이 맞춤으로 해줄 수 있는 사람은 세상에 엄마밖에 없다.

5. 본격적으로 '입덕' 시키기

아이의 취향을 어느 정도 저격한 영어 영상을 찾았다면, 그때부터 본격적으로 그 영상의 세계관에 입덕을 시켜야 한다. 여기서는 책·굿즈·노래·영상·음원 등 전방위적 물량 공세가 필요하다. 이 부분은 사실 앞서 아이가 영어 캐릭터 책에 빠지게 한 방법과 거의 흡사하다. 아이가 영어 영상에서 나오는 캐릭터를 영상뿐만 아니라 그림책에서도 보고, 노래로도 듣고, 관련 장난감이나 굿즈로 갖고 놀아보기도 하는 것이다. 말 그대로 그 영어 영상의 세계관에 아이를 푹 빠뜨리면 된다.

만약 아이가 보는 영상의 그림책이 있다면 꼭 구해서 읽어준다. 보통 그런 그림책들은 영상과 내용이 거의 동일하기 때문에, 영어 영상의 내용을 반복하는 효과가 있다. 영상에 나오는 영어 노래는 자주 틀어주고 엄마가 직접 불러보자. 보통 유명 캐릭터 시리즈는 워낙 수요가 많기에 영어 노래만 따로 음원을 구하는 것은 어렵지 않다. 그렇게 해서 굳이 아이가 영상을 보지 않더라도 그 캐릭터를 수시로 떠올릴 수 있도록 해준다.

입덕의 화룡정점은 소품이다. 이는 그림책·음원·영상 외에도 장난감·스티커·옷 등 많은 것을 포함한다. 특히 피규어나 인형이 있으면 좋다. 아이는 피규어나 인형을 가지고 자신이 마치 영상 속 캐릭터가 된 것처럼 역할놀이를 할 것이다. 그 세계관 속에 이미 푹 빠져 있다는 증거다. 이렇게 아이의 일상을 가능한 그 캐릭터로 채우는 것이 필요하다.

6. 나는 내 자식 전문가

정리하면, 아이가 영어 영상을 좋아하게 만들려면, 아이가 흥미있어 할 만한 영상을 끊임없이 찾아서 제공해 주고, 엄마가 그 옆에서 함께해야 한다. 아이가 좋아할 만한 영상을 찾으려면 아이의 취향과 관심사를 제대로 파악하고 있어야 하는데, 그것을 해줄 수 있는 사람은 세상에 엄마 밖에 없다. 이것이 부모, 특히 엄마에게는 참 부담스러울 수도 있다. 뭐 이렇게 할 것이 많나 싶다. 그러나 달리 생각해 보면 참 경이로운 일이기도 하다. 육아가 힘들다고 해서 '내 자식 전문가'라는 타이틀을 다른 사람에게 넘기고 싶은 부모는 없을 것이다. 그러니 철저한 내 아이 맞춤형을 부담스럽게 여기지 말자. 누구보다 사랑하는 내 아이를 내가 더 잘 알아가는 길이다.

제 아무리 부모 자식 관계라도 관심을 가지지 않으면 서로에 대해 잘 알 수 없다. 내 아이 맞춤형은 영어라는 명분으로 아이를 더 잘 이해하고 더 사랑하는 길이다. 서로에 대해서 이해할수록 주고받을 수 있는 사랑은 더 많아지는 법이다.

 KEY POINT 영어 영상을 좋아하게 만드는 6가지 포인트

1. 처음에는 노래 위주, 그림책 기초 애니메이션으로 시작한다. 그러다가 시리즈로 넘어간다.
2. 생각해 둔 시리즈들의 샘플 영상을 구해 보여주면서 아이가 원하는 시리즈를 찾는다.
3. 한국어 영상을 먼저 노출했다면 추가적인 노력이 더 필요할 수 있다.
4. 한국어 영상은 줄이고, 영어 영상 노출량을 늘린다. 다만 강압적이면 안 된다.
5. 입덕을 독려한다.
6. 철저한 내 아이 맞춤형은 부모만이 할 수 있다.

아이가 영어 영상을 볼 때,
엄마는 어떻게 하면 될까

: 영어 영상 볼 때 부모의 5가지 역할

영어 영상을 틀어주는 시간 동안 엄마는 어떻게 하면 될까? 요점만 짚어
이야기해 보자.

1. 옆에서 같이 보기

아이는 엄마와 함께 영상을 보기 바란다. 매번 함께 볼 수는 없더라도,
가능한 옆에서 함께 보는 것이 좋다. 쉬더라도 영상을 보는 아이 옆에서
쉬자. 아이는 엄마가 옆에 있어주는 것만으로도 훨씬 좋아할 것이다.

한국어든 영어든 상관없이 어린아이에게 영상물이란 것 자체가 부모
의 가이드와 함께해야 하는 것이 맞다. 부모가 옆에서 봐야 아이가 무엇
을 보는지 알 수 있고, 그 내용이 적절한지도 알 수 있다. 그리고 함께 봐
야 아이와 공감대를 가지고 이야기를 나눌 수 있다. 어차피 아이의 취향
에 맞는 영어 그림책과 영상을 꾸준히 제공해야 하는데, 옆에서 지켜봐

야 아이가 어떤 포인트를 좋아하는지도 파악할 수 있다.

부모들 대부분은 아이와 풍부한 대화를 나누는 모습을 꿈꾸지만, 이런 그림 같은 모습이 하루아침에 나오는 것이 아니다. 이런 시간들이 쌓여야 가능하다.

아이가 엄마와 함께 모든 것을 하고 싶어 하는 때도 사실 한때에 불과하다. 아이는 커갈수록 지금처럼 모든 것을 엄마와 공유하고 싶어하지는 않는다. 그러니 아이가 원하는 순간만큼은 되도록 영어 영상을 시청하는 아이 옆에서 함께하도록 노력하자.

2. 호응하기

기왕 영어 영상을 같이 보기로 했으면 엄마도 즐기면서 신나게 호응해 보자. 억지로 하려면 쉽지 않으니 어릴 적의 내 모습을 떠올리면서 같이 즐기려는 마음이 필요하다. 우리 모두는 어릴 적 만화영화에 열광하던 시절이 있었다. 그때의 나를 떠올리며 아이 옆에서 함께 보다 보면 생각보다 재미있는 경우도 많다.

웃긴 부분이 있으면 따라해 보고, 장면을 아이의 경험과 연결짓는 것도 좋은 방법이다. 아이가 실제 경험한 부분과 비슷한 장면이 나오면 "우리 써니도 저거 했었지?" 하는 식으로 이야기해 보고, 아이가 유독 좋아하는 부분이 나오면 "써니도 저거 해보고 싶어? 우리 언제 해볼까?"라면서 말을 걸어본다.

영어 영상을 보며 하는 엄마의 행동들은 결국 아이에게 영상 내용이 '유의미하게(meaningful)' 다가오도록 하는 작업이다. 우리의 뇌는 완전 낯

선 것보다는 친근한 것을 보면 기존의 배경지식과 연결지어 장기기억으로 저장한다. 장기기억으로 보내는 작업의 마중물 역할을 엄마가 하는 것이다.

3. 약속시간 점검

앞에서도 말했듯이, 영어 영상을 보기 전에 아이와 반드시 시청 시간에 대한 약속을 해야 한다. 물론 제아무리 시간 약속을 했다 해도 엄마가 감시하지 않으면 아이는 영상을 계속 볼 것이다. 그러니 중간중간 시간을 언급하며 몇 분 남았다고 이야기해 주는 것이 좋다. 그러면 아이도 마음의 준비를 한다.

약속한 시청 시간이 되었으면 아이 스스로 영상을 끄도록 독려한다. 아이가 스스로 약속을 지키고 순순히 영상을 끄면 대견하고 멋지다고 칭찬하는 것을 잊지 말자. 아이는 영상을 끈 것은 아쉽지만 칭찬을 들어서 아주 행복해 할 것이다.

4. 시청한 에피소드 체크하기

아무리 좋은 영어 영상이라도 하루 종일 틀어줄 수는 없다. 그러나 그 영상을 소리로만 노출했을 때는 훨씬 긴 시간 동안 흘려듣기를 할 수 있다. 아이가 시청한 에피소드가 무엇인지 체크하고, 영어 영상을 끄고 난 후에는 해당 에피소드를 소리로 틀어주면 좋다. 아이는 훨씬 전에 봤던 에피소드보다 직전에 본 에피소드에 더 귀를 쫑긋하고 들을 것이다.

의미와 맥락을 모르는 영어 소리는 소음일 수 있지만, 직전에 영상으로 봐서 상황과 맥락을 이미 다 파악한 소리는 매우 의미 있게 다가갈 것이다. 그리고 이 조건들이 맞아떨어지면 아이가 반응을 보여주기도 한다. 예를 들어 까이유가 비행기를 탄 에피소드를 영어 소리로만 흘려듣다가 어느 날 문득 이렇게 이야기하는 식이다. "엄마, 까이유가 비행기를 탔나 봐."

5. 반복적으로 나오는 영어 표현 따라하고 체크하기

《Dentist》 - Peppa.
. The dentist will see you now.
. Sit in the chair, plz
  Hold tight.
  Open wide ~ wider
  Let's take a look.
. I hope you haven't been eating
  too many sweeters
. Spit it out!
. Can you show me your teeth?
. You're doing very well!
  What lovely clean teeth!

영상에 나오는 표현들을 이렇게 수첩에 따로 적어두고 일상 속에서 사용해 볼 수 있다.

일단 여기서는 크게 두 가지 단계로 나뉜다. 하나는 영어 표현 따라하기이고, 다른 하나는 이것을 따로 기록해 두는 것이다.

영어 영상을 보면서 따라하기는 앞서 말한 호응하기의 일부라고 해도 무방하다. 영상을 보다 보면 자주 나오는 영어 표현들이 분명히 있다. 그것이 그렇게 길지 않고 간단하다면 엄마가 가볍게 따라하는 모습을 보여준다. 그러면 아이도 엄마의 모습을 보고 따라한다. 알다시피 부모를 모방하는 것은 아이의 본성이기 때문이다.

여기서 더 여력이 된다면 그 영어 표현을 따로 적어두자. 안 그러면 까먹는다. 여기서 포인트는 '여력이 되면'이다. 이렇게 언급하는 이유는 엄연히 말해 부모에게는 또 다른 일거리이기 때문이다. 하지만 이렇게 하면 엄마와 아이 모두에게 도움이 되는 것이 사실이다. 영어 표현을 적어두고 자주 되뇌이며 일상생활에서 한 번씩 사용해 보자. 아이의 영어 실력만이 아니라 엄마의 영어 실력이 같이 늘어나는 기쁨을 느낄 수 있을 것이다. 엄마표 영어를 통해 아이만이 아니라 엄마도 같이 성장한다는 것이 바로 이런 점을 말하는 것이다.

KEY POINT

영어 영상 볼 때 부모의 5가지 역할

1. 영상을 볼 때 아이 옆에서 함께 본다.

2. 아이와 함께 호응하면서 본다. 아이에게 훨씬 더 의미 있게 다가간다.

3. 아이가 약속한 시청 시간을 지키는지 점검한다. 약속을 잘 지켰을 경우 칭찬을 아끼지 않는다.

4. 아이가 이미 봤던 영상의 에피소드를 체크해 영어 소리로만 들려준다.

5. 반복된 영어 표현들은 따라해 보고 적어두었다가 일상생활에서 활용해 본다.

영어 영상
5가지 적극적 활용법

영어 영상을 활용하는 데는 크게 소극적 방법과 적극적 방법이 있다. 소극적 방법은 아이에게 영어 영상을 그냥 보여주는 것이다. 아이 옆에서 가능한 함께 보고 이에 대해 이야기를 나누기도 한다. 말 그대로 영상을 보여만 주는 것이다. 사실 이것만 해도 충분히 유의미하다. 그러나 영어 영상을 조금 더 적극적으로 활용하면 더 큰 효과를 볼 수 있다.

영어 영상 적극 활용을 위한 준비물

일단 아이가 보는 영어 영상의 대본을 구한다. DVD를 구입하면 영어 대본이 딸려 오는 경우가 꽤 있다. 사실 이것저것 번거롭다면 대본이 있는 DVD를 사는 것이 편하다.

영어 대본이 없다면, 검색 사이트에서 해당 영상 자막을 검색한다. '영상 제목 + 에피소드 제목 + transcript'라고 검색하면 된다. 그래도 찾기 어렵다면 유튜브나 넷플릭스(넷플릭스에 해당 영상이 있을 경우)의 영어 자막을 다운받는 방법도 있다. 'Language Reactor' 같은 크롬 확장 프로그램을 사용하면 영어 대본을 쉽게 다운로드할 수 있다.

그럼, 지금부터 영어 영상을 좀더 적극적으로 활용할 수 있는 방법에 대해 자세히 이야기해 보자.

아이와 놀이로 즐기는 영어 영상 속 내용 2가지 활용법
1. 역할놀이용 커닝페이퍼 만들기

아이가 영어 영상을 볼 때, 옆에서 함께 시청하면서 아이한테 사용할 수 있는 영어 표현들을 대본에 표시한다. 간단하게 밑줄 정도만 해두면 된다.

표시해 둔 영어 표현을 사용해 아이와 역할놀이를 할 수 있다. 영상을 보고 난 후, 아이와 놀면서 영상에서 본 상황을 엄마가 재현해 본다. 사실 엄마도 해당 영어 표현에 숙달되지 않았기에 바로 입 밖으로 내뱉는 게 쉽지는 않다. 이때는 영어 대본을 커닝페이퍼로 사용한다.

예를 들어 '페파피그' 영상에서 아이스크림을 파는 장면을 봤다고 가정해 보자. 이걸 본 후에 아이스크림과 관련된 역할놀이를 하면 된다. 집에 아이스크림 놀이 세트가 있다면 좋지만 없어도 상관없다. 플라스틱 컵이나 안전한 컵을 이용해 각각이 다른 맛의 아이스크림이라고 가정하고, 엄마가 먼저 시작한다. 만약 영상 속 캐릭터의 인형이나 피규어 등이 있다면 같이 활용하면 더 좋다.

> **엄마**: Ice cream! Ice cream! What ice-creams would you like?
> (아이스크림 사세요! 어떤 아이스크림 드실래요?)

반대로 엄마가 아이스크림을 사려는 사람이 될 수도 있다.

> **엄마**: Hello, Miss Rabbit! Four ice-creams, please!
> (안녕하세요. 토끼양! 아이스크림 4개 주세요.)

처음부터 아이가 멋지게 호응하기는 어렵다. 오히려 이게 무슨 상황인지 어안이 벙벙해 할 수도 있다. 하지만 엄마가 모른 척 그대로 상황을 이어 나간다면, 이미 영상을 봤던 아이는 무슨 상황인지 단번에 알아차린다.

물론 영어 노출이 얼마 안 된 아이라면, 처음에는 엄마 혼자만 고요 속의 외침일 가능성이 크다. 그리고 엄마가 영어 말하기가 익숙하지 않다면, 아무리 아이 앞이라도 처음에는 상당히 민망할 수 있다. 하지만 처음만 잘 넘기면 그다음부터는 어렵지 않다. 처음이 어렵지 시간이 지날수록 더 과감해질 것이다. 처음에는 낯설 수 있으나, 반복하다 보면 어느 순간 아이가 먼저 영어로 말을 하기도 한다.

만약 바로 사용하기 힘든 영어 표현이라도, 연습 차원에서 역할놀이를 할 수도 있다. 가령 영어 영상에 비눗방울을 부는 장면이 나왔다고 가정해 보자. 집에서 비눗방울을 부는 것은 쉽지 않다. 그러면 집에 굴러다니는 잡동사니 아무거나를 들고

비눗방울 영어 영상을 보고 난 후 써니와 역할놀이를 했다.

비눗방울 스틱과 용액이라고 가정하고, 엄마가 해당 영어 대사를 말하면서 부는 시늉을 해본다. 그럼 아이도 바로 알아차린다.

2. 진짜 상황에서도 사용해 보자

집에서 이렇게 '하는 시늉'만 하고 놀아도 충분하지만, 실전에서 사용하지 않는 건 아쉽다. 밖에서 아이와 놀면서 비눗방울을 불 때 그 영어 표현을 반드시 써보자. 그러면 아이는 해당 영어 표현을 말 그대로 그렇게 습득하게 된다.

비눗방울 역할놀이 후,
실제 비눗방울을 보며
노는 영상.

　물론 집에서 영상을 본 즉시 바로 역할놀이를 하며 노는 것과, 실제로 밖에서 그 행위를 하는 것에는 시간차가 존재한다. 그래서 엄마가 그 영어 표현을 중간에 잊어버릴 수도 있다. 그러므로 해당 영어 표현을 따로 정리해 두고, 실제로 밖에서 해보기 전에 미리 한 번 훑어보고 가거나 작은 수첩에 적어 현장에서 커닝을 해도 괜찮다.

영상 속 내용을 일상생활에 접목하자

결국 영어 영상을 적극적으로 활용한다는 것은, 단순히 매체 속에서만 존재하던 영상의 내용을 아이의 일상생활로 가져오는 것이다. 그것을 가상으로 연기하며 노는 것이 역할놀이이고, 경우에 따라 실제로 그 행동을 하면서 해당 영어 표현을 써보기도 하는 것이다. 즉 여기서 엄마가 하는 역할은 아이 머릿속에 영상으로 심겨져 있던 영어 표현과 사용 상황을 실제 생활로 확장시켜 주는 것이다. 아이는 이런 경험을 통해 해당 내용을 반복하고 엉어를 실제로 사용할 기회를 얻는다.

엄마의 영어 공부 2가지 활용법

1. 영어에 목마른 엄마라면

아이의 영어도 영어지만, 많은 엄마들이 자신의 영어 실력에도 목말라한다. 아이에게 영어를 제대로 노출하고 싶은 이유가 엄마 본인의 결핍에서 비롯된 경우도 많다. 하지만 늘 시간이 빡빡한 현실에서 영어 공부를 거창하게 따로 하기는 쉽지 않다. 이때 굳이 따로 교재를 마련해 다른 수업을 듣기보다는 아이가 보는 영어 영상을 적극 활용하자. 아이용 영어 영상이라고 우습게 보면 절대 안 된다.

2. 낭독과 정리

진도는 아이가 보는 영어 영상의 에피소드와 같이 가면 된다. 가짓수를 늘리지는 말자. 영어 공부는 한 번에 불사르는 게 아니라 무조건 오래가는 게 핵심이다. 아이와 함께 봤던 에피소드의 영어 대본을 보자. 이미 아이와 함께 영상을 봤기 때문에 영어 듣기는 사전에 이루어진 상태지만, 당연히 여러 번 추가로 들으면 더 좋다.

영어 대본을 소리 내 낭독해 보는 것도 필요하다. 영상마다 다르지만, 보통 첫 노출용 영어 영상들은 한 에피소드가 5분 내외다. 실제 영상에는 중간중간 대사가 없는 장면도 있기에 영어 대본을 읽는 시간은 그보다는 짧다. 그리고 난 다음 그중에서 꼭 기억해 두고 싶은 영어 문장들을 표시한다. 그리고 그것들만 반복해서 낭독한다.

물론 가장 좋은 방법은 에피소드 전체를 반복해서 낭독하는 것이다. 하지만 시간이 없다면 꼭 기억하고 싶은 영어 문장 몇 개만 낭독해도 괜찮다. 낭독은 당연히 다다익선이지만, 최소 10번을 권한다.

방법은 다양하다. 예를 들어 표시해 둔 영어 문장이 총 6개라면, 각 문장당 1번씩 한 번에 쭉 낭독해서 그것을 총 10번 반복해도 된다. 또는 한 문장을 한 번에 10번을 낭독하고, 6개 문장을 다 이런 식으로 낭독해도 된다. 아울러 두

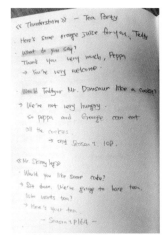

낭독 후 기억하고 싶은 문장들을 체크해 별도로 정리해 둔다.

과정을 섞어서 5번은 한 문장당 1번씩, 그리고 5번은 6개 문장을 한 번에 낭독하는 식으로 반복해도 된다.

낭독할 때는 로봇처럼 읽지 말고, 상황을 떠올리면서 최대한 감정이입을 하고 성우의 목소리를 따라 연기하는 느낌으로 읽는다. 이 과정을 많이 반복할수록 영어 문장이 입에 붙는다는 느낌이 들 것이다.

그 영어 문장들은 별도의 수첩이나 공책에 따로 정리하고, 수시로 꺼내서 읽어보고, 아이에게도 사용해 본다. 사실 써먹으려고 노력하지 않아도, 입 밖으로 그만큼 내뱉었기 때문에 아이에게 실제로 써보고 싶을 것이다. 그렇게 엄마가 그 영어 표현들을 직접 사용하면 아이는 그 대사와 상황에 그만큼 더 친근해진다.

아이와 엄마가 함께 성장하는 기쁨

엄마의 공부를 위한 영어 영상 활용법도 앞에서 소개한 아이를 위한 활용법과 그다지 다르지 않다. 결국 이 두 활용법은 상호보완적이다. 아이를 위해서 활용하다 보면 엄마 역시 그 영어 표현에 익숙해지고, 엄마가 자신의 영어 공부로 영상 내용을 연습하다 보면 그것이 아이에게도 적용된다.

어찌 보면 엄마에게 부담이 될 수도 있지만, 엄마표 영어가 아이와 엄마가 함께 성장하는 길이라는 것은 바로 이 점에서 비롯된다. 아이를 위해 시작했지만, 동시에 엄마 자신을 위하는 길이기도 하기 때문이다.

엄마표 영어는 어쩌면 엄마의 영어 결핍에서 시작된 일일지도 모른다. 그리고 그 과정에서 아이보다 엄마의 영어에 대한 결핍이 채워지기도 한다. 물론 이런 일련의 과정이 생각보다 쉽지는 않다. 그러나 아이와 함께 내가 성장한다는 행복은 그 번거로움을 충분히 압도한다. 엄마도 사람이고 늘 성장하고 싶은 존재니까 말이다.

KEY POINT 영어 영상의 적극적 활용 4가지 포인트

1. 아이가 보는 영상의 대본을 구해, 아이한테 쓸 수 있는 표현들을 표시해 두자.

2. 표시해 둔 영어 표현을 보고 역할놀이를 하거나, 나중에 실제 상황에서 사용해 본다(미리 정리해 두면 좋다).

3. 표시한 영어 표현을 낭독해 본다. 엄마에게 훌륭한 영어 공부법이 된다.

4. 결국 아이를 위한 것이 엄마를 위한 것이 되고, 엄마를 위한 것이 아이를 위한 것이 된다.

첫 노출용 영어 영상 5대장 비교 분석

: 미피, 메이지, 맥스앤루비, 까이유, 페파피그

이제 첫 노출용으로 많이 회자되는 영어 영상들에 대해 본격적으로 얘기해 보자. 미피, 메이지, 맥스앤루비, 까이유, 페파피그 등 5개가 주로 많이 언급되는 영상들이지만, 이 외에도 좋은 영상들이 너무나 많다. 그러니 꼭 이 5개 중에서 하나를 골라야 하는 것은 아니다.

아이들마다 취향도 다르고 성향도 다르니, 수준이나 내용이 아이의 레벨에서 지나치게 벗어나지 않는 선에서 우리 아이가 좋아하는 영어 영상이 최고의 영상이다. 그럼에도 선택이 어려운 엄마들을 위해 첫 노출용으로 많이 회자되는 영상들을 비교 분석해 보겠다. 일단 다음 5개의 영상 중에서는 어떤 것으로 시작해도 무방하다.

1. 미피(Miffy) 클래식

문구류에서 흔히 볼 수 있는 캐릭터, 그 미피가 맞다. 정말 '순한 맛'의 영상이라 첫 노출용으로 좋다. 여기 언급된 5개 영상 중에서 어찌 보면 가장 순한 편인데, 그 이유가 일단 장면 전환이 느리다. 색감은 원색 위주로 보이지만, 결코 현란하지 않아서 색감이 또렷하고 선명하다고 보는 게 맞다.

미국 발음의 아이 목소리 내레이션으로 진행되는데, 빨리 말하지 않고 또박또박 읽어준다. 소재가 종이접기, 숫자 세기, 돋보기 등 매우 쉽고 심플한 것들이라 첫 노출용으로 좋다. 전체적으로 잔잔하고 단순해 엄마 입장에서는 좀 심심할 수 있다.

DVD로 1집, 2집이 출시되어 있으며, 유튜브에서는 클래식 버전 외에도 3D로 만들어진 애니메이션도 찾아볼 수 있다.

2. 메이지(Maisy)

루시 커즌스가 그린 메이지 캐릭터가 나오는 영상이다. 색감이 미피 클래식과 유사하다. 그래서 조금 올드하다는 사람들도 있긴 하다. 장면 전환은 미피와 거의 비슷하거나 약간 빠른 편인데, 차이가 거의 느껴지지 않는 정도다.

메이지의 경우 책이 워낙 유명한데, 메이지 그림책에 있는 에피소드를 대부분 영상으로 볼 수 있어서 책과의 연계성이 매우 좋다. 등장인물들은 거의 옹알이만 하는 식이고, 내레이션 목소리만 영어로 나오는 게 아쉬운 점이다. 하지만 앞으로 메이지 외에 다른 영상들도 계속 보게 될 것이므로 멀리 보고 생각하면 크게 문제가 되지는 않는다.

메이지 시리즈는 영국 작가가 지은 책임에도, 내레이션 목소리는 또

렷한 미국 발음으로 나온다. 동물농장, 탈것, 놀이터, 물놀이 등 아이들이 좋아하는 소재가 주를 이룬다. DVD로도 출시되어 있고, 마찬가지로 유튜브에서도 영상을 찾아볼 수 있다.

3. 맥스앤루비(Max&Ruby)

로즈메리 웰스(Rosemary Wells)의 동화를 기반으로 캐나다에서 만들어진 영어 영상이다. EBS에서 한국어로 방영된 적도 있다.

장난꾸러기 남동생인 맥스와 그의 누나인 루비의 이야기다. 장면 전환이 빠르지 않고 내레이션이 없다. 대사로 이야기가 진행되기 때문에 일반적인 내레이션보다는 말하는 속도가 약간 빠른 편이다.

대부분의 대사가 누나인 루비의 대사이고, 맥스는 에피소드당 거의 하나에서 많으면 두세 단어만 반복적으로 말한다. 그런데 그게 단점이라기보다는, 맥스가 반복적으로 말하는 그 몇 개의 영어 단어가 머릿속에 딱 박히는 느낌이라고 하면 정확하다. 꾸러기 맥스의 장난이 엄마 입장에서 보면 뒷목을 잡을 만한 일들인데도, 누나 루비는 아주 침착하고 자애롭게 대처한다.

장난감, 식사, 목욕 등 일상에서 흔히 보는 소재들이 내용의 주를 이룬다. 전체적으로 잔잔하다. 책을 기반으로 만들어진 영상답게 영상과 일대일로 매치되는 책도 많다. 인기 있는 작품이어서 130개의 에피소드가 나와 있을 정도로 시리즈가 많다. DVD로도 출시되어 있고, 유튜브에서도 해당 영상들을 찾아볼 수 있다.

4. 까이유(Caillou)

캐나다에서 만들어진 어린이 애니메이션으로, 여기서 소개한 5개 시리즈 중에서 유일하게 사람 캐릭터가 나오는 영상이다.

4세 남자아이 까이유가 주인공인데, EBS에서 「호야네 집」이라는 제목으로 한국어로 방영된 적이 있다. 캐나다 영상이지만 미국 PBS에서도 방영될 정도로 우수한 영상으로 알려져 있다.

극중극 형식으로 할머니가 손주들에게 이야기를 들려주는 구성으로 이루어졌다. 짧은 에피소드들이 여러 편 나오는데, 주인공 까이유가 장난꾸러기이긴 해도 전반적으로 잔잔하고 평화로운 분위기다.

캐나다에서 만들어진 애니메이션답게 북미식 영어 발음으로 목소리가 전달되며, 주인공이 4세 아이인 만큼 또래 아이들이 공감할 만한 일상적 소재가 주를 이룬다.

시리즈도 많아서 오리지널, 그레이트, 디스커버리 등 여러 가지 버전이 있다. 마찬가지로 DVD로도 출시가 되었으며, 유튜브에서도 해당 영상을 찾아볼 수 있다. 영어 그림책이 나와 있긴 하지만, 영상과 책이 일대일로 잘 매치되는 편은 아니다.

5. 페파피그(Peppa Pig)

아마 전 세계에서 가장 유명한 돼지 캐릭터가 아닐까 싶다. 영국에서 만들어진 캐릭터라서 등장인물들이 영국 발음으로 이야기한다. 우리나라에서는 EBS와 투니버스에서 한국어로 방영된 적이 있고, 미국에서도 인기리에 방영되었다.

여기서 소개한 5개 영상 중에서는 장면 전환과 영어 발음이 상대적으로 가장 빠른 편이다. 인기 캐릭터답게 책, 옷, 인형, 스티커, 장난감 등 다양한 종류의 제품이 출시되어 있어 영상과 연계하여 보여주기 좋다. 현재 시즌 9까지 나와 있을 정도로 에피소드가 다양하며, 그만큼 관련 자료도 인터넷상에 풍부하다.

주인공인 페파가 미취학 연령인 만큼, 또래 아이들이 겪을 만한 다양한 소재를 다루고 있다. 에피소드가 워낙 많다 보니 일상적인 소재부터 특수한 상황까지 정말 다양하다. 블랙코미디 같은 특유의 개그 코드가 있어 엄마 아빠도 재밌게 볼 수 있다. 마찬가지로 DVD로도 출시되어 있으며, 유튜브에서도 영상을 찾을 수 있다.

노래 위주 첫 영어 영상
비교 분석

: 슈퍼심플송, 노부영, 퍼포먼스제로, 코코멜론

이번에는 노래 위주의 첫 영어 영상을 비교해 보자. 사실 가장 많이 언급되는 것이 '슈퍼심플송'인데, 이외에 대안이 될 수 있는 영상들도 살펴보자.

1. 슈퍼심플송(Super Simple Songs)

노래를 기초로 한 영어 영상 중에서는 가장 유명하다. '슈퍼심플'이라는 이름답게 멜로디가 쉽고 영상 내용도 직관적이다. 시리즈를 이끄는 주요 캐릭터가 있는 게 아니라, 노래마다 가사에 맞는 다른 캐릭터들이 나오기 때문에 가사 내용과 영상이 잘 매치된다.

　노래를 기초로 한 영어 영상이다 보니, 그림책을 애니메이션화한 다른 영상들과 비교해서는 상대적으로 장면 전환이나 속도가 '완전 순한 맛'은 아니다. 그러나 다른 영어 노래 채널 영상들보다는 훨씬 장면 전환이 느리고 색감도 덜 화려한 편이다.

우리나라에 정식 DVD로도 출시되어 있는데, 유튜브 채널 자체가 워낙 크다 보니 DVD의 종류가 다양하다. 베스트, 스페셜, 플러스, 파닉스 등 여러 종류가 있어서 확장하기 좋다. DVD와 오디오 CD, 가사집이 포함되어 있어 여러 가지로 응용하기에 용이하다.

입문으로 가장 많이 구입하는 '슈퍼심플송 베스트'만 해도 각종 마더구스 외에도, 우리 귀에 친숙한 여러 영어 동요들이 풍성하게 들어 있다.

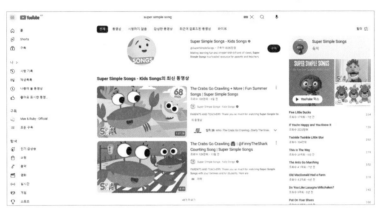

슈퍼심플송 유튜브 페이지

2. 노부영(DVD, 또보는 노부영)

원래 정식으로 출시된 DVD는 아니다. 노부영 마더구스, 노부영 베스트, 노부영 스테디 베스트 등을 단권이 아닌 세트로 사면, 안에 서비스 개념으로 들어 있는 DVD이다. 정식 출시되어 있는 DVD 제품이 없는 것이 아쉽다. 그렇다고 아예 대안이 없는 것은 아니고,

'또보는 노부영'이라는 이름으로 OTG 메모리가 출시되어 있는데, 모바

일 전용으로만 재생이 가능하다. 그리고 통신사 IPTV에서 '또보는 노부영'이 제공되기도 한다.

이 영상의 장점은 노부영 그림책을 기초로 만든 영어 영상이라는 것이다. 노부영 그림책 내용을 율동 또는 움직이는 애니메이션으로 보여준다. 익숙하게 듣던 영어 노래를 화면으로 보여준다는 점, 거기에 율동까지 덧붙어 있어 노부영에 익숙한 아이들이라면 대부분 단번에 좋아한다. 동시에 영어 그림책의 내용을 다시 한 번 반복하게 된다는 점도 좋다. 해당 영어 그림책을 처음에는 좋아하지 않다가도, 영상 덕분에 역으로 그 그림책을 좋아하게 되기도 한다.

3. 퍼포먼스 제로(현 씽크인 잉글리쉬 스텝)

프뢰벨에서 만든 퍼포먼스 제로 시리즈는 지금은 토털 시스템의 '씽크인 잉글리쉬 스텝'으로 불리며, 엄마들 사이에서 꽤 자주 회자된다. 지금은 토털 시스템으로 묶여 전체를 구매해야 한다(별도로 구매가 가능했던 구버전은 출시되지 않음). 원한다면 중고로 구입해야 한다. 그럼에도 자주 회자되는 이유는 마더구스 60곡으로 구성된 영어 음원들이 너무나 좋고, 그것을 영어 영상으로 담은 DVD 때문이다.

그야말로 첫 노출 영어 영상으로 딱 좋다. 너무 지루하지도 않고, 그렇다고 너무 정신없지도 않으면서 경쾌하고 맑다. 영상이 그야말로 순한 맛인데, 어른이 봐도 결코 심심하지 않다. 영상 속에서 영어 노래가 바로 나오는 게 아니라, 마더구스 내용을 동화처럼 바꾼 애니메이션이 먼저 나오고 그 뒤에 노래가 나온다.

애니메이션 속 등장인물들의 동작과 영어 대사가 절묘하게 직관적으로 매치된다. 영어 노래가 나오면 너무 귀여운 캐릭터들이 나와서 율동을 하는데, 아이들이 가장 열광하는 부분이기도 하다. 율동의 동작들이 영어 가사와 매치되는 부분이 많다 보니 언어 습득으로는 딱이다. 색감도 전체적으로 파스텔톤으로 너무 튀거나 현란하지 않아 눈이 편하다. 이 애니메이션에 나오는 마더구스들은 그야말로 영미권에서 전래동요처럼 곳곳에서 인용되고 언급되는 고전 중의 고전이다.

4. 코코멜론

유튜브 영어 노래 영상 중에서는 슈퍼심플송과 함께 규모가 가장 큰 양대 산맥 중 하나다. 사실 채널 규모로는 코코멜론이 훨씬 크다. 그 덕에 수록된 영상들의 양이 방대하다.

기본적인 마더구스부터 시작해서 다양한 영어 노래들이 영상으로 만들어져 있다. 슈퍼심플송과는 달리, 코코멜론의 메인 아기 캐릭터가 매 노래마다 등장한다. 그래서 피규어를 비롯한 관련 굿즈들이 꽤 출시되어 있다. 캐릭터의 힘 덕분에 아이들이 좋아해 첫 영어 영상으로 많이 선택한다. 그러나 장면 전환이 상대적으로 빠르고 색감도 더 또렷한 편이어서, 개인적으로는 첫 영어 영상 노출용으로는 슈퍼심플송이 더 낫다고 본다. 더 자극적인 것에 익숙하면 그보다 덜 자극적인 것으로 돌아가기는 힘들기 때문이다. 현재 DVD가 출시되어 있지 않은 점은 아쉽다.

PART **6**

엄마표 영어에 대한 고민, 한방에 정리하기

영어를 거부해요,
어떡하죠

엄마는 최선을 다해 힘겹게 영어 노출에 힘쓰고 있는데, 어느 순간 아이가 영어를 거부하는 시기가 오면 엄마 입장에서는 참 힘 빠지고 혼란스러워 어떻게 해야 하나 싶다.

자연스러운 현상임을 인정한다

영어 거부는 자연스러운 현상이다. 아이의 입장에서 생각해 보자. 모국어보다 영어에 더 많이 노출되지 않고서야 모국어가 발달하면 발달할수록, 아이에게 영어는 상대적으로 덜 편하게 느껴지는 것은 당연하다. 아직 영어의 필요성이 뭔지도 잘 모르고 그저 노는 게 좋을 뿐인데, 엄마가 영어를 자꾸 들려주고 보여주면 싫을 수밖에 없다. 이것은 자연스러운 일이다. 한마디로 아이한테서 모국어가 잘 발달하고 있다는 반증이기도 하다.

아직 모국어에 능숙하지 않다면

먼저 아이가 모국어에 능숙하지 않다면, 영어 자체가 싫다기보다는 영어 그림책이나 음원 등 매체의 소재가 아이 취향이 아닐 가능성이 크다. 아직 모국어 자아가 정립되지 않은 만큼 "이거 무슨 말이야? 못 알아듣겠으니 싫어!"라기보다는, 단순히 그 내용이 재미있게 느껴지지 않을 가능성이 높다. 이런 경우에는 영어 노출을 그만두기보다는 아이 취향에 맞는 영어 그림책과 음원을 적극적으로 찾아주려는 노력이 필요하다.

모국어가 자리잡은 상태라면

모국어가 이미 자리잡았다면, 아이의 모국어에 대한 자아가 어느 정도 형성되었거나 형성되고 있을 것이다. 이때는 아이를 존중해야 한다. 아이가 "영어 싫어요", "한국어로 해요"라고 한다면, 아이의 말을 따라주어야 한다.

영유아 시기 아이의 영어교육에서 중요한 것은 첫째도 재미, 둘째도 재미다. 무엇보다 이 시기에는 영어에 대한 첫 감정이 형성된다. 만약 이 시기에 엄마가 아이의 말을 무시하고 억지로 영어를 강조한다면, 아이는 영어에 대한 마음의 문을 닫을지도 모른다.

엄마 자신의 행동을 되돌아보아야 한다. 아이가 영어를 거부하는 이유에는 생각보다 엄마의 강압적인 행동이 원인인 경우가 많다. 우리 세대 엄마들은 대부분 영어를 학습으로 익혔다. 그래서 아는 방법이 그것밖에 없기에, 자기도 모르게 그렇게 되기도 한다. 그것은 엄마의 잘못은 아니지만, 그렇다고 해서 어린아이에게 바람직한 방법은 아니다. 엄마가 아이에게 영어를 노출하는 과정에서 자기도 모르는 사이에 강요하지는 않았는지, 학습적이지는 않았는지 살펴봐야 한다.

그렇다고 영어를 아예 놓아야 할까? 그건 아니다. 눈치껏, 요령껏 해서 이 시기를 슬기롭게 극복해야 한다. 아이들은 하루하루가 다르다. 그래서 어느 순간 이 시기도 지나간다. 이 시기가 지나갈 때까지는 아이 심기를 거스르지 않는 선에서 은근슬쩍 영어를 조금씩 노출하면 된다.

아이가 유독 기분이 좋을 때 노출할 수도 있고, 한국어 그림책을 보다가 열광하는 부분이 있으면 그 부분과 비슷한 영어 그림책을 단 한 페이지라도 살짝 보여줄 수도 있다. 아이가 영어를 거부할 경우, '영어는 싫더라도 다른 게 좋아서 봐줄 만큼' 매력적인 영어 그림책이나 영상, 노래, 음원들을 찾아서 보여줄 수도 있다. 늘 하는 방식이 아닌 더 다채로운 접근방법을 시도해 볼 수도 있다. 여기서 전제는 아이의 심기를 건드리지 않는 것이다.

아이가 영어를 거부하는 근본적인 원인은 '영어가 편하게 느껴지지 않기 때문'이다. 이 문제는 아이가 영어를 편하게 느끼게 될수록 줄어든다. 아이가 영어를 거부한다고 해서 아예 손을 놓아버리면 영어와는 더 멀어진다. 아이의 의견을 존중하되, 엄마만이 해줄 수 있는 내 아이 맞춤형을 찾아서 해주자. 이 시기를 버티는 힘의 키워드는 바로 융통성이다. '무조건 이래야 한다, 이러지 말아야 한다'는 것은 없다. 융통성을 가지고 접근할수록 이 시기를 버티기가 쉬워진다.

마음을 편히 가지자. 우리는 장기 경주를 해야 한다. 길게 보면 다 지나갈 일이다. 그러니 당장 눈앞만 보지 말자. 물론 쉽지 않다. 그러나 다

지나간다. 그리고 훗날 뒤돌아보면 생각보다 '그렇게 마음 졸일 일'이 아니었다는 것을 느낄 것이다. 그러니 파도타기를 하는 기분으로 유연하게 대처하자. 아이의 성장 흐름을 보며 그 흐름에 맞추자. 그러면 결국 파도타기에서 안 꼬꾸라지고 오래 타는 사람이 진정한 실력자이듯, 우리도 그렇게 오래 엄마표 영어의 흐름을 이어갈 수 있을 것이다.

영어 거부와 관련된 3가지 포인트

1. 모국어 형성 전이라면, 영어 자체보다는 소재가 아이의 취향이 아닐 가능성이 크다.

2. 모국어 형성 후라면, 영어를 거부하는 것은 이상한 일이 아니다. 아이의 심기를 거스르지 않는 선에서 융통성을 발휘해 슬기롭게 이 시기를 버티자.

3. 아이가 영어를 하지 말자고 해서 아예 놓아버리면 안 된다. 영어가 편해질수록 거부는 줄어든다.

2

아웃풋,
그놈의 아웃풋

온라인상에는 영어 잘하는 아이들이 참 많다. 영어유치원을 나와서 잘하는 아이도 있고, 사교육 없이 엄마표로만 노출했어도 영어가 너무 편해 보이는 아이도 있다. 그러면 엄마들은 불안해진다. '내가 잘하고 있는 거 맞나?', '우리 아이는 어느 정도 수준일까?', '우리 아이는 뒤처지고 있는 것 아닐까?' 오만가지 생각이 든다.

아웃풋이란 무엇일까

먼저 아웃풋이라는 것에 대해 이야기해 보자. 도대체 아웃풋이란 뭘까? 아웃풋은 영어의 4가지 스킬, 즉 말하기·듣기·읽기·쓰기 중에서 표현 언어(productive skills)로 분류되는 말하기와 쓰기를 뜻한다. 하지만 쓰기는 영어 시작 단계에서 이야기하기에는 '아직 너무나 먼 일' 같으니, 보통은 아이의 영어 발화를 지칭하는 말로도 자주 쓰인다.

그러면 그 영어 발화인 아웃풋은 어떻게 나오는 것일까? 일단은 충분한 인풋이 있어야 그것이 아웃풋으로 나온다. 한마디로 들어온 게 없다면 나올 게 없다. 즉 아웃풋에서 인풋은 필수조건이다.

그렇다면 과연 인풋만 충분히 넣어주면, 아웃풋은 잘 나올까? 이것은 일부는 맞고 일부는 맞지 않을 수 있다. 왜냐하면 여기에는 또 다른 언어 습득의 원칙이 작동하기 때문이다. 그 원칙은 단순하다. 영어를 많이 들으면 잘 들리게 되고, 영어를 많이 말하면 잘 말하게 된다. 영어 발화, 즉 아웃풋은 일단 인풋이 쌓이고 쌓이면 흘러넘치는 것처럼 나오기야 하겠지만, 영어 스피킹을 잘하려면 영어로 말을 많이 해봐야 한다. 영어로 말을 많이 해보지 않고서는 당연히 영어 스피킹을 잘하지 못한다는 것은 너무나 상식적이다.

그런데 일부 SNS상에서는 엄마가 그냥 영어 노출만 충분히 해줬는데, 영어를 잘한다는 아이들이 있다. 물론 분명 그런 아이들이 있다. 혹자는 이를 '언어적 재능'이라고도 한다. 언어적인 재능이 있는 경우가 분명 있지만, 내가 보기에는 아이의 성격, 성향이 큰 작용을 하는 경우가 많다.

영어 음원을 똑같이 들려줬는데도, 들으면 그냥 무조건 따라해 보는 아이들이 있는 반면, 입을 꾹 닫고 있다가 어느 정도 본인이 완벽해졌다고 생각되어야만 입을 여는 아이들도 있다. 그리고 완벽하든 완벽하지 않든, 자기가 필요할 때만 영어로 말을 하는 아이들도 있다. 일반적으로 엄마가 해준 영어 노출만으로 말을 잘하게 된 아이들은 들으면 굳이 안 시켜도 재미로 영어 표현을 따라하고 영어 노래를 부르는 스타일인 경우가 많다. 이런 애들은 그냥 알아서 연습한다. 그게 연습인 줄도 모르고 재미로 영어를 따라하는데, 사실은 그게 연습이었던 것이다. 영어 표현을 들으면 그냥 그대로 내뱉는다. 엄마가 굳이 안 시켜도 알아서 영어 발화 연습을 하는 것이다.

영어를 안 써도 아이는 불편할 게 없다

아이들마다 성향이 다 다른데, 왜 모국어는 아이의 성향에 상관없이 다 말을 잘하는 걸까? 그건 우리가 모국어를 써야만 하는 상황에 놓여 있기 때문이다. 어떤 성향의 아이든, 모국어 환경에서는 모국어를 쓰지 않으면 상당한 불편함을 겪는다. 그래서 이미 모국어 인풋이 충분히 찼다면 입을 열어 말을 할 수밖에 없다. 아이가 살기 위해서는 모국어 발화를 해야 하는 상황에 놓여 있는 것이다.

하지만 우리나라 환경에서는 아이가 굳이 영어로 발화를 할 필요가 없다. 영어를 말하지 않더라도 모국어만으로도 일상생활의 편의는 다 누릴 수 있다. 그렇기에 알아서 떠드는 성향의 아이가 아닌 이상, 제아무리 영어 인풋이 충분히 찼더라도, 아이는 굳이 영어를 입 밖으로 내뱉지 않아도 되는 것이다.

아이의 성향이 '알아서 말하는' 스타일이 아니라면 어떻게 해야 할까? 먼저 엄마 본인의 욕망에 솔직해져야 한다. 왜 아이가 영어로 발화를 하기를 바라는가? 아이의 미래를 위해 지금부터 필요하다고 생각하기 때문인가, 아니면 '우리 아이는 영어로 말을 한다'는 과시욕 때문인가? 엄마표 영어로 추구하는 목표는 과연 무엇인가? 그저 자연스럽게 영어를 접하기를 바라는가, 아니면 어린 시절부터 아웃풋을 발휘하는 퍼포먼스를 보여주기를 바라는가?

엄마의 목표와 욕망이 어떠하든, 그것에 대해 다른 누군가가 함부로 가치평가를 내릴 수는 없다. 각자의 사정은 다 다르기 때문이다. 하지만 아이에게 영어 인풋이 어느 정도 충분히 차올랐다는 전제 아래 이야기하자면, 아이가 영어로 말하는 것을 스스로 좋아하지 않는 이상, 아이 입장에서는 우리나라 교육환경에서 굳이 어린 시절부터 영어로 말을 할 필요가 없다. 그러니 중요한 것은 부모의 목표와 아이의 의지가 맞아떨어져야 한다는 점이다.

그림책 읽으면서 영어 발화를 끌어내는 법

그럼에도 아이가 영어 말문을 빨리 터서 영어 발화를 하기를 원한다면, 일단은 아이에게 '영어 발화 기회' 자체를 주어야 한다. 그런 기회가 제공되지 않으면, 아이는 굳이 영어를 말할 이유가 없기 때문이다. 여기서 '영어 발화의 기회'는 거창한 것이 아니다. 생활 속에서 영어를 사용해야만 하는 환경을 조성하는 것이다. 그리고 엄마가 아이에게 영어로 한두마디 건네 보는 게 그 시작이다.

영어 그림책 읽어주기 등 여러 방식으로 영어를 노출하는 과정에서, 영어 발화를 자극할 만한 방법들을 함께해 보면 좋다. 영어 그림책을 읽어주다가 영어 발화를 자극하는 방법에는 여러 가지가 있다.

일단은 아이에게 영어로 질문을 해보는 것이 첫 번째다. 엄마가 굳이 먼저 말로 다 해주지 않고, 아이가 대답을 하도록 유도하는 것이다. 가령 영어 그림책을 읽다가 엄마가 영어 문장을 다 읽지 않고, 영어 단어의 앞 글자만 죽 늘려서 읽으며, 아이가 그 영어 단어를 입 밖으로 내뱉게 유도할 수도 있다. 예를 들면 이런 식이다.

> 엄마: (사자를 가리키며) Who's this? L···. (이 동물이 뭐지? 라···)
> 아이: Lion!

만약 엄마가 여러 번 읽어준 영어 그림책이라면, 영어 글밥을 그대로 줄줄 읽어주기보다는 일부러 질문으로 돌려서 물어볼 수도 있다. 예를 들면 이런 식이다.

> 엄마: 여기서 얘가 뭐라고 말해야 하더라? I will w···(아 윌 웨···)
> 아이: I will wait!

혹은 영어 그림책에서 등장인물의 상황을 빌려 아이에게 함께 말해 보자고 제안할 수도 있다. 예를 들면 이런 식이다.

> 엄마: 여기 원숭이가 써니랑 같이 말하고 싶대. 우리 원숭이랑 같이 이야기해 볼까? I feel··· l···! (아이 필 로···!)
> 아이: I feel lonely!

또 다른 방법은 하루 일과 중 반복되는 루틴에 엄마가 영어를 꾸준히 사용해 보는 것이다. 여기서 포인트는 '다양한' 것이 아니라 '반복'이다. 어차피 아이를 키우다 보면 매일 먹이고 씻기고 입히고 재우는 똑같은 일상이 반복된다. 매일 똑같은 일이 반복되기에 영어 표현을 쓰기에는 너무나 좋은 환경이기도 하다.

쉬운 영어 표현부터 반복적으로 써보자. 어차피 처음부터 길고 복잡한 영어 표현을 쓰려면 엄마가 어렵기도 하고, 무엇보다도 아이가 이해하지 못한다. 그렇게 영어를 사용하는 상황을 조금씩 늘려가자. 처음에는 엄마 혼자 고요 속의 외침일 수 있으나, 아이도 익숙해지면서 조금씩 반응하기 시작한다.

아웃풋을 굳이 빨리 보지 않아도 괜찮다면

하지만 엄마가 이렇게까지 하는 건 부담스러울 수 있다. 그럴 때는 아이의 영어 아웃풋에 대한 조급함을 내려놓고, 영어 환경을 조성해 주고 영어 인풋을 차곡차곡 쌓아주면 된다. 그러면 아이가 때가 되어 필요에 의해 영어를 말해야만 할 때, 아이는 영어로 말을 하게 된다. 그 계기는 학교의 영어 말하기 평가일 수도 있고, 학교에서 주최하는 영어 말하기 대회 또는 영어 토론 대회일 수도 있다. 혹은 우연히 해외여행을 갔다가, 아이가 갑자기 영어로 말을 잘하고 싶다고 느낄 때일 수도 있다.

아이가 자신의 필요에 의해 영어로 말할 경우, 영어 인풋이 쌓이지 않은 아이보다 영어 아웃풋이 훨씬 수월하게 나온다. 물론 영어로 말을 잘하려면, 영어로 말을 많이 해봐야 한다. 하지만 영어 인풋이 충분히 쌓였고 본인의 필요에 의해 시작한다면, 영어 말하기 연습도 훨씬 쉽게 갈 것이다.

어차피 영어는 어릴 적 한 시점만 바라보고 시작하는 것이 아니다. 엄마표 영어로 아이에게 영향을 미칠 수 있는 시기는 길어야 중학교 입학 전까지다. 그렇다고 해서 최종 종착지가 중학교 입학 전은 아니다. 엄마표 영어의 역할은 아이표 영어로 넘어가기 전에 영어의 밭을 충분히 깔아주는 것이다. 그러니 먼 길을 보며, 최종적으로 바라는 것이 무엇인지 스스로 솔직해지고, 거기서 아이와의 교집합을 찾아 나가자.

KEY POINT

영어 아웃풋 관련 4가지 포인트

1. 인풋이 있어야 아웃풋도 있다. 그러나 영어로 말을 잘하려면, 영어로 말을 많이 해봐야 한다.

2. 영어 말하기를 스스로 좋아하는 아이도 있다. 그러나 그렇지 않은 아이도 있다.

3. 만약 아이가 영어 발화를 빨리 하기 바란다면, 영어를 써야만 하는 환경을 조성하고 영어 발화를 자극하자. 엄마가 하루 일과 중 반복된 루틴에서 영어로 조금씩 말해본다.

4. 아이는 자신의 필요에 의해 영어로 말을 해야 하는 상황이 되면, 영어로 말을 한다. 이때 영어 인풋이 잘 쌓인 아이는 그 과정도 훨씬 수월하게 넘어간다.

3

영어유치원,
뜨거운 감자

한번은 영어유치원과 관련해서 개인 SNS에 의견을 올렸다가 뜨거운 토론의 장이 열린 적이 있다. 알고 보니 매년 유치원 지원 시즌마다 엄마들이 일반 유치원이 낫느냐, 영어유치원이 더 낫느냐를 가지고 편을 나눠서 격렬하게 싸운다고 한다. 영어유치원을 주장하는 편에서는 '(상대방이) 비싼 원비를 감당 못하니까, 다른 이유로 매도한다'고 이야기하고, 일반 유치원을 옹호하는 쪽에서는 '영어유치원이 아이에게는 너무나도 가혹한 환경'이라고 주장한다.

사실 일반 유치원과 영어유치원 중에서 무엇이 무조건 낫다고 말할 수는 없다. 왜냐하면 각자 집안마다의 사정은 다 다르기 때문이다. 엄마표 영어를 하고 싶어도, 엄마 아빠가 모두 너무 바빠서 아이와 함께하는 시간이 극도로 적으면 불가능에 가깝다. 엄마표 영어라는 것 자체가 사실 그만큼 피곤하다면 피곤하다고 할 수도 있다. 매번 영어 그림책을 읽어주고, 영어 음원과 영상을 구해서 틀어준다는 것 자체가 일이기 때문이다. 한편으로는 좋은 영어유치원도 분명 많다. 모든 영어유치원을 일반화할 수는 없다. 그리고 '그 집 아이'를 어느 유치원을 보내든, 내 아이가 아닌 바에야 대신 키워줄 것도 아니고, 자칫 남의 집 제사상에 함부로 배 놔라 감 놔라 하는 꼴이 될 수도 있다.

짚고 넘어갈 건 짚고 가자

다만, 영어유치원에 대한 일반적인 내용은 미리 알아둘 필요는 있다. 많은 사람이 나에게 영어유치원에 보낼 것인지 물었고, 나는 보내지 않을 것이라고 답했다. 그 이유를 궁금해하는 사람들이 있어 내가 가진 영어유치원에 대한 생각을 정리해 보려고 한다.

물론 어떤 유치원을 선택하느냐는 각자의 사정에 맞춰서 하면 된다. 집 주변에 좋은 교육철학을 가지고 잘 운영하는 영어유치원이 있으면 보내도 된다. 다만, 일반적인 영어유치원의 사정은 반드시 미리 알고 갈 필요가 있으니 이러한 점을 잘 살펴보자.

1. 영어보다 더 중요한 것

아이가 어린 시기에 반드시 놓치지 말아야 할 중요한 것들이 있다. 창의성, 사물에 대한 호기심, 기본적인 인성과 습관 및 태도, 그리고 모국어다. 사실 이것들이 영어보다 훨씬 더 중요하다. 매번 말하지만, 영어는 목표가 아니라 인생을 살아나가기 위한 도구다. 알맹이가 없는 도구는 도구 그 이상도, 그 이하도 아니다.

영어유치원이 영어보다 더 중요한 것들을 못 챙긴다는 말이 아니다. 분명 그것까지 잘 챙기는 영어유치원이 있다. 만약 그런 것까지 다 잘 챙기는 영어유치원이 집 근처에 있다면 보내면 된다.

그렇다고 일반 유치원이 무조건 영어유치원보다 이런 것들을 더 잘 챙긴다는 말도 아니다. 일반 유치원도 원마다 다 다르다. 다만, 전체적인 확률을 가지고 이야기하자면, 영어유치원의 경우 상대적으로 영어에 더 치중할 가능성이 크다. 아이가 기관에서 머무는 시간은 제한적이기에, 그 시간 안에서 커리큘럼상 영어에 더 비중을 두면, 나머지의 비중이 줄어드는 것은 당연하기 때문이다.

2. 영어유치원은 '학원'으로 분류된다

영어유치원은 공식 명칭이 아니다. 교육부 산하가 아닌 교육기관이기에 '학원'으로 분류된다. 그래서 교육부의 감시망에서 벗어나 있다. 유아교육을 전공한 교사를 고용해야 하는 일반 유치원과 달리 영어유치원은 굳이 그럴 필요가 없다.

물론 요즘은 영어유치원 중에서 유아교육을 전공한 선생님들이 있고 누리과정을 운영하는 곳도 늘고 있다고 한다. 그러나 법적 규제를 받지는 않기 때문에 그 비율은 일반 유치원에 비해 적은 것이 사실이다. 즉 유아에게 적절한 커리큘럼이 아닌 방법으로 운영되는 영어유치원이 존재할 수도 있다.

3. '학습식'이 많을 수밖에 없다

일반적으로 영어유치원은 '학습식', '놀이식'으로 분류한다. 학습식 영어유치원은 말 그대로 학원에서 강의를 듣는 것처럼, 아이들을 앉혀 놓고 수업을 시키고 공부를 시키는 방식이다. 놀이식 영어유치원은 아이가 뛰어놀면서 자연스럽게 영어를 익히도록 돕는 방식이다. 사실 놀이식 영어유치원은 크게 문제될 것이 없다고 생각한다.

그러나 문제는 영어유치원의 수익 구조다. 영어유치원의 원비가 비싸다는 건 익히 잘 알려져 있다. 무릇 사람이란 투자를 하면 그만큼 기대하기 마련이다. 학부모들 역시 아이의 영어교육에 돈을 많이 투자했으니 '돈값'을 기대한다. 그 돈값은 다름 아닌 눈에 보이는 가시적 퍼포먼스, 즉 영어 아웃풋이다. 그런데 영어 아웃풋은 놀이식으로 편하게 접근하면, 아이들마다 반응이 다 다를 수 있다. 똑같은 영어 인풋을 넣어도 아이 성향에 따라 다르게 나타나기 때문이다.

결국 학부모가 원하는 영어 아웃풋을 아이의 성향에 관계없이 끌어내려면 '학습', 그리고 약간의 '강압'이 들어갈 수밖에 없다. 억지로 영어 단어와 표현을 외우고, 억지로 영어로 말을 하게 시키는 것이다. 그 과정에서 효율을 극강으로 뽑아내려면, 아이들을 영어 실력별로 나누어 수준에 맞게 각각 다른 커리큘럼으로 운영해야 한다.

그런데 문제는 그 나이대 아이들을 영어 점수로 반을 나누는 것이 맞느냐는 것이다. 이것은 단순히 원생이 많은 유치원에서 인원수로 병아리반, 참새반 식으로 나누는 것과는 다르다. 영어 시험으로 성적을 매기고, 아이마다 '등급'을 매겨 규정짓는 것을 말한다. 아무리 아이라도 자신이 레벨이 낮은 영어 그룹으로 나누어졌다는 것을 모를 리가 없다. 그것이 어떤 아이에게는 긍정적인 자극과 동기부여가 될 수 있을지도 모르지만, 상처가 되는 아이도 분명히 있다. 점수로 나누기는 어차피 학년이 올라갈수록 하게 되어 있다. 그것을 과연 어린 나이 때부터 하는 것이 맞느냐는 것이다.

이런 방식이 무조건 틀리다고 할 수는 없다. 하지만 그 방식이 내 아이에게 맞느냐는 것은 또 다른 문제다. 그런 방식이 잘 맞는 아이도 있겠지만, 그렇지 않은 아이도 있다. 그러니 영어유치원의 운영 방식이 내 아이에게 잘 맞는지, 그렇지 않은지 살펴야 한다.

4. 하원 후 집에서 감당해야 할 추가적 부담

영어유치원은 아무래도 영어에 중점을 두다 보니, 상대적으로 모국어나 생활습관에 대한 지도가 부족한 경우가 있다(매번 말하지만, 모든 영어유치원이 다 그렇다는 게 아니다). 이러한 부분은 집에서 감당할 수밖에 없다. 물론 일반 유치원이라고 해서 그 부분이 '만사 오케이'라는 건 아니다. 아이가 일반 유치원을 다녀도 당연히 가정에서 모국어나 생활습관 등을 챙겨야 한다. 하지만 유치원에서 담당하는 비중이 상대적으로 적으면 가정에서 챙겨야 하는 부분은 더 늘어난다.

또한 만약 영어유치원이 아이들의 퍼포먼스에 더 중점을 두는 곳이라면, 아이는 집으로 숙제를 들고 올 수밖에 없다. 이를테면 영어유치원에서 수업 중 무언가를 발표한다면, 아이들에게 발표를 시키는 것만으로도 시간이 많이 걸리기에 수업이 잘 이루어지려면 발표 준비는 가정에서 감당해야 가능하다. 또한 학습식 영어유치원의 경우 학습은 '복습'이 이루어져야 성과가 더 높게 나오므로, 집에서 할 복습 형태의 숙제가 나갈 수밖에 없다.

이 모든 것이 부모의 숙제가 된다. 물론 유치원과 가정 두 곳에서 모두 영어에 막대한 시간을 투자하기에 그만큼의 영어 아웃풋이 나오는 것일지도 모른다. 다만 이러한 상황을 부모인 내가 잘 감당할 수 있는지는 미리 살펴봐야 한다.

5. 영어유치원 졸업 후의 문제

문제는 영어유치원 졸업 후다. 아이가 영어유치원에서 많은 시간을 보냈다면 영어 실력이 꽤 쌓여 있을 것이다. 관건은 이것을 어떻게 유지하냐는 것이다. 아이는 습득의 속도가 어른보다 월등히 빠르지만, 그것을 유지하려는 노력이 없을 경우 잊는 속도도 빠르다. 많은 시간과 자원을 투입하여 얻은 영어 실력을 순식간에 잃는 것만큼 허무한 것도 없다.

그렇다면 초등학교 입학 후에도 영어환경을 유지해 나가야 한다. 그러기 위해서는 크게 두 가지 방법이 있을 수 있다. 하나는 영어 사교육으로 쭉 이어지게 하거나, 또 다른 방법은 그만큼 집에서 영어가 일상이 된 환경을 조성하는 것이다.

보통은 사교육으로 이어진다. 가정에서 영어유치원의 빈자리를 채울 만큼 영어가 녹아 있는 환경을 조성하는 게 쉽지 않기 때문이다.

문제는 여기서 시작된다. 사교육 자체가 나쁘다는 것이 아니다. 좋은 사교육 기관도 분명 많다. 그런데 일부 영어학원의 경우 학원에 들어가기 위해서 레벨 테스트를 치러야 한다. 그 레벨 테스트라는 게 꽤 빡빡하다. 보통 영어의 4가지 스킬(말하기·듣기·읽기·쓰기) 위주로 테스트를 하는데, 여기서 관건은 쓰기다. 영어 쓰기의 통과 문턱이 8세 아이들에게 요구되는 수준보다 높은 경우가 많다. 그래서 영어유치원 7세반의 경우 레벨 테스트 대비를 위한 커리큘럼으로 운영되기도 한다. 더더욱 학습식으로 가는 것이다. 그것도 모자라다 싶으면, 영어학원 입학을 위한 라이팅 준비학원인 '프렙(Prep)'을 병행하기도 한다.

영어유치원은 끝이 아니다. 그 이후를 생각해야 한다. 여러 번 강조하지만, 우리의 종착지는 초등학교가 아니기 때문이다. 영어유치원을 선택할 때는 졸업 후의 계획은 어떻게 되는지, 그리고 그 이후에는 어디까지 감당할 수 있을지 생각해야 한다.

6. 가성비

영어유치원의 원비는 비싸기로 유명하다. 이는 곧 가정의 경제적 상황과도 직결된다. 사실 이 비용은 엄마들이 영어유치원에 대해 이야기를 할 때 민감하고 감정적으로 반응하는 이유 중 하나이기도 하다. 가장 현실적인 요소 중 하나인 건 분명하기 때문이다. 그래서 아이가 영어유치원에 입학하면 '돈값'을 하기 바라는 경우가 많다.

물론 아이를 사랑하는 마음이라면 얼마를 쓰든 아깝지 않을 수 있다. 하지만 현실에서 경제적인 부분은 결코 무시할 수 없다. 그러니 충분히 생각해 보자. 내가 어디까지 감당할 수 있는지, 만약 다른 선택을 한다면 대신 무엇을 얻을 수 있는지를 말이다. 내가 다양한 선택지들 중에서 어느 것에 더 가치를 두는지도 함께 고민하면서 말이다.

7. 최종 종착지에서는 큰 차이가 없다

학교 현장경험을 토대로 이야기하자면, 사실 중학교만 진학해도 영어유
치원을 다녔는지의 여부에 따라 아이들의 영어 성적이 크게 차이나지 않
는 경우가 많다. 왜냐하면 중고등학교에 입학하면서 아이는 우리나라 입
시 시스템으로 들어서기 때문이다.

우리나라 영어 입시 시스템은 현실만 놓고 이야기해 보면, '정확성
(accuracy)'에 기반을 둔 경우가 많다. 그래야만 명확하게 오류냐 아니냐가
드러나기 때문이다. 그리고 오류의 판단 여부는 대부분 영문법에 기초를
둔다. 따라서 유창성(fluency)에 주로 중점을 두고 교육이 이루어지는 영유
아기의 영어교육보다는, 주어진 시간에 정확하게 영어 시험문제를 풀어
내고 과제를 해내는 능력이 더 빛을 발휘한다. 이러한 평가 시스템이 문
제가 있느냐 없느냐는 논외로 하고, 현실이 그렇다는 이야기다.

그렇다고 유창성에 기반을 둔 영어 실력이 쓸모가 없는 것은 결코 아
니다. 유창성이 기본 전제가 되어야 정확성의 영역을 다루는 것도 의미
있기 때문이다. 다만, 초등 고학년, 중학교 입학쯤이 되면, 이미 영어 노
출을 시작한 지 꽤 많은 시간이 지난 시점이다. 이때 아이들에게는 대부
분 영어유치원의 흔적이 거의 사라져 있다. '영어유치원'이라는 단어 자
체가 학생과 학부모 사이에서 거의 언급되지 않는다고 말하는 게 정확할
것이다.

학교 현장에서 봤을 때, '영어유치원을 다녔느냐, 안 다녔느냐'보다

더 중요한 것은 그 이후 얼마나 꾸준히 영어에 노출되어 왔는지, 그리고 아이가 얼마나 근성을 가지고 영어를 접해 왔는지다. 영어유치원 졸업 여부와 상관없이, 결국은 그동안 영어를 진득하게 접하고 연습한 아이가 평가에서 빛을 보는 것이 현실이고, 그것이 당연한 결과이기도 하다. 결국 빛을 발휘하는 것은 '꾸준함'인 것이다.

8. 유아 영어 수준이 인지발달 수준을 뛰어넘을 수는 없다

아이가 영어를 잘하더라도, 그것은 아이 수준의 영어다. 우리나라 아이들이 한국어를 잘하더라도, 초등학생은 초등생 수준의 우리말을, 어른은 어른 수준의 우리말을 구사한다. 미국의 유치원생도 초등학생도 영어를 잘하지만, 딱 그 학년에 맞는 정도까지다.

영어유치원에서 영어를 잘하게 되더라도 딱 그 나이에 맞는 정도(물론 그 정도가 어디냐 싶을 수도 있겠지만)라는 것을 알고 있어야 한다. 모국어를 잘하는 아이들이 영어도 잘한다는 말은 바로 여기서 비롯된다. 모국어를 수준급으로 잘 구사한다는 것은 그만큼 그 아이의 발달과 사고 수준이 높다는 증거이기 때문이다.

언어는 그 사람의 생각과 사고를 표현하는 도구다. 영어 역시 마찬가지다. 내적인 발달이 선행되지 않으면, 도구는 그저 도구일 뿐이다. 그러니 이 점을 반드시 숙지하고 접근하자. 영어유치원에서 영어 실력을 올려주더라도 딱 그 나이대에 맞는 실력까지다. 물론 그 점은 엄마표 영어에서도 마찬가지다.

9. 영어유치원에 보낸 걸 후회하는 글은 없다?

세상일이란 게 원래 100퍼센트 만족하거나 100퍼센트 불만족한다는 것은 거의 불가능하다. 그러니 일단 영어유치원을 보내고 후회하는 사람은 없다는 말 자체가 어불성설이다. 누군가는 만족할 수도, 누군가는 후회할 수도 있다. 그러니 '후회하는 사람을 본 적 없다'는 순진한 생각으로, '남들 다 보내니까' 나도 보낸다는 생각으로는 접근하지 말자. 보통 후회하는 사람들은 그런 글을 잘 쓰지 않는다. 굳이 알릴 필요가 없기 때문이다.

비율적으로 영어유치원을 보낸 것을 후회하는 사람의 수가 적을 수는 있다. 그러나 그 후회라는 일이 나한테 일어나면, 내가 느끼는 것은 100퍼센트다. 그러니 눈앞에 보이는 대로만 판단하지 말고, 충분히 숙고해 보고 결정을 내리자. 그렇지 않으면 아이도 힘들고, 엄마인 나도 힘들다.

KEY POINT

영어유치원과 관련한 3가지 인사이트

1. 선택은 개인의 몫이기에 함부로 판단할 수 없다. 각자 사정은 다르다.

2. 다만 영어유치원에 대해서는 분명히 알아야 할 사실들이 있다. 그 부분들을 반드시 체크한다.

3. 남들이 보낸다고 덩달아 보내지는 않는다. 충분히 생각해서 나쁠 것은 전혀 없다. 그래야 아이도 엄마도 편하다.

엄마표 영어와
사교육은 대립 관계일까

엄마표 영어와 사교육은 말로만 봤을 때는 대척점에 있는 것이 맞다. 엄마표는 말 그대로 가정에서 하는 교육이고, 사교육은 학원에서 하는 교육이기 때문이다. 일단 말만 들으면 교육을 무조건 집에서만 시키거나, 아니면 학원이라는 외주 시스템에 맡기거나, 선택지가 둘 중 하나인 것처럼 들린다.

그러나 엄마표 영어라고 해서 무조건 사교육을 배척하자는 것이 아니다. 엄마표 영어는 사실 엄마에게는 '일'이다. '학원에 맡겨 버리겠다고 생각하면' 엄마 입장에서는 편하다. 매일 목이 터져라 영어 그림책을 읽어주고, 집에 영어 음원, 영어 영상을 틀어두는 일이 보통 피곤한 일이 아니기 때문이다. 굉장히 많은 노력과 인내심을 필요로 한다. 그러니 늘 체력도 딸리고 시간도 쫓기는 엄마의 역할을 '일부' 보조해 주면서, 엄마의 부족한 부분을 채워주는 사교육 기관이 있다면 오히려 반겨야 할 일이다.

　다만, 사교육과 관련해서는 너무나 다양한 경우의 수가 존재한다. 집마다 사정도 다 다르다. 그러니 기본으로 돌아와 그 전에 알아봐야 할 것들을 아이의 발달, 엄마의 상황, 사교육기관의 속성에 맞추어 이야기해보자.

언어능력 평가의 두 가지 기준, 정확성과 유창성

일부 유럽 국가에서는 초등 이전에는 문자 교육을 금지한다는 이야기를 들어보았을 것이다. 여기에는 여러 이유가 있지만, 일단 표면적인 이유 중 하나는 그 시기 아이들의 뇌는 이른바 '학습'에 적합하지 않기 때문이다. 유치원이나 어린이집에서 많은 활동이 '놀이' 형식으로 이루어지고 있는 이유가 바로 이 때문이다. 반면 문자 교육에는 '법칙'이 적용된다. 학습의 요소가 상대적으로 매우 크다. 이 때문에 일부 국가에서 미취학 아동 시기에 문자 교육을 금지하는 것이다. 즉 이 시기의 아이들에게는 '체계적 학습'이 이루어지는 교육기관은 발달과정상 맞지 않다.

　아이의 발달과는 별개로 언어능력의 평가방식에 대해 이야기해 보자. 언어능력의 평가방식은 '정확성'과 '유창성'으로 나뉜다. 정확성은 말 그대로 얼마나 '안 틀리냐'이고, 유창성은 '얼마나 안 막히고 잘 떠들고 쓸 수 있느냐'다.

　정확성과 유창성은 서로 동떨어진 개념이 아니며 상호 보완 관계지만, 주된 순서는 있다. 먼저 유창성이 기반이 되고 난 후에야, 정확성이 의미가 있다. 기존까지 우리나라 영어교육의 문제점은 유창성보다는 정확성이 우선시되었다는 것이다. 줄 세우는 교육이 만연했던 우리나라 현실에서 유창성을 평가하기는 쉽지 않은 측면이 있다. 그래서 엄마들도 영어를 입 밖으로 내뱉기도 전에 틀릴까 봐 걱정부터 하는 것이다.

초등 저학년 시기까지는 '유창성'에 초점을 두는 것이 맞다. 이 시기까지는 정확성을 논하는 데 필요한 '법칙'을 '학습'하는 것이 아이 발달과 정상 적합하지 않다. 실제로 그 때문인지 초등학교에서도 정확성을 기준으로 한 줄 세우기 식의 평가는 거의 이루어지지 않는다. 그리고 유창성을 쌓는 데 가장 우선이 되는 것은 영어 노출과 영어 자체를 사용할 기회다. 영어를 많이 들으면 잘 듣고, 많이 말하면 잘 말한다.

학습식 영어 기관은 최소 초등 고학년부터

'학습식 영어 기관'이 제대로 빛을 발휘하는 것은 초등 고학년부터, 즉 아이표 영어로 슬슬 넘어가기 시작하는 시점부터다. 이 시기가 되면 아이에게도 사춘기가 찾아오면서 엄마 말을 예전처럼 잘 듣지도 않는다.

우리나라 교육과정에서도 중학교에 입학하면서부터 본격적으로 영어교육 과정에서 '문법'이 다루어진다. 정확성의 영역이 예전보다 중요하게 나타나기 시작한다. 정확성은 어떤 것이 '옳은 표현'인지 '옳지 않은 표현'인지 스스로 그것에 대한 지식을 익히면서 얻어진다. 이것은 엄마가 영어 선생님이 아니고서야 엄마표로는 할 수 없다. 만약 이것을 엄마표로 한다면, 영알못 엄마에게는 숙제이자 부담일 것이다. 이것까지 엄마표로 할 수는 없다. 여기부터는 아이표가 맞다.

그전이라도, 만약 주변에 학습식이 아니라 영어 독서 습관 자체를 심어주고 재미있게 언어로 접근하도록 도와주는 곳이 있다면, 그런 곳을 보내도 상관없다. 어차피 아이가 학원에서 머무르는 시간은 일주일 3~5회, 하루 중 한두 시간 내외일 것이므로 이것은 보조 개념이다. 만약 사교육 기관이 아이에게 영어를 사용할 '기회'를 제공하는 곳이라면, 그것 역시도 문제가 될 것이 없다. 화상 영어나 뮤지컬 영어 같은 것이 그 예이다. 그동안 영어 인풋이 어느 정도 쌓인 아이라면, 영어 발화의 기회가 주어졌을 때 '포텐(potential, 잠재력)'을 터뜨리기도 한다.

우리나라 교육에서 사교육을 빼고 이야기하기는 쉽지 않다. 사교육이 그만큼 활성화되어 있고, 말도 많고 탈도 많은 것이 현실이다. 사실 사교육 기관을 이용하지 않고 혼자서도 잘하면 당연히 그것이 가장 바람직하다. 하지만 그렇지 않다면 적절한 도움을 받는 것도 현실적으로 나쁘지 않다. 다만, 제대로 활용해서 사교육에 끌려가지 말고 똑똑하고 야무지게 이용하자.

 KEY POINT **엄마표 영어와 사교육의 2가지 시사점**

1. 초등 저학년까지는 아이 발달과정상 학습은 맞지 않다. 학습은 그 이후다.
2. 학습식이 아니라 영어 습관 형성, 영어에 대한 호감, 언어 습득 방식을 돕는 커리큘럼을 가진 사교육 기관, 혹은 영어를 사용할 수 있는 기회 자체를 제공하는 사교육이라면 나쁘지 않다.

5

명품가방만큼
비싼 영어 전집

세상에는 참 다양한 책이 있다. 그중 많이 회자되는 비싼 영어 전집도 있다. 그냥 수십만 원 정도가 아니라, 경우에 따라서는 웬만한 명품가방보다도 비싸다. 그런데도 이집 저집 참 많이들 구매한다. 이런 전집은 기본 단가가 워낙 비싸서 중고가도 만만찮다. 이런 비싼 영어 전집은 과연 어떨까?

값비싼 전집도 좋지만 돈을 아끼자

결론부터 말하면, 돈을 아끼라고 이야기하고 싶다. 물론 그런 비싼 영어 전집을 구매해도 경제적으로 전혀 문제가 없다면 상관없다. 사도 된다. 하지만 그런 집은 흔하지 않을 테니 일반적인 집을 기준으로 말하겠다.

비싼 영어 전집이 당연히 좋을 수 있다. 유수의 저명한 언어학자들이 달라붙어 만들었으니, 기본적인 언어 습득 과정에 대한 탁월한 이해를 바탕으로 프로그램이 짜였을 것이다. 내용도 우수할 가능성이 높다. 기본적인 제작비 자체가 높을 것이고 그만큼 가격도 높을 것이다. 사실 그 가격에 우수하지 않으면 안 되는 것 아닌가.

그런데 꼭 비싸지 않더라도, 대안은 분명히 있다. 그리고 대안이 비싼 전집보다 못한 것도 아니며, 경우에 따라서는 더 가치 있을 수 있다. 그러니 허리띠 졸라가면서까지 굳이 값비싼 영어 전집을 고수하지는 않아도 된다. 육아는 장기 경주다. 앞으로 돈 쓸 일은 너무 많다. 지금은 돈을 퍼붓기보다는 아이에게 사랑과 관심을 퍼부어야 할 때다. 그 돈은 모아두었다가, 아이가 어느 정도 커서 자신의 꿈에 대해 제대로 각성하고 진짜 경제적인 뒷바라지가 필요할 수도 있을 때 더 가치 있게 쓰자.

경제적인 부분을 차치하고서라도, 제아무리 명품 뺨치는 가격이라도 책은 책이다. 그저 영어 그림책, 음원, 영상 3개의 축으로 구성된 세트란 말이다. 즉 값비싼 영어 전집을 사는 게 중요한 게 아니라 제 역할을 하게 하는 것이 중요하다. 아무리 비싼 영어 전집이라도 그것이 엄마의 '독서 노역'을 대체하지는 못한다. '읽어주고, 보여주고, 들려주고'라는, 엄마표 영어를 하는 엄마의 노동이 없어지는 것이 아니다.

제아무리 좋다는 값비싼 영어 전집도 내 아이가 싫어하면 말짱 도루묵이다. 그러니 이 전집으로 효과를 봤다는 엄마들은 사실 그냥 엄마표 영어를 했어도 충분히 효과를 봤을 가능성이 크다. 그만큼 아이를 구슬리고 달래가며 신나게 읽어주고, 보여주고, 들려줬다는 말이다.

다만, 이러한 영어 전집의 특성상 프로그램에 체계가 있다 보니, 엄마 입장에서는 그것을 쭉 따라가기만 하면 된다는 심적 안정감을 얻을 수 있다. 또한 프로그램의 세트 라인업이 이미 정해져 있기 때문에, 매번 무엇을 사야 하나 고민하는 고통은 덜할지도 모른다.

엄마가 하나하나 고른 책들이 과연 전집만 못할까?

명품 뺨치는 1,000만 원짜리 영어 전집과 엄마가 아이 취향껏 정성스럽게 고른 100만 원어치 영어 그림책, 음원, 영상이 있다고 가정해 보자. 엄마가 고른 것들의 가격은 전집 가격의 1/10이다. 그렇다고 효과도 1/10일까?

절대 그렇지 않다. 비슷하거나 오히려 10배, 100배 더 큰 효과를 발휘할 수도 있다. 아무리 대단한 언어학자가 달라붙었다고 해도, 영어 전집은 결국 하나의 시스템이다. 다수를 대상으로 표준화된 것이다. 그러나 아이의 취향에 맞춰 고른 100만 원어치 영어 그림책, 음원, 영상은 철저한 내 아이 맞춤형이다.

영어 전집은 '교재'다. 그러나 영어 그림책은 '작품'이다. 영어 전집은 철저히 언어 습득만을 위해 만들어졌다. 그러나 영어 그림책은 언어 습득용이 아니다. 작가가 어린아이들 한 명, 한 명에게 마음으로 다가가기 위해 자신의 영혼을 불어넣어 만든 것이다. 결국 상대의 마음을 울린다는 것은 내 마음을 내어 주어야만 가능하다. 한마디로 그림책에는 작가의 '얼'이 담겨 있는 것이다.

아이는 영어 그림책을 읽으며 작가와 마음을 주고받을 것이다. 그림이라는 통로로, 영어라는 통로로 작가의 메시지와 교감할 것이다. 그렇게 아이의 마음과 정신은 더욱더 풍요로워진다. 그 과정에서 영어는 언어 본연의 '소통의 도구'라는 역할을 할 뿐이다. 그렇게 영어는 자연스럽게 아이의 삶에 녹아든다. 과연 이것이 상대적으로 값비싼 영어 전집만 못한 것일까? 결코 아니라고 생각한다. 사실 이것이 더 가치 있는 게 아닐까, 조심스럽게 생각해 본다.

KEY POINT 명품만큼 비싼 영어 전집에 관한 3가지 인사이트

1. 비싼 영어 전집은 나쁘지 않다. 그러나 아직은 돈을 아끼는 게 더 나을 때다.

2. 엄마가 정성껏 고른 영어 그림책, 음원, 영상 등이 때로는 전집보다 10배, 100배, 1,000배의 가치를 할 수도 있다.

3. 그림책은 작품이다. 작가의 메시지와 교감하며 아이의 정신은 풍요로워진다. 아이는 그런 과정에서 소통의 도구로 사용된 영어를 자연스럽게 습득한다.

『해리포터』를
원서로 읽는 아이

어느 순간부터 『해리포터』를 원서로 읽는 아이가 마치 영어를 잘하는 아이의 상징처럼 여겨지는 듯하다. 온라인상에 보면, 『해리포터』 원서를 읽는다는 '남의 집 아이들'이 참 많다. 그래서 아이의 성적을 자신의 성적표로 생각하는 엄마들은 더더욱 "우리 아이는 해리포터를 원서로 읽어요"라고 이야기하고 싶어한다. 그런 이야기를 하면서 묘한 우월감을 느낄지도 모른다. 그게 마치 자신의 성적표인 것처럼 말이다.

영어 잘하는 애들은 다 『해리포터』를 원서로 볼까?

사실 우리의 '해리'는 죄가 없다. 그저 영어를 좀 잘한다는 애들이 『해리포터』를 원서로 본다고 하니까, 어쩌다가 그렇게 자주 회자될 뿐이다. 그러면 영어를 잘하는 아이들은 왜 『해리포터』를 원서로 읽을까? 정말 영어를 잘하면 다들 『해리포터』를 원서로 읽을까?

이 말은 반은 맞고, 반은 틀리다. 이것은『해리포터』한글판을 생각해 보면 잘 알 수 있다. 우리는 당연히 한국어를 잘하지만, 그렇다고 해서 모두가『해리포터』한글판을 읽지는 않는다. 일단 한국어를 잘하고, 독서를 좋아하는 이들이 읽는다.『해리포터』를 원서로 보는 것도 마찬가지다. 영어만 잘해서 될 일이 아니다. 영어도 잘해야 하고, 책도 좋아해야 한다.

물론『해리포터』를 원서로 보는 것은 참 바람직한 일이다. 일단 국민 독서율이 한 달에 한 권도 채 안 되는 나라에서 책을 읽는 모습 자체가 예쁘고, 게다가 전 세계적으로 유명한 책을 영어로 읽는 것은 참으로 박수칠 만한 일 아닌가. 하지만 이것은 '남의 집' 이야기가 아니라 '우리집' 이야기가 돼야 비로소 의미가 있다. 그러면 엄마표 영어를 하는 우리는 아이가『해리포터』를 원서로 읽는 모습을 과연 볼 수 있을까?

독서습관, 엄마가 주는 평생 선물

엄마표 영어를 제대로 지속하기만 한다면 당연히 볼 수 있다. 엄마표 영어는 아이의 영어 실력을 위해 시작한 것이지만, 결과적으로는 영어뿐만이 아니라 독서습관을 다지는 일이다.

엄마표 영어에서는 엄마가 매일 무릎에 아이를 앉혀놓고 영어 그림책을 읽어주는 게 주된 일이다. 엄마는 아이의 눈높이에 맞춰 취향을 살피며, 아이가 잘 읽을 것 같은 영어 그림책을 계속 구해서 읽힌다. 그러다 보니 온 집에 영어 그림책이 발에 치일 정도로 굴러다닌다. 자연스럽게 책 읽는 습관이 형성된다. 이렇게 독서습관이 몸에 밴 아이는 영어 그림책만이 아니라 자연스럽게 한글책도 엄청 읽게 된다.

결국 환경 조성이 중요하다. 엄마가 영어를 가르치는 것은 습관 형성보다 훨씬 단순하다. 영어를 잘 가르치려면, 아이를 옆에 강제로 잡아놓고 잔소리하며 주입시키기만 해도 된다.

하지만 중요한 것은 아이의 생활에 태도와 습관이 '스며들게' 하는 것이다. 이런 습관은 한 번 다져놓으면 아이에게 평생의 선물이 된다. 책을 통해 스스로 생각하는 힘을 기른 아이는 AI가 인간의 일자리를 위협할 것이라는 세상에서 절대 대체되지 않는 자신만의 철학을 가지게 될 것이다.

남의 집 애가 『해리포터』 원서를 읽는 모습을 보고, 아이에게 영어 공부를 하라고 닦달하지는 말자. 그것은 공부가 아니라 습관이 이루어낸 결과다. 하나만 잘해서는 그 모습이 결코 나올 수가 없다. 독서습관과 영어습관이 동시에 잡혀야 볼 수 있는 모습이다. 그러니 어떻게 하면 아이에게 독서습관, 영어습관을 들일지를 고민하자. 영어만 '가르쳐서'는 될 일이 아니다.

 KEY POINT **『해리포터』를 원서로 보는 아이의 2가지 시사점**

1. 영어습관과 독서습관을 동시에 잡아야 『해리포터』를 원서로 읽는다.
2. 엄마표 영어에서 '영어 독서'는 빼놓을 수 없다. 영어와 독서습관을 동시에 잡는 방법이다.

엄마표 영어와
입시의 상관관계

우리나라에서 교육과정을 밟는 이상 입시는 빼놓을 수가 없다. 예전만큼은 아니지만, 아직도 대학 간판은 사람들에게 직간접적으로 영향을 미치고 있고, 그 때문에 많은 부모가 입시에 목을 맨다. 대학 입시는 세부적으로 많은 전형이 있지만, 표면적으로 크게 내신과 수능으로 나눌 수 있다.

엄마표 영어는 입시에 도움이 안 된다?

많은 사람이 '언어로서의 영어'와 '입시 영어'는 다르다고 이야기한다. 물론 다른 측면이 분명 있다. 그리고 엄마표 영어는 애초에 목적이 '영어를 언어로서 접하게 해주려는' 의도가 크다. 그래서 입시와 상관도 없는 어린 시절부터 영어를 노출하고, 영어를 '학습'보다는 '습득'하는 것을 지향한다. 그렇다면 엄마표 영어는 입시에는 도움이 안 되는 것일까?

결론부터 말하자면 전혀 그렇지 않다. 물론 사람들이 느끼는 입시 영어에는 '얄궂은' 측면이 분명히 있다. 이것을 자세히 풀어 이야기하려면, 우리나라 영어 공교육 본연의 취지와 목표, 평가 시스템의 신뢰성과 타당성, 수능시험이라는 시험의 본질적 측면에 대한 옳고 그름까지 논해야 한다. 그러려면 끝이 없을 것이다. 그러니 여기서는 현실적인 부분만 놓고 이야기해 보자.

내신에서는 읽기가 가장 중요하다

우리나라 영어 입시 시스템에서는 읽기 역량이 절대적으로 중요하다. 이는 평가방식을 통해 잘 알 수 있다. 일단 내신시험부터 살펴보면, 대부분 읽기 위주다. 물론 학교 영어과목 평가계획에서는 영어의 4가지 스킬, 즉 말하기·읽기·쓰기·듣기를 모두 다룬다. 그러나 읽기에 비해 말하기·쓰기·듣기는 훨씬 난이도가 쉬운 편이다.

일단 영어 말하기의 경우 명확하게 답이 딱 떨어지는 것이 아니기에, 시스템상 정기고사로 평가하기는 힘들다. 그래서 대부분 수행평가 방식으로 이루어지는데, 사전에 범위와 방식이 미리 공개된다. 수행평가는 말 그대로 수업내용을 성실히 잘 수행했느냐를 평가하는 것이기 때문이다. 그런데 영어 말하기를 사전에 공지 없이 즉흥적으로 시킨다면, 수업을 착실히 따라오는 아이가 아니라 원래 영어 말하기를 잘하는 아이한테만 유리할 수 있다. 즉 학교 교과과정 중 말하기 평가는 영어 말하기 실력도 중요하지만, 그것보다는 수업내용을 얼마나 잘 듣고 지시사항을 제대로 지켜서 성실히 준비했느냐가 더 큰 영향을 미친다.

영어 쓰기도 마찬가지다. 영어 쓰기 대회가 아니고서야 점수에 들어가는 평가는 절대 사전공지 없이 "바로 영어로 써라"고 요구하지 않는다. 이럴 경우 마찬가지로 수업내용을 충실히 따랐느냐가 아니라 원래 영어 글쓰기를 잘하느냐의 여부가 더 큰 영향을 미치며, 수업과정 중의 수행내용을 평가한다는 평가 본연의 취지에도 맞지 않기 때문이다.

영어 듣기 평가는 학교에 원어민 교사가 있지 않는 이상, 일반 학교에서 듣기평가 도구를 별도로 만들기는 쉽지 않다. 그래서 시도 교육청에서 주관하는 듣기 평가 등으로 대체되기도 했으며, 요즘은 그마저도 사라지는 추세다. 또한 듣기 평가의 속도는 실제 원어민들의 대화에 비해 매우 느린 편이다. 실제 원어민 대화처럼 연음과 축약이 많은 것이 아니라 또박또박 천천히 말한다.

그에 비해 영어 읽기의 비중은 매우 크다. 예전에 비해 수행평가 비율이 상당히 높아졌어도, 지필고사의 비중은 여전히 크다. 그리고 지필고사에서 필요한 능력은 단연코 영어 읽기 능력이다. 물론 서술형, 논술형 시험 때문에 쓰기 역시 중요하지만, 현실적으로 지필고사에서 주어진 시간 내에 긴 글을 작문하도록 하는 것은 쉽지 않다. 물론 지필고사 역시 시험 범위가 정해져 있어 학생들 대부분이 교과서를 그대로 암기한다. 그러다 보니 영어 시험보다는 암기 시험처럼 여겨지기도 한다. 그런데 문제는 고등학교 입학 이후부터다.

고등학교 역시 영어의 4가지 스킬(말하기·듣기·읽기·쓰기) 평가의 내용은 크게 다르지 않다. 문제는 시험 범위다. 시험 범위가 중학교 때보다 배로 늘어난다. 여기에 어휘 수준도 대폭 올라간다. 범위가 너무 넓기 때문에 단순 암기만 가지고는 제대로 점수를 낼 수 없다. 그래서 영어 읽기 능력 자체가 매우 중요하다. 주어진 시간 내에 영어 지문을 정확히 읽고, 문제에서 요구하는 점을 파악하는 능력이 중요한 것이다.

수능 영어도 높은 읽기 실력 요구한다

수능 영어에서 읽기 실력이 중요한 것은 군이 말할 것도 없다. 수능 영어 지문의 대부분은 영어 원서나 외국 논문에서 발췌된 것들이다. 그리고 영어 지문들의 어휘나 문장구조도 절대 단순하지 않다. 그런 지문들을 주어진 시간에 정확히 읽고 풀어야 한다.

물론 문제 유형마다 특유의 문제풀이 방식이나 기술이 있겠지만, 가장 근간은 영어 읽기 실력 그 자체다. 문제풀이에서 기술적인 부분은 금방 습득한다. 어차피 고등학교 3학년이 되면 학교 수업에서도 대부분 교과서 대신 EBS 교재를 다룬다. 그래서 수능 유형별 문제풀이 방식은 대부분의 학생들이 기본적으로 다 파악하고 있다. 결국 관건은 영어 읽기 능력이다. 문제풀이 방식은 문제 유형에만 익숙해지면 금방 알게 되는 반면, 읽기 능력, 즉 영어 문해력은 단시간에 쌓아 올릴 수 있는 것이 아니기 때문이다.

엄마표 영어가 입시에서 도움이 되는 것이 바로 이 점 때문이다. 엄마표 영어에서 우리는 아이에게 영어 그림책을 읽힌다. 그리고 이것은 영어책의 수준을 높이면서 쭉 이어진다. 아이는 영어 그림책을 보다가 리더스북을 보고 챕터북을 보고, 그러다가 원서를 자유롭게 본다.

따라서 영어 원서를 즐겁게 읽는 아이가 단연코 유리할 수밖에 없다. 그 아이에게 원서 읽기는 곧 생활이기 때문이다. 원서를 읽으면 문제집만 푸는 것보다 독해력이 훨씬 더 탄탄해질 수밖에 없다. 원서만 읽다가 문제 유형을 몰라서 낭패를 보는 것이 아니냐는 걱정은 할 필요가 없다. 웬만한 배짱이 아니고서야, 고3 아이가 수능문제 유형을 한 번도 보지 않고 수능 영어 시험을 치를 가능성은 거의 없다. 반면 기본적인 영어 독해력이 없는 상태에서 문제풀이 기술만 가지고는 절대 고득점을 받을 수가 없다. 독해력은 수능 영어 시험의 근간이기 때문이다.

그러니 불안해하지 말고 믿고 나아가기를 바란다. 원서 읽기는 영어 읽기 교육의 최종적인 목표에 가깝다. 원서 읽기가 안 되니까 문제집을 푸는 것이지, 문제집이 원서보다 더 뛰어나서 푸는 것이 결코 아니다.

원서 읽기가 이미 생활화된 아이는 벌써 읽기 교육의 최종적인 목표에 도달해 있는 것이다. 그렇기에 거기에다 추가로 시험 풀이 기술만 익히면 점수는 저절로 따라온다. 그러니 걱정하지 마시라. 엄마표 영어는 아이의 입시에도 든든한 텃밭이 되어줄 것이다.

 KEY POINT **입시와 영어 사교육 2가지 인사이트**

1. 엄마표 영어는 입시에도 단연코 도움이 된다. 우리나라 영어 입시에서 가장 중요한 영역이 읽기이다.
2. 엄마표 영어를 쭉 이어가면 아이는 결국 원서를 읽게 된다. 원서를 읽는 아이에게 수능 영어 지문은 그다지 어렵지 않다.

8

중고등학교에서 본
영어 잘하는 아이들의 특징

학교에서 근무하다 보니 많은 아이들을 보게 된다. 그중에는 당연히 영어를 참 잘하는 아이들이 있다. 여기서 '영어를 잘하는 아이'는 어떤 아이들을 말하는 걸까? 일단, 당연히 학교 영어 시험 성적이 좋다. 하지만 그게 다가 아니다. 솔직히 말하면 그냥 '영어 성적만' 좋은 아이도 있다. 하지만 단순히 영어 성적이 좋은 것뿐만 아니라, 영어 선생님이 보기에도 '이 아이는 참 영어를 잘한다'는 생각이 드는 아이가 있다.

영어를 좋아하는 아이들

그런 아이들은 영어적 감이 뛰어나다. '영어적 감이 뛰어나다'는 말이 되게 모호할 수 있는데, 이는 각종 수행평가나 교내 대회에서 그 본색이 여실히 드러난다. 영어 쓰기 수행평가로 에세이를 작성하는 걸 보면 훨씬 표현이 풍부하고 다채롭다. 수행평가로 영어 말하기를 하더라도 마찬가지다. 평가 요소를 잘 지키는 것은 기본이고, 억양이 자연스럽고 말의 내용이 훨씬 깊다. 그래서 교육과정상 평가뿐만이 아니라 각종 교내 영어 관련 대회에서 빛을 발휘한다.

이런 아이들은 뭔가 다른 특별함이 있는 걸까? 그런 아이들 중에는 이른바 현지에서 살다왔거나 영어유치원을 나온 아이가 있을 수 있다. 하지만 그렇지 않은 아이들도 아주 많다. 그러면 그 비밀은 무엇일까?

그런 아이들은 무엇보다 영어를 좋아한다. 그렇다 보니 영어를 잘하고 싶어하고, 당연히 열심히 한다. 그래서 선생님의 영어 수업도 집중해서 듣는다. 그렇게 성적을 비롯한 퍼포먼스가 뛰어나다. 전형적인 선순환 구조인 것이다. "즐기는 사람을 이기지 못한다"는 말이 바로 이런 것이다. 영어는 본인이 얼마나 진득하게 해왔느냐가 결정적으로 영향을 미치는데, 이렇게 만드는 결정적인 요소가 바로 '영어를 좋아하냐'이다.

이 아이들은 어떻게 영어를 좋아하게 되었을까? 도대체 무엇 때문에 영어를 좋아할까?

정확히 말하면, 이 아이들은 영어 자체보다는 영미권 문화 콘텐츠를 좋아한다. 이를테면 『해리포터』 시리즈에 빠져 있고, 외국 배우를 좋아하고, 팝송을 듣는다. 『해리포터』가 좋아서 대사 하나하나를 곱씹으며 듣고 또 듣는다. 그러다 보니 원서로도 읽는다. 좋아하는 배우를 덕질하기도 하고, 그 배우가 인터뷰한 내용이나 출연한 다른 영화를 두루 찾아본다. 팝송을 듣는데, 영어 공부가 아니라 그냥 그 노래가 좋아서 열심히 듣는다. 듣다 보니 영어 가사가 궁금해져서 찾아보고 제대로 음미하고는 감동받는다. 그러다가 가수의 다른 노래도 찾는다. 그렇게 확장해 나간다.

그게 다인 것이다.

그저 콘텐츠가 좋았을 뿐

아이들의 영어 공부 동기는 영어 성적이 아니다. 그저 그 문화 콘텐츠가 좋을 뿐이다. 경우에 따라서는 영미권 문화를 동경하기도 하지만, 이 동경이 과거의 사대주의와 같은 개념은 아니다. 좋아하는 대상을 동경하는 것은 당연한 결과이기 때문이다. 그렇게 영어권 문화 콘텐츠를 좋아하다 보니 많이 소비하며 영어 실력이 자연스럽게 는다.

이런 아이들은 영어를 더 잘하고 싶어한다. 더 많은 콘텐츠를 자유롭게 보고 싶기 때문이다. 동시에 학교 과목으로서의 영어는 이미 자신이 자신감을 가진 과목, 더 잘하고 싶은 과목이다. 그래서 영어 수업시간에도 열심히 한다. 이런 현상이 바로 선순환 구조다. 전형적으로 언어 본연의 기능에 충실하다 보니 실력이 따라오는 경우다.

엄마표 영어에도 적용해 보자

그렇다면 엄마표 영어를 하는 우리가 여기서 명심해야 할 점은 무엇일까? 단연코 아이가 좋아하는 영어 콘텐츠를 잘 찾아줘야 한다는 점이다. 이것은 너무나 중요하다. 사실 아이가 좋아하는 콘텐츠만 찾아서 그저 흠뻑 빠지도록 지원하면, 아이가 그것을 소비하고 음미하는 과정에서 영어 실력은 그냥 따라오기 때문이다.

콘텐츠에 빠진다는 것은 호감이 생기는 것, 즉 감정이 동한다는 말이다. 행동에 감정이 실리면 똑같은 행동도 달라 보인다. 엄마가 억지로 시켜서 영어 콘텐츠를 보고 듣고 읽는 것과는 차원이 다르다. 훨씬 에너지가 실린다. 그 때문에 감정이 무서운 것이다.

우리는 이것을 잘 이용해야 한다. 아이에게 호감을 일으키는 영어 콘텐츠 찾기, 그리고 그 콘텐츠의 세계관에 푹 빠지도록 적극 장려하기, 어쩌면 엄마표 영어는 그게 다일지도 모른다. 그러면 이미 감정이 동한 아이는 자신만의 에너지로 알아서 앞으로 나아갈 것이며, 알아서 영어 선순환 구조에 올라탈 것이다. 그렇게 영어는 아이에게 효자 과목이자, 동시에 인생을 더 즐겁게 해줄 도구가 될 것이다.

KEY POINT

학교에서 본 '영어 참 잘하는 아이들'의 3가지 시사점

1. 영어에 대한 감정은 너무나도 중요하다.
2. 그런 감정은 아이가 좋아할 만한 영어 콘텐츠에서부터 시작한다.
3. 엄마의 역할은 그런 영어 콘텐츠를 찾아주는 것이다. 그 이후로는 아이가 알아서 선순환 구조를 만든다.

Talk and Talk

아이표 영어 로드맵 1

곧 중학생인데 어떻게 준비해야 할까

앞에서는 초등 저학년 시기, 즉 엄마표 영어 시기의 로드맵을 주로 다뤘다. 초등 저학년까지는 엄마표 영어로 열심히 책을 읽고 영상을 보면서 쭉 잘 끌고 왔다면 솔직히 충분하다. 하지만 초등이 우리의 궁극적인 목표가 아니다. 우리는 큰 그림을 봐야 한다.

중고등학교 시기는 엄마표가 아닌 아이표 영어로 넘어간 이후다. 기본적으로 아이가 이끌어가는 시기다. 엄마가 뒤늦게 멱살 잡고(?) 끌고 가기에는 이미 아이의 머리가 커버렸고, 무엇보다 이제 입시라는 시스템 속으로 들어와 버렸기에 시간도 그렇게 넉넉지 않다.

길이 보이면 덜 무섭다

중고등학교에서 근무하면서 아이들을 보며 느끼는 것은, 아무리 덩치가 커버렸더라도 '아이는 아이'라는 것이다. 모든 것을 주체적으로 자신감 있게 다 하기에는 아직 뭔가 어수룩한 구석이 있고, 그러다 보니 구멍이 생기기도 한다. 당연히 앞으로의 방향에 대해 고민하고 방황한다. 다 커버린 어른도 길을 몰라서 늘 고민하고 방황하는데, 이 시기 아이들은 그러지 않는 것이 오히려 더 이상할 것이다.

이 시기에도 세부적인 키는 아이에게 주더라도, 전체적인 방향에 대한 어른의 가이드는 분명 필요하다.

엄마는 아이의 중등과 고등 성적 그리고 입시가 두려울 것이다. 그런데 당사자인 아이는 더 두렵다. 혼자서 하기는 막막하고 무서운데, 그렇다고 엄마가 시키는 대로 다 하기에는 뭔가 자존심이 상하는 것 같다.

그러니 아이를 세세하게 하나하나 쪼고 '마음대로 만들려고' 하지 말자. 다만, 마치 마라톤의 페이스메이커처럼 그 길이 외롭지 않게, 두렵지 않게, 가다가 중간에 지쳐서 넘어지지 않게 긴 호흡과 긴 시선으로 바라봐 주자.

그렇게 엄마는 큰 그림을 그려야 한다. 이제는 아이가 끌고 갈 시기다. 엄마는 그저 옆에 서서 조언을 해줄 뿐이다. 길이 보이면 덜 무섭다. 엄마도 아이도 둘 다 말이다. 그러니 지금부터 중고생의 영어와 입시 그리고 이 시기 때 엄마가 참고해야 할 점들에 대해서 알아보자.

초등 고학년, 무엇을 준비하면 될까?

중고생 시기의 영어는 크게 두 가지 축으로 생각하면 쉽다. 내신, 그리고 성적과 상관없이 계속 가지고 갈 기본 영어 공부다. 여기에 고등학생은 수능과 생기부가 더 붙는다.

내신은 말 그대로 점수, 또는 등급으로 표현되는 학교 영어 성적이고, 기본 영어 공부는 조금 더 멀리는 고등 내신과 수능, 더 멀리는 평생을 끌고 갈 영어 역량을 위한 것이다.

이 두 가지는 서로 달라 보일 수도 있지만 상호보완적이다. 서로 다르다고 생각하면 너무 힘들다. 이 영어가 다르고 저 영어가 다른 것이 아니다. 그러니 일단 서로 주거니 받거니 하면서 서포트를 해준다고 생각하고 접근하자.

중학교까지는 원서 읽기와 영어 영상만 꾸준히 봐도 사실 영어 공부용으로는 충분하다. 거기에 중학교 입학 전에 추가로 영문법을 전체적으로 한 번 훑고 가면 좋다. 왜냐하면 중학교에 들어가면 영어수업 시간에 문법 용어가 등장하기 때문이다.

하던 것 그대로 + 문법 전체적으로 훑기

사실 중학 교과서에 '관계대명사', '조동사' 같은 문법 용어가 '대놓고' 등장하는 경우는 별로 없다. 그러나 매 챕터마다 메인이 되는 문법 개념이 있다 보니, 이를 설명하기 위해서 선생님 입에서 문법 용어가 나오게 된다.

영어 문법은 용어부터가 어렵다. 주어, 목적어, 보어부터 시작해서 선행사, 분사… 등 한자 용어가 대다수인데, 이것을 영어 원어로 전달해도 subject(주어), object(목적어), complement(보어), antecedent(선행사), participle(분사) 등 어렵기는 매한가지다.

수업시간에 선생님이 문법 용어부터 설명하지만, 아이들에게는 그래도 낯설다. 용어부터 어렵다 보니 본격 개념을 설명하면 집중력을 쉽게 잃는다. 그래서 중학 입학 전에 영어 문법을 미리 한 번 훑고 가면 이해하기 좋다.

문법은 집에서 참고서들을 한 번 훑어봐도 좋고, 학원을 다녀도 좋다. 학습식 사교육 기관이 빛을 발휘하는 시기가 바로 이때부터다.

요즘은 인터넷 강의나 EBS도 좋은 수업들이 많다. 그런 수업들을 들어보는 것도 한 방법이다. 어떤 방법을 택하든 문법 개념을 미리 한 번 훑고, 해당 개념들을 다룬 문제 풀이도 해보고 중학교에 입학하면 확실히 도움이 된다.

 KEY POINT

아이표 영어 로드맵 1. 중학교 준비기의 4가지 포인트

1. 중학교 준비기부터 주도권은 아이에게 있다. 다만 엄마는 큰 방향을 잡는 것만 도와줄 뿐이다.

2. 중학교 시기의 영어에는 '내신'이 붙는다.

3. 원서 읽기와 영어 영상은 그대로 끌고 나가자.

4. 중학교 입학 전에 영문법을 전체적으로 한 번 훑고 가면 좋다.

아이표 영어 로드맵 2

중학교 시기 본격 들여다보기

내신: 지필평가 + 수행평가

중학교에 들어가면 본격적으로 학기 말마다 성적이 산출된다. 아이들마다 세부 점수는 다르겠지만, 결국은 A, B, C, D, E로 나뉘는 절대평가 기반의 등급이다. 90점이 넘으면 A, 80점이 넘으면 B, 이런 식이다. 등급은 지필평가와 수행평가 점수를 합해 나누고, 평가는 교과 담당 선생님이 한다.

여기서 강조하고 싶은 것은 선생님 말씀을 좀 잘 듣자는 것이다. 내가 교사여서 하는 말이 아니다. 평가는 학교 선생님이 한다. 그 평가기준에 대해 사전에 미리 안내를 한다. 그 안내만 잘 듣고 충실하게 따라 해도 크게 망할 리는 없기 때문이다.

중간고사와 기말고사 같은 지필고사도 마찬가지다. 수업시간에 선생님 말씀을 잘 듣는 것은 무엇보다 중요하다. 학원에서 시험 대비를 해주고, 족집게 예상 기출문제를 제공하면서 적중률을 얼마나 높일지는 잘 모르겠지만, 분명한 것은 시험문제는 선생님이 출제한다는 점이다. 출제자의 말을 먼저 잘 듣고, 부족한 부분을 보충하는 것은 그다음이다.

수업은 각 단원마다 학생들이 달성해야 하는 일정한 성취의 수준과

목표에 맞춰 구성된다. 그리고 지필고사는 말 그대로 '평가'다. 학생이 평소에 수업시간에 다루었던 부분을 얼마나 잘 이해하고 있는가, 해당 단원에서 수업목표로 제시하는 성취 수준을 얼마나 제대로 '달성'했는가를 보는 것이다. 당연히 수업에서 다루었던 것이 메인으로 출제된다. 너무나 상식적이지만, 당연한 내용이다. 그런데 수업시간에는 허투루 하다가 다른 데서 답을 찾는다면, 그것은 너무나도 쉬운 방법을 어렵게 가는 것이다.

시험 준비는 선생님이 수업시간에 다루었던 내용, 각종 프린트, 강조했던 내용을 위주로 하면 된다. 해당 챕터에 등장하는 각종 어휘와 표현을 충분히 숙지하고, 본문을 충분히 읽어보는 것도 중요하다. 메인이 되는 문법은 개념과 사용법을 반드시 이해하고 넘어가야 한다. 관련 문제집을 풀어보는 것도 좋다. 그 문법을 사용해서 혼자 영작을 해볼 수 있을 정도가 되어야 한다.

지금 말한 이 사항들을 '제대로 할 수 있느냐'를 평가하는 것이 바로 지필고사, 즉 시험이다. 그런데 문제는 지필고사는 주어진 짧은 시간 안에 많은 문제를 풀어야 하다 보니 학생들의 긴장도가 상당히 높아진다. 긴장을 하면 그전에는 멀쩡하게 풀어내던 내용도 실수를 하게 된다.

교과서 암기는 분명 도움이 된다

학교 영어 시험은 결코 암기 시험이 아니다. 본문을 달달달 외워서 푸는 것이 아니라, 주어진 시간 내에 문제와 지문을 정확히 읽고 차근차근 푸는 것이 맞다. 그것이 정석이다. 그러나 현실적으로 말하면, 교과서 암기는 확실히 도움이 된다. 여기서 말하는 암기는 많이 내뱉고 많이 읽어보면서 교과서 내용을 입과 몸에 '붙는' 것처럼 외우는 것을 말한다.

사람은 긴장을 하면 자동화된 행동을 하기 마련이다. 그러니 미리 교과서의 표현들을 반복해서 자동화시켜 놓자는 것이다. 머리로 생각하기도 전에 입에서 나오도록 말이다. 이렇게 하면 확실히 오답률이 줄어든다.

교과서 암기는 영어교육의 평가 본연의 취지와도 결이 상당히 일치한다. 결국은 영어 시험이 평가하고자 하는 것 역시 이 학생이 수업시간에 다룬 영어 내용을 얼마나 자기 것으로 흡수해서 잘 구사하는지와 관련된 것이기 때문이다. 생각하지 않고 입으로 나와 버릴 정도로 입에 해당 표현이 붙었다면, 이미 그 평가가 요구하는 성취 수준에 도달한 것을 의미한다.

교과서를 암기하는 것은 비단 성적을 떠나 영어 실력 자체에도 도움이 된다. 교과서는 사실 정말 좋은 영어 교재다. 우리나라 영어교육의 최고 권위자들이 학생들의 발달과정과 언어 습득에 대한 방식을 수십 년을 고민하고, 수없이 많은 원어민의 감수를 거쳐 집대성해 만든 것이 영어 교과서다. 하루아침에 만들어낸 교재와는 비교할 것이 아니다. 말 그대로 제대로 된 영어의 정수다. 거기 나와 있는 내용들을 그냥 입에서 툭 나올 정도로 암기했다면 좋았으면 좋았지, 나쁠 이유가 전혀 없다.

수행평가, 이왕 할 거 제대로 하자

보통 수행평가는 지필평가로는 평가하기 어려운 말하기·듣기·쓰기 및 태도를 주로 평가한다. 아이가 말 그대로 해당 능력을 직접 수행하는 모습을 교사가 직접 관찰하고 평가하는 방식을 말한다. 직접 평가하다 보니 평가방식이나 소재가 지필고사에 비해 훨씬 더 다양하다. 개인별로 평가가 이루어질 수도 있고, 그룹 활동으로 이루어질 수도 있다. 영어로 다양한 형식의 글을 직접 쓸 수도 있고, 친구들 앞에서 영어 발표를 하게 될 수도 있다. 해당 내용을 수행하는 최종적인 모습만 평가될 수도 있고, 아니면 그 행동의 세세한 준비과정까지 다 평가내용으로 들어갈 수도 있다.

한마디로 수행평가는 지필평가에 비해 평가방식이 훨씬 더 융통성 있고 직접적이다. 당연한 이야기겠지만, 수행평가 역시 선생님 말을 열심히 들어야 한다. 평가방식이 다 다르기 때문이다. 똑같은 교과서를 사용하더라도 A학교의 수행평가가 다르고 B학교의 수행평가가 다르다.

수행평가도 사전에 안내가 된다. 즉 준비할 시간이 충분히 주어진다는 것이다. 언제, 어떤 항목이 어떻게 평가되고, 어떤 요구조건을 어떻게 이행해야 하는지 사전에 공지가 된다. 대부분 이러한 수행평가의 경우 요구조건이 명확히 명시되는 경우가 많은데, 이 기본적인 요구조건을 제대로 이행하지 않아서 감점이 되는 경우가 많다.

수행평가를 한다면 기왕 할 거 성의 있게 하는 것이 좋다. 수행평가는 말 그대로 수행 장면을 직접 관찰하면서 이루어지는 평가이기에, 일명 '교과세특(또는 과세특)', 즉 생활기록부(이하 '생기부')의 과목별 세부능력 및 특기사항의 주요 소재가 되기 때문이다.

과목별 세부능력 및 특기사항

'과목별 세부능력 및 특기사항'이라는 용어는 말 그대로 학생의 해당 과목에 대한 세부적인 능력들과 '특별하게' 기록될 만한 사항들이라는 뜻이다. 고등학교와 달리, 중학교(2, 3학년)에서는 교사가 모든 학생들의 '과세특'을 기록하지 않아도 된다.

여기서 우리는 이 점을 유추해 볼 수 있다. 해당 과목에 대한 세부적인 능력이 도드라지지 않거나 '특별히' 기록할 만한 내용이 보이지 않으면, 당연히 그 학생의 해당 과목 생기부 과세특은 공란일 수 있다는 것이다.

수행평가 점수상으로는 같을지 몰라도, 내용이 훨씬 성의 있고 풍성할 때, 교과 담당 선생님 입장에서는 생기부에 제대로 풀어서 쓸 내용이 많아진다. 그리고 똑같은 수행평가를 하더라도, 성의 있게 제대로 하는 아이를 보면, 대부분의 선생님들은 두 발 벗고 나서서 생기부에 써주고 싶어한다. 그 아이가 얼마나 열심히, 성심성의껏 제대로 준비했는지가 한눈에 보이기 때문이다. 평가를 하는 선생님 입장에서는 당연히 성의껏 노력한 학생들의 내용을 더 자세히 써줄 수밖에 없다.

결국 결론은 학교 선생님의 말을 잘 따르고, 학교생활에 성실하게 임하는 게 중요하다. 너무나 뻔한 말이라고 생각하는가? 그런데 그 뻔한 행동을 제대로 하면, 시험이든 수행평가든 생활기록부든 많은 부분이 자동으로 따라온다. 교육과정에서 매사에 착실히 임한 학생이 그 과정의 결과를 평가할 때 좋은 결과를 갖는 것은 지극히 순리적이고 상식적이기 때문이다.

내신과 상관없는 영어 공부

중학교 시기에 내신과 상관없이 영어 공부는 꾸준히 이루어져야 한다. 기본 영어 공부와 내신영어는 상호보완적이다. 내신영어 공부가 기본적인 영어 공부에 도움이 되고, 내신과 상관없이 영어 공부를 꾸준히 해온 학생이라면 당연히 영어 성적도 잘 받을 가능성이 높다.

원서 읽기와 영어 영상은 꾸준히

일단 읽기는 원서 읽기를 꾸준히 병행하는 것이 좋다. 이미 중학교 때도 시간이 없다고 느낄지 모르겠으나, 고등학교에 진학하면 학과 공부만으로도 벅차서 원서를 읽을 시간은 더 없게 된다.

그런데 사실 원서 읽기가 꾸준히 이루어질 경우, 수능을 비롯한 각종 영어 읽기 영역에서 독해력 자체가 문제가 되는 경우는 거의 없다. 물론 문제마다 특유의 유형별 풀이방식은 있을 수 있으나, 그것은 상당히 기술적인 영역이기에 몇 번만 해보면 금방 감을 잡는다. 내신시험 대비를 위한 문제 유형 풀이 외에는, 사실 중학교 단계에서는 원서만 열심히 읽어도 충분하다.

문제는 '문해력'이다. 문해력을 근본적으로 올리는 길은 단연코 원서 읽기다. 중학교 때 학교 내신 외에 다른 영어 시험을 준비하는 것이 아니라면, 굳이 기술적인 문제풀이에 치중할 필요가 없다. 그것이 본질은 아니기 때문이다.

듣기 역시도 평소 보던 영어 영상을 즐겨보면 상당 부분 해결된다. 앞에서 말했다시피 우리나라 교육과정상 영어 듣기 영역은 난이도가 그

다지 높지 않다. 엄마표 영어로 쭉 영어 영상에 노출되어 온 아이라면, 아이가 보는 영어 영상의 난이도가 오히려 훨씬 높을 것이다. 따라서 그냥 하던 대로 영어 영상을 즐기면 된다.

영어 말하기와 쓰기

말하기는 아이의 영역이다. 이때 빛을 발휘하는 것이 낭독이다. 교과서는 영어의 4가지 스킬(말하기·듣기·읽기·쓰기)을 다룬 훌륭한 교재다. 교과서의 내용을 충분히 낭독하는 것 자체로도 훌륭한 말하기 연습이 된다. 그리고 그것이 성적에도 도움이 된다.

쓰기도 마찬가지다. 학교에서 선생님이 수업시간에 나눠 주는 프린트물을 최선을 다해 써보는 것부터 시작한다. 보통 쓰기 영역은 수업시간에 다루어진 특정 문법이나 소재를 기반으로 수행평가가 이루어진다. 편지 쓰기, 에세이 쓰기 등 형식도 다양하다. 이때 충실히 하자. 수행평가는 수행평가대로 따로 하고, 쓰기 공부는 쓰기 공부대로 따로 하는 것이 아니다. 어차피 영어는 같다. 이때 제대로 하면 좋은 성적을 받을 수 있고, 영어 글쓰기 실력에도 도움이 된다.

영문법 한 번 더 훑기

중학교에 입학하고 나서 영문법을 전체적으로 한 번 훑어보는 게 도움이 된다. 어차피 중학교 내내 수업시간에 문법이 등장할 뿐만 아니라, 고등학교에서도 문법은 계속 나오기 때문이다. 그러니 중학교 때 한 번 더 반복해 두면 당연히 도움이 된다.

학교마다 매년 영어교과에서 영어 글쓰기나 말하기 대회 등을 진행한다. 경우에 따라 팝송 부르기 대회, 영어연극 대회 등 그 종류도 다양하다. 만약 성적과 상관없이 영어 자체에 욕심이 있는 학생이라면 그러한 대회에 참가해 보는 것도 좋다. 대회를 준비하는 과정 자체가 사실 훌륭한 영어 공부이며 자극제이기 때문이다. 교육과정상의 평가가 아니라 말 그대로 대회이기 때문에, 수업과 상관없이 아이의 객관적인 영어 실력을 가늠해 볼 수 있는 좋은 계기이기도 하다.

KEY POINT 아이표 영어 로드맵 2. 중학 영어 공부 5가지 포인트

1. 지필평가든 수행평가든, 수업시간에 선생님의 말을 잘 듣고 학교생활에 충실하면 좋은 결과는 따라온다.

2. 학교 영어와 꾸준히 이어갈 영어 공부가 다른 것이라고 생각하지 말자. 많은 부분이 상호보완적이다.

3. 교과서를 '입에 붙이듯' 암기하는 것은 지필평가 대비에 큰 도움이 된다.

4. 원서 읽기와 영어 영상은 꾸준히 이어나간다.

5. 영문법은 전체적으로 한 번 공부하는 것이 도움이 된다.

아이표 영어 로드맵 3

고등학교 시기 본격 들여다보기

고등학교는 '기본 영어 공부'와 '내신교과 성적'이라는 두 갈래에, '생활기록부'와 '수능'이라는 더 큰 두 가지 갈래가 붙는다. 이 시기는 이미 본격 입시 시스템의 중심으로 들어온 상태다. 다른 과목들도 챙겨야 하기에 영어 공부만 할 수도 없다. 그래서 현실적으로 이야기하면, 입시와 상관없이 따로 영어 공부를 하기는 사실상 쉽지 않다.

그러나 중학교 시기를 설명하면서도 다루었듯이, 이것 다르고 저것 다르다고 생각하면 너무 힘들다. 그리고 실제로도 다르지 않다. 이러나저러나 다 같은 영어이고 서로 연관되어 있기 때문이다. 수능 영어나 학교 내신 대비용 영어를 한다고 해서, 아이의 기본적인 영어 실력이 늘지 않는 것은 아니다. 그 반대도 마찬가지다.

내신과 수능, 두 마리 토끼를 잡으려면

먼저 내신을 살펴보자. 고등학교 입시의 경우 제도의 변화로 인한 피로도가 크지만, 일단은 확정된 내용을 기반으로 이야기해 보자. 고교학점제가 전면적으로 실시됨에 따라 2028학년도 수능을 치를 학생들부터 고등학교 내신은 절대평가(A–E)와 상대평가(5등급제)가 함께 실시된다. 절대

평가가 전면적으로 실시될 예정이었으나 내신 부풀리기의 우려가 있어, 상대평가 등급이 함께 표시된다. 거기에 추가로 내신에서는 논술·서술형이 강화된다.

요즘 교육의 트렌드는 논술, 서술형 강화다. 아마 앞으로 논술·서술형은 더욱더 비중이 높아질 것이다. 여하튼 여기서 일단 중학생 입장에서 고등학교에 갔을 때 느껴질 표면적인 큰 변화 두 가지를 꼽자면, 상대평가가 들어간다는 것, 그리고 논술·서술형이 강화된다는 것이다.

수업시간에 충실해야

학교 선생님 말을 잘 들어야 하는 것은 중학교 때나 다를 바가 없다. 출제자는 학교 선생님이고, 수업시간에 다루었던 것을 지필고사로 출제하는 것은 너무나 당연한 이야기이기 때문이다. 다만, 중학교 때에 비해 범위가 아주 많이 늘어난다. 그래서 중학교 때처럼 전부를 달달달 외우는 것은 결코 쉽지 않다.

그러니 일단은 수업시간에 최대한 열심히 잘 들어야 한다. 수업시간에 듣지 않다가 나중에 따로 하기에는 양이 너무나도 많다. 수업시간에 애초에 그 글에 대한 이해를 제대로 하자. 결국은 시험문제도 수업시간에 다루었던 지문을 문제형식으로 변형하는 것이기 때문이다. 그 글에 대한 기본적인 이해가 있어야 이렇게 출제되든, 저렇게 출제되든 잘 풀수 있다. 문해력이 필요하다는 점이 바로 이것에서 비롯된다.

시험 전에는 그 범위를 한 번 다 훑어본다. 분명한 것은 내신은 '시험 범위'가 있는 시험이라는 점이다. 범위에 없는 것은 출제되지 않는다. 그

부분을 전체적으로 다 보고 가는 것과 그러지 않는 것은 분명 차이가 있다. 아는 지문이 나오면 당연히 시험 중에 글을 읽는 데 필요한 시간이 줄어든다.

서술형과 논술형

선생님이 강조한 부분을 중점적으로 살피고 이해하고 넘어가도록 한다. 보통은 수업시간에 선생님이 강조한 어법이나 각종 포인트를 바탕으로 문제가 출제된다. 서술형 문항도 중요 포인트를 제대로 이해해야 서술할 수 있는 문제들이 주로 출제된다. 관련된 문법 개념을 확실히 이해하고 해당 예문을 직접 영작해서 오류 없이 써볼 수 있을 정도가 되어야 가장 확실하다.

서술형, 논술형 문항과 관련해서는 문항의 요구조건을 제대로 살피고 반드시 지켜야 한다. 대부분의 서술형 문항은 요구조건이 분명히 있다. 그 요구조건을 준수하지 않으면 감점의 요인이 된다. 그렇게 1~2점(경우에 따라 소수점 단위) 깎이는 점수 때문에 영어 성적의 등급이 바뀌기도 한다. 문제를 읽을 때 애초에 요구조건을 별표 또는 동그라미 같은 표시를 하면서 읽는 것이 낫다. 당연한 이야기지만, 문제를 똑바로 읽는 것은 너무나도 중요하다.

내신시험 유형은 대부분 수능 유형과 흡사

시험문제 유형에 미리 익숙해지는 것도 필요하다. 이것은 몇 번만 해보면 금방 된다. 고등학교 내신시험은 대부분 수능 유형과 매우 흡사하게 출제된다. 애초에 인문계 고등학교의 교육과정은 대부분 입시에 초점이 맞춰져 있고, 당연히 학생들이 수능을 잘 치르기를 바란다. 문제 유형 자체가 매우 특이한 일은 사실 거의 없다.

교과서, 암기 대신 낭독

고등학교 내신성적도 암기할 수 있으면 당연히 잘 나올 수 있다. 문제는 분량이 너무나 방대하다는 점이다. 방대한 분량을 다 외우겠다는 생각보다는 최대한 많이 읽어보겠다는 생각으로 살펴보자.

여기에서 빛을 발휘하는 것이 낭독이다. 눈이라는 하나의 감각만을 사용해서 글을 읽는 것보다 입을 통해 말을 하면서 읽으면, 우리는 두 가지 감각을 동시에 사용해 읽는 것이 된다. 당연히 똑같은 지문이라도 더 오래 기억된다.

또한 교과서 낭독은 입시와 일반 영어 공부를 함께하는 효과가 있다는 게 장점이다. 교과서를 소리 내어 읽다 보면 영어 실력으로 차곡차곡 쌓이게 된다. 이 영어가 다르고 저 영어가 다른 것이 아니니, 입시와 일반 영어 둘 다에 도움이 되는 것은 두말할 필요가 없다.

생활기록부와 수행평가

원래는 내신을 이야기하면서 수행평가를 함께 언급하는 것이 맞다. 하지만 생활기록부와 수행평가를 떼어놓을 수 없기에 여기서 함께 이야기해보자.

중학교에 비해 고등학교에서는 생활기록부의 중요성이 너무나도 크다. 대입 수시 '학생부 종합전형' 때문이다. 특히나 내신 석차등급이 2025년부터 기존 9등급 체계에서 5등급 체계로 바뀜에 따라 생활기록부의 비중은 더 커질 것이다.

대학은 같은 내신 등급이라도 어떤 학생이 더 뛰어난지, 학교생활을 더 알차게 했는지 등을 변별하고 싶어할 것이다. 그것에 대한 정보는 생활기록부에 들어 있다. 생활기록부는 말 그대로 학교생활이 기록되어 있는 문서니까 말이다.

생활기록부에서 학생이 영어교과 시간에 한 실제 활동내용을 볼 수 있는 부분은 '과목별 세부능력 및 특기사항', 일명 '과세특'이다. 중학교와 달리 고등학교는 교사가 전체 학생의 '과세특'을 기록하도록 되어 있다. 그러나 학생 한 명 한 명이 다 다르듯이, 모든 학생의 '과세특' 수준도 다르다. 누군가는 내용이 매우 풍성하지만, 다른 누군가는 그렇지 않을 수 있다. 그러면 그 차이를 결정하는 요인은 과연 무엇일까?

그 차이의 근본은 수업시간에 있다. 그러니 영어 수업시간의 각종 활동에 적극적으로 참가하자. 선생님들은 '과세특'을 잘 적어주고 싶어 한다. 하지만 적을 거리가 있어야 잘 써줄 수 있다. 적을 내용이 도저히 없는데 억지로 쥐어짜서 잘 써줄 수는 없기 때문이다. 각종 수업활동에 착실히 참여하는 것은 선생님 입장에서 매우 좋은 쓸거리가 된다. '과세특'의 훌륭한 소재가 되는 것이다. 그런 학생들의 생기부는 당연히 풍성할 수밖에 없다.

수행평가도 단순히 점수를 받으려고 하는 것이 아니라 제대로 해내는 게 중요하다. 똑같은 수행평가라도 정말 정성껏 하면 담당교사는 그것을 안다. 그리고 '이 학생이 정말 제대로 했구나'라는 것이 느껴지면 교사는 기록을 해주고 싶어한다.

수행평가를 준비하는 과정에서 입시를 논외로 하고서라도, 영어 실력 자체가 느는 것은 두말할 필요가 없다. 보통 수행평가는 말하기와 쓰기를 많이 다룬다. 솔직히 고등학교에 가면 학과 공부로 인해 영어 말하기나 쓰기를 따로 할 시간이 많지 않다. 그러니 이때 최선을 다하자. 이런 노력은 결코 다른 데로 사라지지 않는다. 입시용 영어와 기본 영어를 따로 떼어놓고 생각하지 말라는 말이다.

각종 영어대회

고등학교에도 보통 매년 각종 영어대회가 있다. 이러한 교내 영어대회에 참여해 보는 것이 이 시기 영어 실력을 유지해 나가는 데 좋다. 준비과정 자체가 영어 실력 향상에 도움이 될 뿐만 아니라, 자신의 영어 실력을 가늠해 볼 수 있는 기회이기도 하다. 물론 교내 대회이기 때문에, 입시와 덧붙여 얘기하자면 생활기록부에도 기재될 수 있다(다만, 현재 기준 교내상은 한 학기에 하나만 대입에 반영된다).

수능 영어

영어 원서 읽기가 생활화된 아이라면, 수능 영어 지문을 다른 학생들에 비해 어렵지 않게 느낄지도 모른다. 수능 영어 지문은 원서나 영어 논문에서 발췌해서 출제하기 때문이다. 그래서 아이들이 익혀야 할 것들은 문제유형별 풀이 기술이다.

학교에서도 대부분 수업시간에는 문제풀이 방법들을 다룬다. 고3이 되면 학교에서는 대부분 EBS 수능교재를 가지고 수업이 진행된다. 하지만 그것이 부족하다 느껴지면 학원 등 사교육 기관을 이용해도 좋다. 그런데 확실히 알아두어야 할 것은 유형 스킬은 금방 익힌다는 점이다. 스킬이 본질은 아니기 때문이다. 중요한 것은 글 자체를 읽고 이해할 수 있는 문해력과 독해력이다. 이것은 단번에 늘지 않는다. 그래서 원서 읽기가 중요하다.

책을 많이 읽은 아이들이 수능 국어 문제도 잘 푼다는 이야기를 많이 들어봤을 것이다. 바로 문해력 때문이다. 수능 영어도 마찬가지다. 원서를 많이 읽은 아이들은 수능 영어 지문도 잘 읽는다.

고등학교 학생들은 너무 바쁘다. 영어 외에도 해야 할 것들이 산더미다. 그럼에도 영어를 이어온 아이에게는 하루 원서 10쪽 읽기를 권한다. 입시, 그리고 입시 상관없이 꾸준히 이어갈 영어 실력 둘 다를 위해서다.

더도 말고 덜도 말고 하루에 딱 10쪽씩만 읽자. 문해력에는 원서 읽기처럼 좋은 것이 없다. 양이 부담스러우면 더 줄여도 좋다. 중요한 것은 소량이라도 매일 꾸준히 원서를 읽는 것이다.

스토리가 있는 흥미 위주의 책은 영어라도 충분히 재밌다. 이런 책을 머리 식히는 개념으로 하루에 조금씩 읽자. 영어 실력 자체에 도움이 될 뿐만 아니라 입시 영어의 근간인 기본 문해력에도 도움이 된다. 이렇게 쌓은 영어 문해력은 대입 이후 치르는 각종 영어 시험(TOEIC, TOEFL, TEPS 등)에서도 도움이 된다. 이 영어가 다르고 저 영어가 다른 것이 아니기 때문이다.

수능 듣기가 영어 영상보다 훨씬 쉽다

마찬가지로 쉴 때, 영어 프로그램을 보는 것도 좋다. 엄마표 영어로 쭉 이어온 아이들이라면 영어 프로그램을 보는 게 정말 재미있을 것이다.

그런데 수능 영어 듣기는 아이들이 보는 프로그램보다 훨씬 쉽다. 입시만 놓고 보면 굳이 지금 시기에 영어 프로그램을 볼 필요는 없다. 그러니 '쉴 때' 영어 프로그램을 보자. 영어 영상이 영어 실력에 도움이 되긴 하지만, 입시를 치르는 학생에게 시간은 금이니까 말이다. 다른 과목도 분명 신경써야 할 테니, 쉴 때 융통성 있게 영어 영상을 보는 것을 추천한다.

KEY POINT 아이표 영어 로드맵 3. 고등 영어 공부 6가지 포인트

1. 기본 영어 실력과 내신성적에 '수능'과 '생기부'가 붙는다.

2. 따로 생각하지 말자. 다 연관되어 있고 상호보완적이다.

3. 고등학교 시기는 시험 범위가 많다. 전체적으로 다 훑어 본다고 생각하고 낭독하면 효과적이다.

4. 수행평가든 수업시간 활동이든 적극적으로 참가하자. 다 생기부의 소재다.

5. 엄마표 영어와 아이표 영어로 영어가 다져진 학생이라면, 수능문제 유형 풀이 방법을 익힌다.

6. 소량이라도 매일 원서 읽기는 이어 나간다.

Talk and Talk

엄마의 영어 공부법

엄마표 영어를 하면 엄마의 영어 실력도 조금씩 늘어난다. 아이가 영어를 들을 때 옆에서 같이 듣고 있으니까 말이다. 그러면서 아이와 영어로 티키타카를 하는 그날이 오기를 기다린다. 하지만 가만히만 있으면 안 될 것 같다. 엄마에게 맞는 영어 공부법을 찾아 시간과 노력을 들이면 사실 뭐든 못하겠는가? 그러나 문제는 시간과 체력에 늘 허덕이는 존재가 바로 엄마들이라는 것이다. 엄마들이 현실적으로 할 수 있는 영어 공부 방법들을 생각해 보자. 이 방법들을 보고, 자신의 시간과 영어 실력에 맞는 것을 골라서 해보자.

1. 영어 그림책, 음원, 영상 절대 무시하지 말 것

아이 것은 아이 것, 엄마 것은 엄마 것으로 구분짓지 않는다. 의미는 부여하기 나름이다. 아이 옆에서 같이 영어 노래를 듣고, 영어 영상을 보는 것이 리스닝이고, 아이 영어책을 읽어주는 게 영어 낭독이다. 누누이 이야기하지만 영상 속 대사, 책 속 글밥 등을 입으로 뱉으려면 잘 나오지 않는다. 영어 공부를 하고자 한다면, 이것을 대충 넘기지 말자.

마더구스를 같이 듣는 것은 영어라는 말에 담긴 문화를 느낄 수 있는 기회다. 마더구스는 우리나라 전래동요와도 같기 때문이다. 곳곳에서 회자된다. 영어를 학습으로 배우는 것과는 그 차원이 다르다.

아이의 영어 그림책을 읽다가 모르는 단어가 있으면 찾아보고, 따로 기억하고 싶은 표현이 있다면 정리해 두자. 영상을 본다면 대본을 보고 들으며 공부한다. 엄마는 아이와 다르게 '체계적인 학습'이 가능한 뇌를 갖고 있으니, 얼마든지 정리해도 상관없다. 아예 대본을 보며 집중듣기(소리를 들으면서 눈으로 문자를 따라 읽기)를 해도 된다. 아이가 하는 거 어른은 하지 말라는 법 없다.

2. 엄마표 영어 표현 공부

시중에는 정말 다양한 엄마표 영어 표현집이 있다. 그런 자료들을 보고 자주 낭독해 보자. 굳이 책 가짓수를 늘리지 말고, 한 권만 제대로 판다고 생각하면 마음이 편하다. 하나를 진득하게 파고 나서 그 이후에 확장해도 충분하다.

시중에 나와 있는 엄마표 영어표현집 중에는 음원을 제공하는 책들도 많으니, 설거지 같은 집안일을 할 때 무선 이어폰으로 들으면서 하루에 하나씩이라도 해보자. 틈새 시간이 쌓이면 결코 무시할 수 없다.

그런데 막상 엄마표 영어 표현을 사용하려고 하면 잘 생각나지 않을 수 있다. 그럴 때를 대비해 커닝페이퍼를 만들어 둬도 된다. 일단 실전에서 입 밖으로 내뱉어 보는 게 중요하다. 요즘은 온라인상에 엄마표 영어 표현을 정리해서 올려놓는 분들도 많다. 그런 분들의 자료를 보고 자주 낭독하는 것도 괜찮다.

3. 틈새 듣기(미드, 아리랑 뉴스)

아이를 등원시키고 나서 집에서 혼자 있을 때 영어로 된 영상들을 보자. 전쟁영화나 호러물 말고 일상생활을 다룬 미드나 영드를 보면 좋다.

미드나 영드의 경우도 에피소드 하나를 진득하게 반복하는 게 좋은데, 사실 어른인 우리는 쉽지 않다. 쉬면서 보는 개념이니 처음부터 너무 파지 말자. 처음에는 한글 자막, 다음에는 영어 자막 순으로 보자. 그 다음에는 무자막으로 보기를 추천한다. 음원만 따로 녹음해서 이동할 때나 집안일을 할 때 흘려듣기를 해도 좋다.

현재 우리나라 주요 뉴스에 대해서 알고 싶으면 아리랑 뉴스를 볼 수도 있다. 아리랑 뉴스의 경우 뉴스라서 어휘가 쉽지는 않겠지만, 실제 우리나라 뉴스이기 때문에 훨씬 이해하기 쉽다. 또한 유튜브에서 20~30분 단위로 묶여 있는 아리랑 뉴스 영상을 볼 수도 있고, 1~2분짜리 개별 뉴스로도 볼 수 있다. 전체적으로 듣고 싶으면 20~30분짜리를, 하나를 제대로 듣고 싶으면 1~2분짜리 뉴스를 반복적으로 들어도 좋다. 아리랑 뉴스의 경우 스크립트가 제공되기 때문에 1~2분짜리는 공부하기에 부담스럽지 않다.

4. 여력이 더 된다면

단서는 '여력이 된다면'이다. 여유가 없는데 절대 욕심부려서 무리하지는 않아야 한다. 사람마다 사정도 여건도 다 다르기에 앞서 언급한 방법들 중 하나만 제대로 해도 할 것이 차고 넘칠 것이다. 그러니 여력이 된다면 선택적으로 해보자.

EBS 영어 라디오

EBS 영어 라디오 프로그램 중에 괜찮은 것들이 많다. 입트영, 파워 잉글리쉬, 이지 잉글리쉬, 모닝스페셜, 귀트영 등이 그것이다. 이 중에서 자신의 레벨에 맞는 것을 하나 골라서 쭉 들어보자.

난이도를 나누자면, 쉬운 것부터 '이지 잉글리쉬<입트영=귀트영<파워 잉글리쉬<모닝 스페셜' 순이다. 교재가 있는 프로그램들은 기왕이면 교재를 사서 듣는 것이 훨씬 낫다. 하루 20분 정도라서 부담이 없다. 다만, 영어 라디오 프로그램을 제대로 활용하려면 듣고 끝이 아니라, 그 이외의 시간에 낭독, 쉐도잉, 영어 표현 정리 등을 하는 것이 좋다.

원서 읽기

원서도 수준이 다양하다. 쉬운 것도 많고 어려운 것도 많다. 자신의 흥미, 레벨에 맞는 원서를 사서 읽어보자.

목표를 거창하게 잡지 말고, 하루에 딱 10쪽 이내로만 읽는 것을 목표로 한다. 오래 지속하려면 절대 공부하는 것처럼 하면 안 된다.

한글로 된 책을 보는 것과 똑같이 하면 된다. 원서를 묵독하다가 모르는 단어가 나오면 유추하고, 그래도 모르겠으면 사전에서 의미만 간단히 확인하고 넘어가며, 정리는 하지 않는 것이 좋다.

이해가 제대로 안 되는 문장이 있으면 몇 번이라도 다시 읽는다. 우리가 한글 책을 읽을 때 제대로 이해되지 않는 부분이 있으면, 다시 읽어보는 것처럼 말이다.

이렇게 하루에 10쪽씩 읽으면, 한 달이면 300쪽 기준 원서를 한 권다 읽을 수 있다. 5쪽씩 읽으면 2개월이면 한 권을 다 읽는다. 다 읽은 원서가 한 권, 두 권 쌓일수록 영어 문해력이 쭉쭉 늘어날 것이다.

Wonder

R. J. Palacio, Knopf Books for Young Readers, 2012

Tuesdays with Morrie: An Old Man, A Young Man and Life's Greatest Lesson

Mitch Albom, Doubleday, 1997

The One Thing: The Surprisingly Simple Truth Behind Extraordinary Results: Achieve your goals with one of the world's bestselling success books

Gary Keller, John Murray Press, United Kingdom, 2014

부록

카렌카츠 보드북

**래슬리 페트리셸리
보드북**

스팟 시리즈

메이지 탈것 시리즈

**메이지 퍼스트
그림책**

**제즈 알보로 보보
시리즈**

메이지 조작북

**페파피그 미니 사이즈
보드북**
(다른 사이즈는 난이도 높음)

**배뜨르 호라체크
보드북**

2 아이와 재미있게 본 영어 그림책 & 시리즈 추천 목록

Meg & Mog 시리즈

Helen Nicoll

AR 지수: 2.0~2.5

꼬마 마녀 맥과 고양이 친구 모그가 등장하는 유쾌하고 재미있는 이야기 시리즈이다. 유튜브에서 애니메이션화 된 영상도 볼 수 있다.

Pip & Posy 시리즈

Axel Scheffler

AR 지수: 1.3~1.9

토끼 핍과 생쥐 포지의 일상생활을 다룬 이야기 시리즈이다. 캐릭터들이 매우 생동감 있고, 실제로 영국에서 애니메이션이 방영 중이다.

Elephant & Piggie 시리즈

Mo Willems

AR 지수: 0.5~1.3

가이젤상 수상작

모 윌렘스의 시리즈이다. 우리나라에는 『코꿀이와 꿀꿀이』로 번역되어 있다. 모 윌렘스답게 특유의 유머 코드가 있다.

메이지 First Experience Book

Lucy Cousins

AR 지수: 0.8~2.3

같은 캐릭터 시리즈인 *First Picture book*보다 글밥도 많고 수준도 높다. 아이의 경험에 맞춰 한 권씩 추가로 노출해 보면 좋다.

Peppa Pig

AR 지수: 2.0~2.3

글밥이 긴 편이다. 메이지 시리즈보다 수준이 조금 더 높다. 영상을 보고 책을 보면 글밥이 길어도 생각보다 잘 볼 수 있다.

맥밀란 Big Steps Box of Books

DR Amanda Gummer. Anderse

병원, 치과, 옷 입기, 기저귀 갈기 등 일상생활을 다루고 있다. 전권 모두 조작북이고 캐릭터가 귀엽다.

Mr. Panda 시리즈

Steve Antony

AR 지수: 1.1~1.2

글밥은 적은 편이다. 그러나 예의·예절 같은 추상적인 개념을 다루고 있어서 그에 대한 이해가 가능한 시점이 됐을 때 노출하는 것이 좋다. 캐릭터들이 귀엽다.

Tap the Magic Tree

Christie Matheson

손으로 치면서 사계절을 한눈에 볼 수 있다. 잎이 나는 것부터 겨울에 나무가 어는 것까지, 나무의 사계절 변화 전 과정을 보여준다.

Press Here

Herve Tullet

LEXILE® AD480L

명불허전 에르베 튈레의 작품이다. 책 속의 목소리가 시키는 대로 점을 누르고 문지르면, 점의 색이 바뀌고 개수가 늘어나고 크기가 커지는데, 아이들이 엄청 재미있어 한다. 인터렉티브 북(Interactive Book, 상호작용 책)의 정수를 보여준다.

Mix It Up!

Herve Tullet

책 속의 목소리와 함께 아이가 손으로 색을 문지르고 섞으면, 그것에 맞춰 색이 변한다. 단순하고 기발하다. 색의 조합을 직관적으로 배울 수도 있다.

Let's Play!

Herve Tullet

AR 지수: 1.8 / LEXILE® AD360L

역시 에르베 튈레의 작품이다. 이번엔 귀여운 동그라미 모양의 주인공이 나온다. 그 동그라미의 여정에 아이가 함께한다.

Who's in Your Book 시리즈

Tom Fletcher

AR 지수: 1.4~1.9

인터렉티브 북으로 이미 우리나라에도 몇 권 번역되어 있다. 괴물, 외계인, 용 등 책마다 주인공이 다른데, 하나같이 다 귀엽다.

Don't Push the Button! 시리즈

Bill Cotter

AR 지수: 1.0 / LEXILE® AD400L

주인공 토끼 래리가 독자들에게 버튼을 누르지 말라고 하면서, 자신은 버튼을 눌러 다양한 일을 벌이는 이야기다. 래리가 버튼을 누르지 말라고 하는데 읽다 보면 나도 막 누르고 싶다. 버튼을 누르면 래리의 모습이 바뀌거나 새로운 상황이 벌어진다. 여러 시리즈가 있으나 오리지널 버전이 제일 재밌다.

When Sophie Gets Angry-Really, Really Angry

Molly Bang

AR 지수: 1.4

2000 칼데콧 아너 수상작

우리의 소피가 화가 나서 집을 뛰쳐나갔다. '화'라는 감정이 어떻게 발산되고, 이것을 소피가 어떻게 조절하는지 자세하게 묘사되어 있다. 감정 조절과 관련된 많은 부분에 대해 생각할 수 있다.

We're Going on a Bear Hunt

Michael Rosen

AR 지수: 1.3 / LEXILE® 280L

온 가족이 곰 사냥을 떠났다. 그런데 막상 곰을 보자 집으로 줄행랑을 치는데, 그 과정이 매우 익살맞다.

Skeleton hiccups

Margery Cuyler

AR 지수: 1.3

해골이 딸꾹질을 한다. 멈추려고 별짓을 다해 봐도 안 되는데, 어떻게 해야 할까? 매우 유머러스한 책이다.

Fred Gets Dressed

Peter Brown

아이들은 어쩜 하는 행동들이 다 똑같을까. 옷도 안 입고 온 집을 돌아다니다가 엄마 옷을 입고는 엄마 화장품을 건드리며 엄마 흉내를 낸다. 그 과정이 너무나도 귀엽게 그려져 있다.

The Rabbit Listened

Cori Doerrfeld

AR 지수: 1.7

어른에게도 울림을 주는 책이다. 그저 가만히 들어주는 것만으로도 얼마나 큰 위로가 되는지 느낄 수 있다.

Shark 시리즈

Nick Sharratt

AR 지수: 1.3~1.5

티모시가 망원경으로 상어를 찾는다. 상어가 페이지마다 어디에 숨어 있는지 찾는 재미가 은근 쏠쏠하다.

Knuffle Bunny 시리즈

Mo Willems

AR 지수: 1.6~2.7

2008 칼데콧 아너 수상작

주인공 트릭시와 애착 토끼 인형이 함께하는 감동적인 성장 스토리. 특유의 유머 코드 역시 너무나도 재밌다.

My Mum / My Dad

Anthony Browne

AR 지수: 1.4

 실제 작가가 본인의 엄마 아빠를 생각하면서 만든 그림책이다. 엄마 아빠의 따뜻한 사랑을 느낄 수 있다.

Things I like

Anthony Browne

LEXILE® 220L

 앤서니 브라운의 책 중에서 가장 쉬운 책이 아닐까 싶다. 아이와 책을 읽으며 자신은 어떤 걸 좋아하는지 물어보자.

I Like Books

Anthony Browne

 같은 작가 앤서니 브라운의 *Things I like* 책과 수준이 비슷하다. 얇은 책, 두꺼운 책, 웃긴 책, 만화책… 다양한 책들이 나와 있다. 아이에게 어떤 책이 좋은지 물어보자.

Little Beauty

Anthony Browne

 작은 아기 고양이와 고릴라의 감동적인 우정 이야기. 아기 고양이가 친구인 고릴라를 지키기 위해 사육사들에게 내뱉은 발언이 정말 신선하다.

The Very Hungry Caterpillar
Eric Carle

AR 지수: 2.9

명불허전 에릭 칼의 그림책이다. 매일 먹어대던 애벌레는 배탈이 난다. 그리고 어떻게 될까?

Where Is the Green Sheep?
Mem Fox, Judy Horacek

LEXILE® AD140L

온갖 색의 양들이 나와 있다. 그런데 우리의 초록 양은 어디에 있을까? 그림 속 깨알 같은 양들의 여러 가지 모습들이 매우 익살맞다.

Hippo Has a Hat
Julia Donaldson, Nick Sharratt

동물들이 옷 쇼핑을 한다. 라임을 살려 읽으면 정말 재밌는 책이다. 덧붙여 아이에게도 그림 속에서 어떤 옷이 가장 마음에 드는지 물어보자. 아이의 반응이 꽤 재미있을 수 있다.

Ketchup on Your Cornflakes?
Nick Sharratt

콘플레이크에 케첩을 바르면 어떻게 될까? 아니면 케첩을 레모네이드에 넣으면 어떨까? 기가 막히는 조합에 아이들이 빵빵 터지는 책이다.

Snow

AR 지수: 1.6

Uri Shulevitz

1999 칼데콧 아너 수상작

눈이 온다. 진눈깨비가 하나둘 떨어진다. 그리고 아이들과 강아지들이 반응하기 시작한다. 그런데 어른들은?

It Looked Like Spilt Milk

LEXILE® AD180L

Charles Shaw

아이에게 이건 뭐 같냐고 물어보면 생각보다 대답을 잘한다. 쏟은 우유 같았는데, 우유가 아니다. 뭘까?

No, David!

David Shannon

1999 칼데콧 아너 수상작

장난꾸러기 데이비드는 엄마가 하지 말라는 건 다 한다. 엄마 입장에서는 뒷목 잡을 일이지만, 그래도 우리 데이비드, 정이 간다.

Owl Babies

AR 지수: 2.4

Martin Waddell, Patrick Benson

엄마를 기다리는 아기 부엉이 삼형제. 이러나저러나 "나는 엄마가 필요하다"는 빌에게 유독 눈이 간다. 아기 부엉이들의 대화가 너무나도 귀엽고 사랑스럽다.

A Bit Lost

Chris Haughton

아기 부엉이가 엄마를 잃어버렸다. 주변 동물들이 "너희 엄마 여기 있네" 하고 찾아주는데, 다들 엄마가 아니다. 엄마는 어디 있을까?

Pete the Cat I love My White Shoes

Eric Litwin, James Dean

AR 지수: 1.5

긍정의 끝판왕인 고양이다. 어느 곳을 가든 "나는 나만의 노래를 부르겠다"는 핏의 교훈은 어른인 우리에게도 스스로 이야기해 주고 싶은 말이다.

You Are (Not) Small

Anna Kang, Christopher Weyant

2015 가이젤상 수상작

보라색 털북숭이와 오렌지색 털북숭이가 서로 '네가 작은 거다', '아니다. (내가 작은 게 아니라) 네가 큰 거다'라고 주장하며 다툰다. 그런데 결국은 상대적이다. 등장인물들의 표정들이 너무나도 귀엽다. 글밥은 적으나 small과 big의 개념을 제대로 알아야 잘 즐길 수 있는 책이다.

Good Night Gorilla

Peggy Rathmann

Lexile BR50L

동물원이 문을 닫았다. 그런데 동물들이 동물원을 빠져나와 사육사(zookeeper) 아저씨네 집으로 간다. 그 이후로는 어떻게 될까?

Stick and Stone

Beth Ferry, Tom Lichtenheld

AR 지수: 1.2 / LEXILE® 250L

돌멩이와 막대기의 우정 이야기. 우정이란 어떤 것인가에 대해 생각해 볼 수 있다. 라임을 맞추어 읽으면 더 재밌다.

Bear Hunt

Anthony Browne

사냥꾼들이 아기 곰을 노린다. 하지만 아기 곰에게는 마법 연필이 있다. 마법 연필을 가진 귀여운 아기 곰의 여정을 그렸다.

I went walking

Sue Williams

AR 지수: 0.7

꼬마가 길을 간다. 그런데 동물들이 한 마리씩 따라온다. 결국은 어떻게 될까? 동물 이름을 익히기 매우 좋은 책이다. 기왕이면 아이에게 그 동물들이 어떤 소리를 내는지도 같이 물어보자.

Time to Pee!

Mo Willems

아이가 배변 훈련을 할 때 딱 좋은 책! 소변이 마려울 때 아이가 느끼는 감정과 그 상황에서 어떻게 하면 될지에 대한 방법이 모 윌렘스 특유의 느낌으로 친절하게 풀어서 담겨 있다.

The Watermelon Seed

Greg Pizzoli

AR 지수: 1.0 / LEXILE® 350L

악어가 수박씨를 삼켰다. 뱃속에서 수박이 자라면 어쩌지? 악어가 너무나도 귀엽고 익살맞게 그려져 있다. 실제로 여름에 수박을 먹으면서 주인공 악어처럼 '오버'해서 읽어보자. 아이들이 엄청 좋아한다.

'사랑해' 시리즈

Caroline Jayne Church

LEXILE® 200L

우리나라에도 번역이 많이 되어 있는 작품으로, 너무나 포근하고 따뜻하다. 엄마가 아이에게 해주고 싶은 '달달한' 말들이 파스텔톤 그림과 함께 담겨 있다.

Bears 시리즈

Shirley Parenteau

AR 지수: 1.5

다섯 곰돌이들의 이야기다. 우리나라에도 해당 시리즈의 책들이 꽤 많이 번역되어 있다. 파스텔톤 곰돌이들의 모습이 무척이나 귀엽다. 라임도 뛰어난 책이니 박자를 타면서 읽어보자.

The Crocodile Who Didn't like Water

Gemma Merino

AR 지수: 2.0

악어인데도 물을 싫어하는 모습이 짠하면서도 익살맞다. 알고 보니 그 악어에게 출생의 비밀이 있었다. 과연 뭘까?

One Lonely Fish

Andy Mansfield, Thomas Flintham

숫자 익히기에 딱 좋다. 1부터 10까지를 직관적으로 알 수 있다. 물고기들이 서로 먹고 먹힌다. 그래서 10마리의 물고기들이 등장함에도 결국 끝에는 딱 한 마리만 남는다.

Simon Sock
AR 지수: 2.1

Sue Hendra, Nick East, Paul Linnet Sue Hendra

자신의 나머지 한 짝을 찾아 떠나는 양말 한 짝 사이먼의 이야기. 그러나 중요한 것은 나와 똑같이 생긴 '외모'가 아닌 것을 깨닫는다. 외모가 달라도 '마음이 함께'라면 얼마든지 짝이 될 수 있다는 것을 깨닫는 양말 한 짝 사이먼의 여정 이야기이다.

That Is Not a Good Idea!
AR 지수: 1.0

Mo Willems

늑대가 엄마 오리를 잡아먹으려고 꼬드긴다. 그리고 그 모습을 관객 관점에서 바라보는 아기 오리들이 호들갑을 떤다. 그런데 극적 반전이 있으니….

Goodnight Moon
AR 지수: 1.8 / LEXILE® AD360L

Margaret Wise Brown, Clement Hurd

잔잔하고 평화롭다. 잠자리 동화의 명불허전이 아닐까 싶다. 많이들 듣는 영어 음원 노래는 어른이 들어도 좋을 정도이다. 그림이 비슷한 듯하지만 미세하게 조금씩 바뀌는데, 신기하게 아이들이 좋아한다.

Duck! Rabbit!

Amy Krouse Rosenthal, Tom Lichtenheld

오랜 논쟁의 대상이다. 이건 과연 오리일까 토끼일까? 서로 싸우다가 결국엔 마무리가 되는데, 그게 끝이 아니다. 또 다른 논쟁거리가 나온다. 과연 그게 뭘까?

Here Are My Hands

Bill Martin Jr, Ted Rand, John Archambault

LEXILE® AD200L

신체 부위를 익히기 딱 좋다. 그림 속 동작들을 아이와 함께 따라해 보자. 익살스러운 동작들이 많아 아이들이 생각보다 많이 좋아한다.

Dear Zoo: A Lift-the-Flap Book

Rod Campbell

LEXILE® 150L

나에게 애완동물을 좀 보내 달라고 동물원에 편지를 써 보냈다. 그런데 과연 어떤 동물들이 왔을까? 아이들과 그 동물들을 함께 살펴보자. 플랩으로 동물들이 뿅뿅 펼쳐진다.

Meekoo 시리즈

Camilla Reid, Nicola Salater

곰돌이 미쿠가 곳곳에 간다. 미쿠가 하는 행동들이 실감 나는 사운드와 함께 그려져 있다. 보통 영어 사운드북들은 글밥이 약한 경우가 많은데, 이 시리즈는 소리도 괜찮고 글밥도 쉽고 간결하다.

Pop Flip Cook!

Roger Priddy

아이가 주방놀이를 좋아한다면 이 책으로 영어로 요리놀이를 해보자. 근사한 와플 브런치를 만들 수 있다. 요리책치고는 단어와 표현이 간결해 아이와 함께 읽기 좋다.

I'm not Cute!

Jonathan Allen

AR 지수: 1.8

귀여운 아기 부엉이. 다들 자기를 보고 귀엽다지만, 자기는 귀엽지 않다고 주장한다. 그런데 막상 자기 보고 귀엽지 않다고 말하니까, 그게 또 싫은가 보다. 결국은 자신이 귀엽다고 인정하는 아기 부엉이의 모습이 정말 귀엽다.

The Perfect Fit

Naomi Jones, James Jones

자신과 똑같은 모양의 친구들을 찾아 떠나는 세모의 여정. 결국 자신과 같은 모양의 친구들을 찾지만, 뭔가 허전하다. 서로 다른 모양들이 함께 어우러져 만들어내는 그 다양한 모습 자체의 아름다움을 깨닫는다.

Good News, Bad News

Jeff Mack

Good과 bad를 직관적으로 알 수 있는 책이다. 아이에게 물어보자. 이건 good news일까, bad news일까?

Dot
Patricia Intriago

점 하나도 이렇게 다양하게 표현된다. 흰 배경에 검은 점이지만, 웃고 울고, 배가 고팠다가 불렀다가…. 정말 다양한 모습이 다채롭게 나타나는 게 재미있다.

The Black Rabbit
Philippa Leathers

AR 지수: 2.3

토끼가 길을 가는데, 검은 토끼가 계속 따라온다. 그 검은 토끼의 정체는 뭐였을까? 아이들이 그 검은 토기의 정체를 대충 눈치채는 듯하지만, 그래도 재밌게 잘 본다.

What a Naughty Bird!
Sean Taylor, Dan Widdowson

너무나 익살맞은 책. 다른 동물 머리 위에 볼일 보기를 좋아하는 개구진 새가 있다. 소, 늑대, 심지어 사람까지 가리지 않는다. 그러다가 곰의 머리 위에 재미로 응가를 싸는데…, 이번에도 새는 유유히 '튈' 수 있을까?

The Doghouse
Jan Thomas

AR 지수: 0.7

개집에 공이 들어갔다. 공을 찾으러 친구들이 한 명씩 들어가는데 나오지를 않는다. 어떻게 된 걸까?

What's in the Witch's Kitchen? Nick Sharratt

마녀의 주방에는 뭐가 있을까? 뒤집는 재미가 쏠쏠하다. 어떻게 뒤집느냐에 따라 멀쩡한 재료가 나오기도 하고, 마녀의 수프 재료가 나오기도 한다.

Our Girl Anthony Browne

앤서니 브라운의 가족 시리즈 중 가장 최신판이다. 딸을 둔 부모라면 특히나 공감하며 볼 수 있다. 엄마 미소(아빠 미소)를 지으며 재미있게 책을 읽어보자. 마지막 장면에서 아이 포옹은 필수다.

Snow Sam Usher
AR 지수: 1.9

눈이 온다. 아이는 할아버지에게 눈이 오니 밖으로 나가자고 한다. 그런데 자꾸 지체가 된다. 결국은?

The Snowman Raymond Briggs
AR 지수: 2.5

눈사람을 만들었다. 그런데 그 눈사람이 밤이 되자 살아 움직인다. 눈사람과 하늘을 날아다니고 재밌는 모험을 했다. 그런데 그 다음날 눈사람은 어떻게 됐을까?

The Foggy, Foggy Forest

Nick Sharratt

 숲속에 안개가 껴서 뭐가 있는지 잘 안 보인다. 아이와 하나씩 뭐가 있는지 맞춰 보자. 닉 샤렛의 책답게 라임감이 뛰어나다. 리듬을 맞춰서 읽으면 더 재밌다.

A Polar Bear in the Snow

Mac Barnett, Shaw Harris

 눈 속에 북극곰이 숨어 있다. 그 북극곰은 어디를 가고 싶어할까? 북극곰이 귀여우면서도 몽환적이다.

AR 지수, 렉사일 지수 등 영어 읽기 지수에 지나치게 연연하면 안 되겠지만, 직접 읽어보기 전에 그 책의 읽기 난이도를 대략적으로 파악하는 데는 사실 이만한 게 없긴 하다. 가장 중요한 것은 아이의 수준과 흥미에 맞는 책이기에, 이러한 읽기 지수와 상관없이 일단 아이에게 맞는 레벨의 책을 고르는 것이 첫 번째이긴 하다.

다만, 우리나라 교육과정상 해당 연령대에 어느 정도 수준의 영어 읽기 실력이 요구되는지는 모든 학부모가 궁금해할 것이다.

우리나라 초등 5~6학년 영어 교과서의 AR 지수는 대략 1.7 내외, 렉사일 지수는 350 미만 정도이다. 중학교 2~3학년 영어 교과서의 경우 AR 지수가 대략 4~5 내외, 렉사일 지수는 750 내외이다. 그리고 고등학교 1학년 영어 교과서의 경우 AR 지수는 대략 7 내외, 렉사일 지수 900 내외 정도이다(학교 급이 올라감에 따라 영어 읽기 지수의 수치가 갑자기 훅 뛰는 경향이 있다. 참고로 수능 영어의 경우 AR 지수는 9.5 이상, 렉사일 지수는 1,000 이상이다).

따라서 이에 맞추어 연령에 따른 레벨의 영어책을 읽을 수 있어야 한다. 또한 상위 학년에 대비하기 위해서는 위 레벨을 고려해서 책을 고를 수 있을 것이다.

초등 고학년용 영어 원서 추천 목록 (AR 2~4점대)

제목	참고 레벨
Nate the Great 시리즈	AR 2.0~3.2
Press Start 시리즈	AR 2.3~2.9
Magic Tree House 시리즈	AR 2.6~3.7
Junie B. Jones 시리즈	AR 2.6~3.1
Hotdog! 시리즈	AR 2.7~3.2
The Tiara Club 시리즈	AR 3.6~4.5
Horrid Henry 시리즈	AR 3.0 이상
Dragon Masters 시리즈	AR 3.1~3.9
Judy Moody 시리즈	AR 3.1~3.7
Nancy Drew and the Clue Crew 시리즈	AR 3.1~4.5
Geronimo Stilton	AR 3.1~3.8
My Weird School 시리즈	AR 3.3~4.3
Storey Treehouse 시리즈(나무집 시리즈)	AR 3.5~4.5
The One and Only Ivan	AR 3.6, LEXILE® 570L
The Tiara Club 시리즈	AR 3.6~4.7
A Bad Case of Stripes	AR 3.8, LEXILE® AD610L

중학생용 영어 원서 추천 목록(AR 4.~5점대)

제목	참고 레벨
Roald Dahl 시리즈	AR 3.0~5.0
How to steal a dog	AR 4.0, LEXILE® 700L
The Lemonade War 시리즈	AR 4.1~4.8
Charlotte's Web: Full Color Edition	AR 4.4, LEXILE® 680L
The Miraculous Journey of Edward Tulane	AR 4.4, LEXILE® 700L
Number the Stars	AR 4.5, LEXILE® 670L
Holes	AR 4.6, LEXILE® 660L
Wonder	AR 4.8
Charlie and the Chocolate Factory	AR 4.8, LEXILE® 810L
Flipped	AR 4.8, LEXILE® 720L
The Little Prince	AR 5.0, LEXILE® 710L
Diary of a Wimpy Kid 시리즈	AR 5.2~5.8
Andrew Clements: Frindle	AR 5.4, LEXILE® 830L
Mr. Popper's Penguins	AR 5.6, LEXILE® 910L
Chicken Soup for the Teenage Soul	LEXILE® 870L

육아 상황별 핵심 엄마표 영어 표현 모음

1. 아침 기상

1	기상!	Rise and shine~!
2	좋은 꿈 꿨니?	Did you get a good night's sleep?
3	아침에 일찍 일어나기로 했잖아.	You were supposed to wake up early.
4	5분 뒤에 올게.	I'll be back in five.
5	어린이집 늦었어.	We're late for daycare.
6	어린이집 갈 시간이야.	It's time to go to daycare.
7	조금 더 자.	Get some more sleep.
8	팔다리 쭉쭉 하자! 쭉쭉쭉!	Stretch your legs and arms! "Stretch! Stretch! Stretch!"
9	일어났어?	Are you up?

2. 밥 먹일 때

1	식탁으로 와!	(Come) to the table!
2	밥 먹을 때는 앉아야지.	Sit down while you eat.
3	음식 흘렸네.	You dropped your food!
4	음식 꼭꼭 씹어 먹어야지.	Chew your food well.
5	이제 식사 치운다.	I will take your food away.
6	한 숟갈만 더 먹지?	Just eat one more spoon.
7	이거 먹어봐. 어때? 맛있어?	Try this. How is it? Is it yummy?
8	밥 더 먹을래?	Would you like some more?
9	뜨거워? 식혀 줄게.	Is this hot? Let me cool down your food.
10	네가 직접 먹어봐!	Try feeding yourself!
11	충분히 먹었어?	Did you have enough?

3. 옷 갈아입힐 때

1	옷 입자.	Let's get dressed!
2	옷 고르러 가자.	Let's go pick your clothes!
3	옷 뭐 (무슨 색) 입을래?	What (color) do you want to wear?
4	엄마가 옷 골라줘? (+ 니가 고를래?)	Do you want me to pick out your clothes? (+ Would you like to choose them?)
5	혼자 옷 입어볼래?	Can you get dressed on your own?
6	엄마가 옷 입는 거 도와줘?	Do you want me to help you (get dressed)?
7	그거 대신 토끼 티는 어때?	How about your bunny T-shirt, instead?
8	너 티셔츠 거꾸로 입었어.	Your T-shirt is backwards.
9	다 됐다. 이제 가도 되겠다.	There you go. We're good to go!

4. 손 씻길 때

1	발판에 올라가!	Climb on the step stool!
2	일단 물을 한 번 적시고.	Wet your hands first.
3	물 꺼봐.	Turn off the water.
4	이제 비누를 묻히자.	Then, apply soap.
5	거품을 만들어 보자.	Let's make lots of bubbles.
6	손을 같이 문질 문질 하는 거야!	Rub your hands together. Scrub-a-dub-dub!
7	위아래, 손가락 사이, 손톱 아래까지.	Tops and bottoms, between your fingers, and under your fingernails.
8	손을 물로 헹구자.	Rinse your hands with water.
9	수건으로 손 닦아!	Dry your hands with a towel!

5. 씻길 때

1	목욕할 시간이야!	It's bathtime!
2	옷 벗고 욕조에 들어가자!	Take off your clothes and get into the bathtub.
3	(화장실, 욕조) 들어갈 때 조심해!	Be careful as you step in!
4	물 따뜻해?	Is the water warm enough?
5	머리에 샴푸 바르고 문질러.	We put shampoo on your head, and then scrub.
6	샴푸가 눈에 들어갔어?	Did shampoo get into your eyes?
7	엄마가 살살 닦아줄게.	Let me wipe it gently.
8	머리 헹구자!	Let's rinse your hair!
9	다 됐다! 이제 수건으로 몸 닦자!	We're done! Dry yourself with a towel!

6. 양치시킬 때

1	이 닦을 시간이야!	It's time to brush your teeth!
2	치약을 칫솔에 (조금만) 짜 보자.	Let's put some toothpaste (a little) on your toothbrush!
3	이거 딸기 맛 치약이야! 너 좋아할 걸.	It's strawberry flavored! You'll like it.
4	이 안 닦으면 충치 생겨.	If you don't brush well, cavities might form.
5	(걱정 마). 엄마가 살살 닦을게.	(Don't worry.) I'll be gentle.
6	윗니, 아랫니, 앞쪽! 뒤쪽! 안쪽! 바깥쪽!	Tops! Bottoms! Front! Back! Inside! Outside!
7	입 헹구고!	Rinse your mouth!
8	뱉어!	Spit it out!

7. 재울 때

1	늦었어. 잘 시간이 훌쩍 지났어!	It's getting late. It's past your bedtime!
2	자기 전에 화장실 가자.	Go to the bathroom before going to bed.
3	불 좀 줄일게!	Let me turn down the lights!
4	읽고 싶은 책 들고 와.	Bring the books you want to read.
5	오늘 잠자리 책은 이걸로 끝!	We're done with tonight's bedtime stories.
6	딱 한 권만 더 읽고 자는 거야, 약속?	Just one more book, and then it's bed time, deal?
7	(키 크려면) 몸도 좀 쉬어야지….	Your body needs rest (to grow tall).
8	눈감고 편하게 있어! (+그러면 잠이 슬슬 올 걸)	Just close your eyes and relax! (+ and you'll start feeling sleepy.)

8. 등원할 때

1	학교 갈 시간이야!	Time to go to school, sweetie!
2	우리 시간 없어!	We're running out of time!
3	꾸물거릴 시간 없어!	There's no time to dilly-dally!
4	버스 놓치고 싶지 않아!	I don't want to miss the bus!
5	우리 서둘러야 돼!	We need to hurry up!
6	장난감 한 개 가져갈래?	Would you like to bring a toy with you?
7	필요한 거 다 챙겼어?	Did you pack everything you need?
8	학교 끝나면 엄마/아빠가 다시 데리러 올게.	Mommy/Daddy will be back to pick you up after school.
9	학교에서(어린이집에서) 재밌게 보내!	Have fun at school.(daycare)

9. 하원할 때

1	엄마는 너 엄청 보고 싶었어.	I missed you today.
2	오늘 어땠어?	How was your day?
3	배고프거나 목말라?	Are you hungry or thirsty?
4	밖에서 조금 놀래?	Do you want to play outside for a while?
5	놀이터에 들를까?	Do you want to stop by the playground?
6	친구들이랑 재밌었어?	Did you have fun with your friends?
7	점심으로는 뭐 먹었어?	What did you eat for lunch?
8	오늘 뭐가 제일 좋았어?	What's your favorite thing today?

엄마도 아이도 행복한 엄마표 영어

예전에 남편과 자녀계획을 세울 때면 늘 하던 이야기가 있었습니다.

"나는 아직 누군가를 위해 희생할 준비가 안 됐어. 난 내가 너무 소중하거든."

나는 자신이 너무 소중했기에 엄마 되기가 참 두려웠습니다. 부모가 자식에게 주는 그런 희생적인 사랑을 나 같은 사람이 과연 줄 수 있을까 싶었습니다. 오죽하면 남편이 "너는 마치 애 낳으면 인생 끝나는 것처럼 이야기하는구나"라고 할 정도였습니다.

그리고 써니가 태어났습니다. 그러고 나서 내 인생은 엄마라면 다들 겪어 아시다시피 완전히 바뀌었습니다. 내 우주의 중심이 '나'에서 '아이'가 되었습니다. 임신 전 기준으로 보면 내 인생은 끝난 게 맞았습니다. 하지만 우주의 중심이 바뀌고 나니 예전 기준의 '끝난 인생'은 또 다른 시작이었습니다. 전에는 전혀 받아들이지 못할 것들을 '기꺼이 겸허하게'

받아들이고 있는 나 자신이 스스로 놀랍고 신기했습니다.

그럼에도 나의 '자아'는 여전히 존재하고 있었습니다. 그리고 이따금 삶 속에 나는 없고 아이만 있는 것 같을 때, 고개를 치켜들고 소리를 질렀습니다.

"나 여기 있어. 나도 좀 봐 줘!"

우주의 중심이 '나'가 아니라 '아이'로 바뀐 것 같아도, 결국 그 우주는 '나의 우주'였습니다. 내가 없다면 그 우주도 의미가 없다고 해서, 내 우주의 중심축을 억지로 나에게 끌고 오지는 않았습니다. 지금의 나는 예전으로 돌아갈 수 없다는 걸 너무 잘 알고 있기 때문입니다. 결국 아이와 엄마가 둘 다 행복해야만 하는 것이었습니다.

우리 모두 반짝반짝하던 시절이 있었습니다. 그리고 그 반짝거림을 잃어간다는 것은 참 서글픈 일입니다. 뒤쳐지고 있는 것 같고, 나 빼고 다들 성장하는 것 같은 기분이 들었습니다. 비단, 전에는 경제활동을 하다가 출산 후 벌이가 없어지는 경제적 박탈감만의 문제는 아니었습니다. 팽팽 돌아가던 머리도, 날카롭던 총기도 다 사라져 버리는 기분이 들었습니다. 자신이 소모되는 기분이 드는데, 그것을 아무렇지 않게 받아들이는 내 모습을 보고 있자면 더 슬퍼졌습니다. 내가 하는 일이 분명 고귀한 일임에도 마음이 허했습니다.

그러다 만나게 된 엄마표 영어는 변화의 불씨를 일으키기 시작했습니다. 단순히 먹이고 입히고 재우는 것과는 또 다른 보람이고 활력이었습니다. 단순히 나를 희생한다는 것이 아니라, 아이와 함께 내 머릿속에도 무언가가 차곡차곡 쌓이는 듯했습니다.

사실 엄마표 영어는 번거로울 수도 있는 일입니다. 그런데 그와는 다른 의미로 멈춰 있던 내가 다시 차오르는 기분은 짜릿했습니다. 내가 읽어주는 영어 그림책을 보면서 아이가 웃고, 그 모습을 보면서 다시 내가 웃었습니다. 엄마도 아이도 행복하다는 게 이런 건가 싶었습니다.

사실은 아이를 핑계 삼아 내가 다시 성장하고 싶었던 것일지도 모른다는 생각이 듭니다. '나는 성장하고 있다'는 내면의 기쁨을 다시 느끼고 싶었던 것일지도 모릅니다. 나는 나 자신도 아이도 너무나 소중합니다. 그래서 엄마표 영어를 합니다.

자신이 너무도 소중한 당신, 동시에 아이도 너무나 소중한 당신! 그러니 우리 함께 엄마표 영어 해요. 아이와 당신, 함께 행복해지기 위해…. 성장하는 아이를 멀찌감치에서 바라만 보는 게 아니라 옆에서 함께 날아오르기 위해, 그리고 같이 웃기 위해!

2024년 7월 부엌 식탁에서 글을 마무리하며
트리샤